神戸学院大学現代社会研究叢書 2

都市域の脆弱性に挑む
より安全・安心な都市空間を目指して

中山 学 [著]

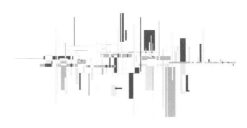

ミネルヴァ書房

まえがき

　15世紀は，スペイン・ポルトガルが世界を席巻していた。南米では，スペイン語，ポルトガル語が公用語である国が多いことでも，容易に想像ができる。1755年，そのポルトガルの首都リスボンは，大地震（リスボン地震M8.5〜9.0）に襲われた。約85％の建物に大きな被害が発生し，直後に発生した大火災は6日間にわたって街を焼き尽くした。また，地震から約40分後，3回にわたって大津波が押し寄せた。その結果，栄華を極めた街は廃墟と化し，経済的ダメージが大きかった。当時，産業革命初期の時代であったが，ポルトガルは，その時流に乗り切れずに凋落していった。1945（昭和20）年，焦土と化した敗戦国から世界第2位の経済大国レベルまでに発展したわが国がポルトガルの二の舞にならないように，どのようにすべきか？

　わが国では，1959年に発生した伊勢湾台風災害以降，1995年の兵庫県南部地震を除いては，大きな自然災害が発生していなかったこともあり，楽観主義が席巻していたと思われる。しかし，想定外であった東日本大震災が発生して，巨大災害が起こることを想定する必要があることがわかった。しかも，被害を少なくするには，どのような新たな概念で対処すればよいのか，その具体的な方法が提案されていなかった。福島第一原子力発電所の事故は，対策を実施していたにもかかわらず，最悪の事態をもたらした。その最大の原因は，「対策をやればやるほど安全になる」という錯覚にあったのではないか。

　異常気象と地震活動期を迎えている現在，日本全国（特に，都市域）では，災害の複合化により「未曾有の被害」となることが危惧されている。

　本書では，まず，現在の日本を取り巻く自然災害を「地震」「風水害」に分けて過去の被災状況を概観し，それらの被害から何を学び，今後の社会に役立てるには自然災害とどのように対峙すべきかという観点から記述した。

　「地震・津波」では，北から千島海溝，首都直下，南海トラフなどの海溝型地震と，活断層を起因とする内陸型地震の発生が懸念されているが，地震予知

は果たして可能であろうか？

　1946（昭和21）年12月に発生した昭和東南海地震では壊れなかった安政東海地震の東側の震源域が空白域になっていると，1976年に地震学者が駿河湾地震の切迫性を指摘した。この「東海地震説」を受けて，1978年6月に大規模地震対策特別措置法（大震法）が成立し，その結果，地震の起こる時期，場所，大きさ（規模）の三つの要素を精度よく限定して予測できる，すなわち「地震予知可能」という考え方が流布したと思われる。

　しかし，「内陸型地震を起因とする阪神淡路大震災」と「海溝型地震を起因とする東日本大震災」が発生した。その後，（公社）日本地震学会内でも「現時点では予知は非常に困難」という見解が大きくなってきている。

　とくに関西では「南海トラフ巨大地震」に注目が集まっている。2003年時点での想定規模はM8.5であったが，2011年3月の東北地方太平洋沖地震発生以降，地震規模はMw9.1としたので，想定震源域の面積が約2倍となり，しかも陸域寄りとなった。その結果，想定地震動は大きくなり，建物被害は約2.6倍。人的損失は，最悪32万人と予測されている。では，我々は何をすべきか？

　一方，我々の周りでは気象の極端化が指摘されている。その原因は，地球の温暖化や偏西風の蛇行などにあると言われており，高潮や洪水の発生が危惧されている。今世紀末には，「スーパー台風」が日本にも上陸するとも言われ，1959年の伊勢湾台風規模以上の被害が懸念される。

　近年の火山・地震の発生状況が平安中期（貞観時代）と似ているという指摘がある。すなわち，869（貞観11）年に発生した貞観地震は，日本三大実録の記録では，2011年の東北地方太平洋沖地震（東日本大震災）と津波被害状況の整合性がある。

　約1150年前の先達が被ったと同じ程度の自然災害がたとえ発生しても，現代の科学技術，過去の被災から得た知見を駆使して，一人でも犠牲者を少なくする安全・安心な社会を創っていきたいと考える。

著者　中山　学

都市域の脆弱性に挑む
——より安全・安心な都市空間を目指して——

目　　次

まえがき

第Ⅰ部　地　震

プロローグ ……………………………………………………………… 3

第1章　地震と地震動 …………………………………………………… 5
　1.1　地震とは　5
　1.2　地震動とは　11
　1.3　長周期地震動　16
　1.4　震度と加速度　21

第2章　現代日本を襲った2つの巨大地震（1）………………………… 25
　　　　——1995年1月17日，兵庫県南部地震
　2.1　兵庫県南部地震発生前の都市直下型地震　25
　2.2　兵庫県南部地震の地震活動　29
　2.3　被害が集中した理由　32
　2.4　兵庫県南部地震の被害概要　33
　2.5　建築構造物の被害　36
　2.6　土木構造物の被害　42
　　　2.6.1　鉄道…42　　2.6.2　道路…47
　2.7　地盤災害　54
　2.8　火災による被害　60
　2.9　ライフラインの被害　62

第3章　現代日本を襲った2つの巨大地震（2）………………………… 65
　　　　——2011年3月11日，東北地方太平洋沖地震
　3.1　東北地方太平洋沖地震発生前の海溝型地震　65

3.2　発生した地震動　*68*

　　3.3　津　　波　*71*

　　3.4　地盤災害　*77*

　　3.5　火　　災　*79*

　　3.6　原子力発電所事故　*84*

　　3.7　発生した諸問題　*96*

第4章　地震対策 …………………………………………………… *99*

　　4.1　自然の脅威を知り，防災につなげる　*99*

　　4.2　地震観測網　*100*

　　4.3　大型震動台実験装置　*102*

　　　　4.3.1　揺れを再現するために…*102*　4.3.2　「被害地震に学ぶ」から「擬似被害地震に学ぶ」…*103*　4.3.3　「擬似被害地震に学ぶ」はなぜ実大規模でなければならないのか…*106*　4.3.4　動的 vs 準静的…*106*　4.3.5　実大規模震動台実験装置を利用した実験…*107*

　　4.4　耐震設計法の高度化　*108*

　　　　4.4.1　明治以降の地震被害と耐震設計の誕生…*108*　4.4.2　建築基準法の制定…*109*　4.4.3　超高層建物の出現…*112*　4.4.4　土木構造物の設計法…*113*

第5章　巨大地震に備えて ………………………………………… *117*

　　5.1　巨大地震から何を学ぶか　*117*

　　　　5.1.1　巨大地震への取組み…*117*　5.1.2　兵庫県南部地震から学ぶべき点…*118*　5.1.3　東北地方太平洋沖地震による津波被害から学ぶべき点…*120*

　　5.2　首都直下地震にどう備えるか　*124*

　　　　5.2.1　江戸における過去の地震被害…*124*　5.2.2　首都直下地震の切迫性と課題…*127*　5.2.3　首都直下地震の被害想定…*128*

　　5.3　南海トラフ巨大地震　*138*

　　　　5.3.1　南海トラフ巨大地震にどう備えるか…*138*　5.3.2　南海トラフを震源域とする既往地震…*138*　5.3.3　東海地震と南海トラフ巨大地震…*142*

5.4 低頻度巨大地震に対応するために　*151*
　　5.4.1 日本が置かれている状況…*151*　5.4.2 低頻度巨大地震対応…*152*
　　5.4.3 社会基盤の維持管理…*157*　5.4.4 備えに対する費用負担への社会的合意…*159*　5.4.5 事前防災としての住宅の耐震化…*161*

第6章　地震対策の今後の展望——まとめにかえて……… *163*
6.1 現状をどうとらえるか　*163*
6.2 地震対策の今後　*165*

第Ⅱ部　風水害

プロローグ……… *173*

第1章　水との闘いの歴史……… *177*
1.1 既往の水との闘い　*177*
1.2 戦国武将の対応　*178*
1.3 江戸時代から現代　*180*

第2章　大雨の発生とその対策……… *183*
2.1 大雨にどのように対峙するか　*183*
2.2 大雨の降る条件　*184*
2.3 過去の被害事例　*187*
　　2.3.1 都賀川水難事故…*187*　2.3.2 下水道　雑司ヶ谷幹線再構築工事事故…*190*
2.4 大雨の発生とその原因　*193*
2.5 状況把握と予測　*199*

第3章　台風および高潮による災害の歴史 ……………………… 205

3.1　台風の発生メカニズムと被害発生の実例　*205*

3.2　台風とは　*206*

3.3　高潮の発生メカニズムと最大潮位　*209*

　　3.3.1　高潮の発生メカニズム…*209*　　3.3.2　最大潮位…*210*

3.4　国内の被害事例　*212*

　　3.4.1　カスリーン台風…*212*　　3.4.2　伊勢湾台風…*215*　　3.4.3　その他，顕著な被害があった国内における台風…*217*

3.5　海外の台風・高潮被害事例　*218*

　　3.5.1　2005年ハリケーン・カトリーナ…*218*　　3.5.2　2003年台風0314号　韓国・馬山被害…*220*

第4章　土砂災害とその対策 ……………………………………… 223

4.1　土砂災害を概観する　*223*

4.2　土砂災害とは　*224*

　　4.2.1　土砂災害の種類…*224*　　4.2.2　発生メカニズム…*225*

4.3　国内の被災事例　*228*

　　4.3.1　地すべり…*228*　　4.3.2　崖崩れ…*232*　　4.3.3　土石流…*234*　　4.3.4　深層崩壊…*241*

4.4　土砂災害対策　*244*

　　4.4.1　ハード対策…*244*　　4.4.2　ソフト対策…*248*

第5章　河川氾濫とその対策 ……………………………………… 253

5.1　河川氾濫とは　*253*

5.2　河川氾濫の発生メカニズム　*254*

5.3　河川氾濫被害事例　*256*

　　5.3.1　多摩川水害…*256*　　5.3.2　平成27年9月関東・東北豪雨災害…*257*

5.4　河川氾濫の対策　*261*

第6章　内水氾濫水害事例とその対策 ･････････････････････････ 265
6.1　我々にとって身近な水害　265
6.2　下水道施設の歴史　266
6.3　内水氾濫発生のメカニズム　271
6.4　内水氾濫事例　273
6.4.1　鹿児島8.6水害…273　　6.4.2　アンダーパスへの浸水…275

第7章　都市型水害事例とその対策 ･･････････････････････････ 279
7.1　都市圏で発生する水害　279
7.2　都市型水害発生メカニズム　281
7.3　国内の都市型水害被害事例　283
7.3.1　長崎豪雨災害…283　　7.3.2　福岡水害…284　　7.3.3　東海豪雨…287
7.4　海外の都市型水害被害事例　290
7.4.1　ハリケーン・サンディによる被害…290　　7.4.2　韓国における地下浸水被害…292
7.5　都市型水害の対策　292

第8章　風水害対策の今後の展望 ･･･････････････････････････ 299
8.1　風水害対策の現状と方向性　299
8.2　水　防　法　300
8.3　下水道法　304
8.4　地下街ガイドライン　307

あとがき ･･････ 311

引用・参考文献 ･･････ 317

索　　引 ･･････ 319

第Ⅰ部　地　震

プロローグ

　兵庫県南部地震が発生して21年が経過した。6,434名の方が尊い命を失い，亡くなった方々の肉親，友人，知人など多くの方の人生が一瞬のうちに大きく変わった。それまで，地震工学，耐震工学を生業としていた学者・研究者すらそのすさまじいエネルギーに驚愕した。改めて，都市域の耐震性の脆弱さを痛感し，「備えの重要性」を認識した。

　都市高架橋では，阪神高速道路3号線をはじめとして，多大な被害が発生した。第二次大戦終了後では，福井地震や新潟地震など大きな被害を発生させた地震はあったものの，関西では震災と呼ばれる災害はなく，いつしか「関西には地震がないという安全神話」ができていたように思える。

　都市高架橋は都市部の交通インフラを構成する重要な構造物であり，地震直後からの交通手段の確保，被災地への支援および復興にも欠かせない。しかし，神戸と大阪を結ぶ大動脈の阪神高速3号神戸線では，高架橋の倒壊もあり，完全開通には623日を要した。日頃，走り慣れている橋に一度被害が発生すると我々を取り巻く社会への影響，とくに経済損失が大きいことが明らかになった。

　高架橋は，どのような手順で造られているのであろうか。

　高架橋を建設するには，まず，計画・設計から始める。どのように設計するのか？　耐震性を考慮するには，地震力を設定しなければならない。

　さて，どのように設定するのか？　人間の英知をもってしても，容易には設定できない。よく「経験上」という key word が用いられる。「経験上」とは？

　その時点までに発生した地震によって，ひび割れたり，傾いたり，最悪倒壊したり。

　そこで，構造物に影響した地震時被害記録に基づいて地震力を推定して設定

第Ⅰ部　地　震

してきた。

　第Ⅰ部「地震」編では，既往の地震被害を紐解き，どのような設計法，とくに「道路橋の設計法」がどのように変遷を遂げてきたかについて述べる。

　「地震が発生し，構造物がどのようになったか」を調査してきた。すなわち，調査内容は，「構造物の被害」という過去形であり，どのようなプロセスで健全な状態から構造物のひび割れ等が発生したか推測するのは難しかった。

　しかし，実験ならびに数値シミュレーションによって再現できるようになった。とくに，人工的に構造物に地震力を与えるという実験設備（振動台）の出現およびコンピュータの高速化や大容量化により，精度よく「なぜ」という疑問，課題に対峙できる時代になっている。これらを過去の震災事例を踏まえて解説している。

　さらに，今後発生が懸念されている巨大地震にどのように対応すべきかについて対策も含めて記述した。

第1章
地震と地震動

1.1 地震とは

「地震」とは，地下の岩盤に大きな力が作用して，岩盤の弱いところがずれるように破壊されて「断層」が形成される現象である。ここで注意すべきことは，ガラスが壊れるような現象ではなく，「急激にずれるような破壊（せん断破壊）」である点である。このずれる運動によって，食い違い（断層の一種）が発生する。これが「地震」であり，ずれが生じた地点を「震源」，この断層を「震源断層」，最終的にずれた領域のことを「震源域」という（図-1.1.1参照）。断層は面的な広がり（断層面）があり，震源の深さが地表に近くなると断層が地表にまで現れることがある。兵庫県の淡路島の野島断層や岐阜県本巣市の根尾谷断層が有名である。一般的に，断層の長さと地震の規模（大きさの単位がマ

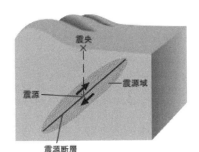

図-1.1.1 震源，震源断層，震源域の関係
出典：地震調査研究推進本部「震源，震央，震源域の関係の模式図」(https://www.static.jishin.go.jp/resource/figure/figure005027.jpg)．

表-1.1.1 地震規模と断層の長さの関係

マグニチュード	断層の長さ (km)
2	0.02
3	0.08
4	0.32
5	1.26
6	5
7	20
8	79
9	316
log L=0.6＊M-2.9	

出典：松田（1975）より，筆者作成．

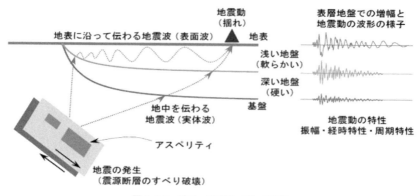

図-1.1.2 地震，地震波，揺れの関係

出典：地震ハザードステーション「地震・地震波・地震動」（http://www.j-shis.bosai.go.jp/earthquakes-and-seismic-motion#more-682）より。

グニチュード）は，例えば，松田式（松田，1975）によれば表-1.1.1のような関係となる。

　急激に断層ができると，その周辺の岩盤に大きな力が作用するので，地震波が発生し周辺に伝わる。地下で発生した地震波が地盤中を伝わって地表付近が揺れる。この揺れを「地震動」という。我々はこの地震動を「地震」として感じている（図-1.1.2参照）。

　図-1.1.3に示すように，プレートの移動により圧縮され，その押し合う力によって陸のプレート内の岩盤の弱い部分が壊れてずれることにより「内陸型地震」が発生する。この地震は，人間の住んでいる地域から近い地下約5～20kmぐらいの浅い所で起きるので，大きな被害を伴うことがある。この「内陸型地震」を起こす原因が「活断層」である。「内陸型地震」を発生させるタイプは，図-1.1.4の3つに大別される。

①正断層型：断層面を境にして，上盤（上側の岩盤）が下盤（下側の岩盤）に対し，ずり下がる。

②逆断層型：断層面を境にして，上盤が下盤に対し，のし上がる。

③横ずれ断層型：断層面を境にして，水平方向にずれる。

「右横ずれ断層」「左横ずれ断層」＝断層に向かって相手側のブロックが右また

第 1 章 地震と地震動

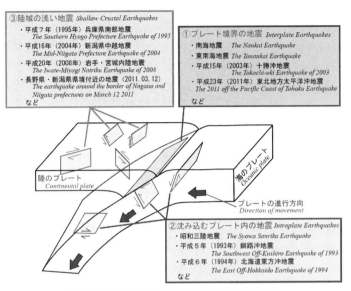

図-1.1.3 日本付近で発生した地震の発生メカニズム

出典：気象庁ホームページ（http://www.data.jma.go.jp/svd/eqev/data/jishin/about_eq.html）。

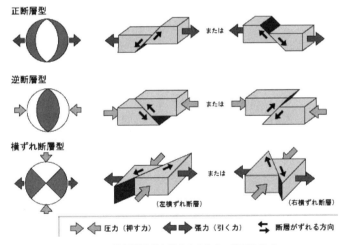

図-1.1.4 発震機構解と働く力の向き，断層の動き

出典：気象庁ホームページ（http://www.data.jma.go.jp/svd/eqev/data/mech/kaisetu/mechkaisetu2.html）より。

第Ⅰ部　地　震

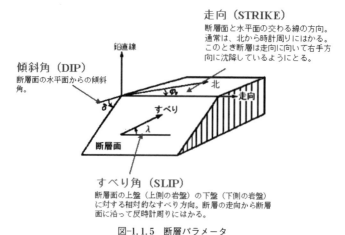

図-1.1.5　断層パラメータ

出典：気象庁ホームページ（http://www.data.jma.go.jp/svd/eqev/data/mech/kaisetu/mechkaisetu2.html）。

は左に動いた場合

　また，地下で断層がどのようになっているかは，断層の走向，傾斜角，すべり角という3つの数値で表現され，これを断層パラメータという（図-1.1.5参照）。

　地表に現れている断層と認められる地形のうち，最近の地質時代（第四紀以降：約170～200万年以内）に活動し，今後も活動して地震を発生させるものを活断層という。現在，全国で約2,000の活断層が確認されており，うち98の断層，断層帯を調査対象としている（図-1.1.6参照）。内陸型地震のうち最近発生したのは，「1995（平成7）年兵庫県南部地震」，「2004（平成16）年新潟県中越地震」，「2008（平成20）年岩手・宮城内陸地震」，「2016（平成28）年熊本地震」がある。

　地球は14～15枚の厚さ約10～100kmの図-1.1.7のようなプレートで覆われている。このプレートはたえず動いており，「陸のプレート」より比重の重い「海のプレート」が沈み込むことによって，「陸のプレート」が跳ね上がり地震が発生する。この地震発生タイプを「海溝型地震」と呼ぶ。大別するとプレートとプレートの間の境界で発生する地震とプレート内で発生する地震（地殻内

第 **1** 章　地震と地震動

図-1.1.6　基礎的調査観測の対象活断層の分布図

出典：地震調査研究推進本部，地震調査委員会「日本の地震活動」（追補版）1999年4月より。

第 I 部 地　震

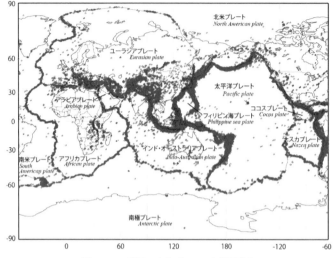

図-1.1.7　世界の主なプレートと地震分布

出典：気象庁ホームページ（http://www.data.jma.go.jp/svd/eqev/data/jishin/about_eq.html）。

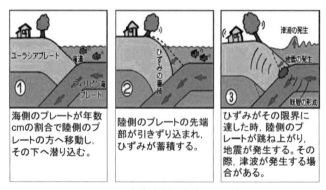

図-1.1.8　海溝型地震の発生メカニズム

出典：内閣府防災情報のページ「海溝型地震の発生メカニズム」（http://www.bousai.go.jp/kaigirep/hakusho/h22/bousai2010/html/zu/zu026.htm）。

地震）に分けられる（図-1.1.8参照）。

　日本周辺には図-1.1.9に示すように，太平洋，フィリピン海の「海のプレート」とユーラシア，北米の「陸のプレート」，計4つのプレートがあり，複雑

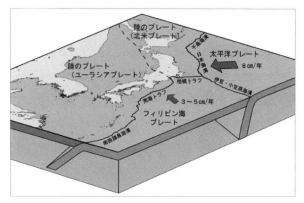

図-1.1.9　日本付近のプレート模式図
出典：気象庁ホームページより。

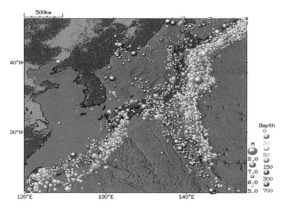

図-1.1.10　1960年～2011年日本付近で発生した地震の分布図
出典：気象庁ホームページより。

な力が作用している結果，世界でも有数の地震多発地帯となっている。2011年東北地方太平洋沖地震が発生以降，さらに「南海トラフ巨大地震」発生近しという予想が行われるようになっているのかもしれない（図-1.1.10参照）。

1.2　地震動とは

地震が起きて発生する揺れが「地震動」で，地震動は波動（地震波）として

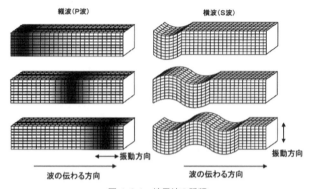

図-1.2.1 地震波の種類

出典：地震調査研究推進本部「地震波の伝わり方」（https://www.jishin.go.jp/main/yoshin3/f2.htm）。

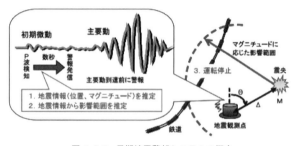

図-1.2.2 早期地震警報システムの概念

出典：地震調査研究推進本部「ＪＲ東日本における新幹線早期地震検知システムの現状と課題」（https://www.jishin.go.jp/main/seisaku/hokoku12e/sg29-5.pdf）。

周辺に伝播する。この地震波には，伝わる速さが約7km/sのP波（Primary 縦波）と約4km/sのS波（Secondary 横波）がある。強い揺れによる被害をもたらすのは主に後から伝わってくるS波であるので，地震波の伝わる速度の差を利用して，先に伝わるP波を検知した段階でS波が伝わってくる前に危険が迫っていることを知らせることが可能になる（図-1.2.1参照）。

地震国日本でも鉄道における安全走行運転を保つためには，地震に対する備えは必要不可欠である。東海道新幹線は開業当初から，沿線に警報地震計を12か所備えて対応した。1970（昭和45）年10月以降，沿線25か所に設置された感震器が一定の揺れを検知すれば変電所の電源を自動的に遮断して，列車を停止

第1章 地震と地震動

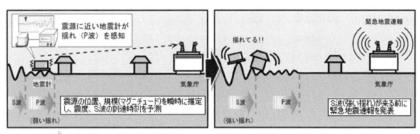

図-1.2.3 緊急地震速報のしくみ

出典：気象庁ホームページ（http://www.data.jma.go.jp/svd/eew/data/nc/shikumi/shikumi.html）。

させるシステムを導入した（図-1.2.2参照）。

その後の技術開発の結果，1989（平成元）年以降，地震動早期検知警報システム「ユレダス」となった（本格的な使用開始は1992（平成4）年3月以降）。

「ユレダス」では，揺れの小さい地震の初期微動（P波）を検知した段階で地震の大きさを推定し，強い地震が考えられる場合には，大きく揺れる主要動（S波）が来る前に電源を遮断する方式となった。すなわち，大きな揺れに襲われるより早く，列車へブレーキをかけることが可能になった。また，電源が遮断され停電状態になると，走行中の列車は自動的にブレーキが作動するシステムとなっている。

現在の東海道新幹線は，2005（平成17）年に導入された「テラス」（「ユレダス」の発展版）と沿線50か所に設置された地震計，気象庁の「緊急地震速報」を活用し地震対策を実施している。

この鉄道の早期地震警報システムと同じ原理を利用して，気象庁では「緊急地震速報」として情報提供している（図-1.2.3参照）。すなわち，地震の発生直後に震源に近い地震計でとらえた観測データを素早く解析して，震源や地震の規模を推定し，これに基づいて各地での主要動の到達時刻や震度を予想し，可能な限り素早く知らせる「地震の揺れの警報・予報」である。

気象庁では，2007（平成19）年10月1日より，最大震度が5弱以上と予想さ

図-1.2.4 緊急地震速報の流れ

出典：気象庁ホームページ（http://www.data.jma.go.jp/svd/eew/data/nc/shikumi/whats-eew.html）。

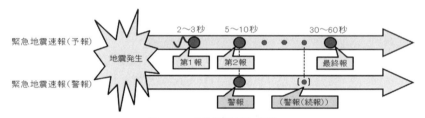

図-1.2.5 緊急地震速報の種類

出典：気象庁ホームページ（http://www.data.jma.go.jp/svd/eew/data/nc/shikumi/shousai.html#21）。

れた場合に，震度4以上が予想される地域を対象に緊急地震速報（警報）を発表するようになった。地震が発生し，気象庁がこの緊急地震速報（警報）を発表すると，テレビやラジオ，携帯電話，防災行政無線などで緊急地震速報が流れる（図-1.2.4参照）。ただし，放送局等によっては，この基準以外で緊急地震速報を放送等しているところもある。

なお，緊急地震速報（警報）の放送内容は，

①揺れの強さは震度階級ではなく「強い揺れ」等と表現する。

②具体的な猶予時間やカウントダウン等は報じない。

となっている。

また，緊急地震速報には，図-1.2.5に示すように，大きく分けて「警報」と「予報」の2種類があり，「警報」の中でも予想震度が大きいものを「特別警報」に位置付けている。

第1章 地震と地震動

表-1.2.1 特別警報,警報および予報の区分と名称

区分	情報発表の名称	内容
地震動特別警報	「緊急地震速報（警報）」または「緊急地震速報」	最大震度5弱以上の揺れが予想された時に（*），強い揺れが予想される地域に対し，地震動により重大な災害が起こるおそれのある旨を警告して発表するもの。
地震動警報		このうち，震度6弱以上の揺れが予想される場合を特別警報に位置付ける。
地震動予報	「緊急地震速報（予報）」	最大震度3以上またはマグニチュード3.5以上等と予想された時に発表するもの。

注：（*）2か所以上の地震観測点のデータに基づく予想。
出典：気象庁ホームページ（http://www.data.jma.go.jp/svd/eew/data/nc/shikumi/shousai.html）。

「緊急地震速報（予報）」では，最大震度が3以上と予想されるなど一定の基準を超える地震が発生した場合に，①各地域や地点で予想される震度，②大きな揺れ（主要動）の到達予想時刻などを1つの地震に対して数回（5〜10回程度）発表する。

また，「緊急地震速報（警報）」では，地震波が2点以上の地震観測点で観測され，強い揺れ（最大震度が5弱以上）が予想される地域を発表する。なお，発表内容は，地震の発生時刻，発生場所（震源）の推定値，地震発生場所の震央地名である。各地域で予想される震度や，大きな揺れ（主要動）の到達予想時刻は発表せず，対象地域に対して端的に警戒を呼びかける（震度5弱以上の強い揺れが予想される地域および震度4が予想される地域名である）。一般的にテレビや携帯電話などで見聞きする緊急地震速報はこの「警報」にあたる（表-1.2.1参照）。

特に，「緊急地震速報（警報）」のうち，震度6弱以上の大きさの地震動が予想される場合を「特別警報」と位置付け，2013（平成25）年8月30日より運用を開始している。ただし，震度6弱以上の揺れが起きる地域を予測する技術は，現状では即時性・正確性に改善の余地があること，および特別警報と通常の警報をごく短時間に区別して伝えることが難しいので，緊急地震速報（警報）においては，特別警報を通常の警報と区別せず発表している。

なお，緊急地震速報に係る法律上の規定があり，「気象業務法の一部を改正

する法律」(平成19年法律第115号)の施行(平成19年12月1日)に伴い,緊急地震速報は地震動の予報および警報と位置付けられ,以下のことが法律で規定された。

①気象庁による地震動の予報および警報の実施
②気象庁以外の者に対する地震動の予報の業務の許可
③気象庁以外の者による地震動の警報の制限
④地震動の警報の伝達

また,気象業務法及び国土交通省設置法の一部を改正する法律(平成25年法律第23号)の施行(平成25年8月30日)に伴い,新たに「特別警報」が規定されている(震度6弱以上の大きさの地震動が予想される場合)。

緊急地震速報は,地震発生後にその揺れを検知,解析して発表する情報である。したがって,「一般に,緊急地震速報を発表してから強い揺れが到達するまでの時間は,数秒から長くても数十秒程度ときわめて短く,場合によっては緊急地震速報が強い揺れの到達に間に合わないこともあり,予想には誤差を伴うこと」を十分認識しておくことが重要である。

1.3 長周期地震動

2011(平成23)年3月11日に発生した東北地方太平洋沖地震発生の際,西新宿や大阪の湾岸部に位置する超高層ビルが大きく揺れたことが話題となり,「長周期地震動」という用語をよく耳にした。

図-1.3.1は,東北地方太平洋沖地震と兵庫県南部地震の際の観測記録において継続時間の比較を表している。

後者では断層の破壊時間が約12秒であったのに対し,前者では約180秒であった。この継続時間が長い地震波が地下の岩盤を伝播し,さほど減衰せず東京・新宿において観測された記録が図-1.3.2である。

図-1.3.3のように,ある点が左のような円の周りを1度回ると右のような正弦カーブの軌跡を描く。この運動を1秒間で行ったとすると周期は1秒である。

第 1 章　地震と地震動

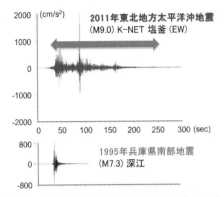

図-1.3.1　地震動の継続時間の比較（K-NET 塩釜・深江）
出典：国立研究開発法人 防災科学技術研究所，強震観測網 K-NET 観測波 MYG012塩釜。

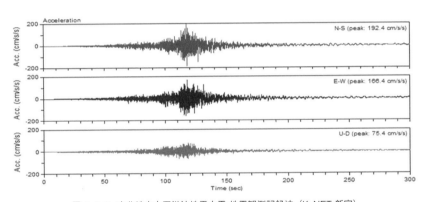

図-1.3.2　東北地方太平洋沖地震本震 地震観測記録波（K-NET 新宿）
出典：国立研究開発法人 防災科学技術研究所，強震観測網 K-NET 観測波 TKY007 新宿。

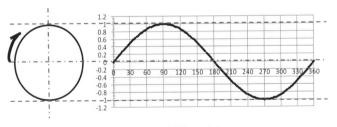

図-1.3.3　正弦波のでき方
出典：筆者作成。

第Ⅰ部　地　震

地震波は，いろいろな周期を持った波が幾つも重なってできている（図-1.3.4参照）。

その地震動が，どのような周期を持っているかを調べることが重要である。なぜならば，我々が住んでいる周辺の構造物が地震動によって揺らされて被害が発生し，災害に結びつくからである。すなわち，揺れやすさを調べることが重要である。もし，地下深くから地表まで伝わってきた地震動固有の周期特性と構造物の周期特性が近い場合，「共振現象」が起こり，構造物に大きな揺れを起こす可能性がある（図-1.3.5参照）。

地表面で観測される地震波動は，地震や観測点の地盤や地形などによって異なり，その地震波の振幅や周期が変化する。また，同じ地震波であっても，建物によってもその揺れ方は異なる。

健全な木造家屋であれば，0.3秒前後の固有周期（建物が良く揺れる特定の周期）となっている場合が多い。

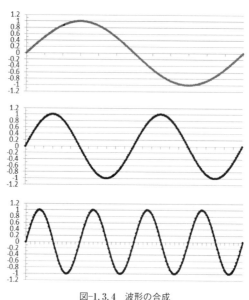

図-1.3.4　波形の合成

出典：筆者作成。

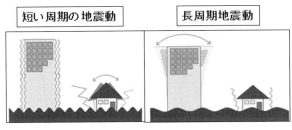

図-1.3.5 共振現象発生の原理
出典：気象庁ホームページ（http://www.data.jma.go.jp/svd/eqev/data/choshuki/choshuki_eq1.html）。

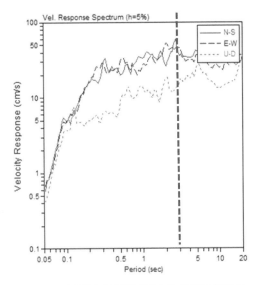

図-1.3.6 東北地方太平洋沖地震本震 地震観測記録波
（K-NET 新宿）の加速度応答スペクトル
出典：筆者作成。

　しかし，経年劣化によって長周期化している場合には，1秒前後となっている場合もある。また，一度大きな地震の影響を受けて長周期化すれば，比較的大きな余震が襲来すると共振現象によって大きな被害が発生する可能性があることにも留意すべきである。

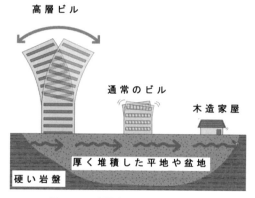

図-1.3.7 高層ビルの共振現象の原理
出典：大木聖子，溝口真幸『家族で学ぶ地震防災はじめの一歩』東京堂出版，2014年．

　図-1.3.6は図-1.3.2に示した東北地方太平洋沖地震本震の際の新宿で観測された地震波の加速度応答スペクトルである（応答スペクトルとは，いろいろな固有周期（建物や構造物が揺れやすい周期）を持つさまざまな建物や構造物に対して，地震動がどの程度の揺れの強さ（応答）を生じさせるかを示したもの）。約3秒にピークがあり，2～5秒ぐらいの周期帯域（30階～50階建ての高層・超高層ビルの固有周期）で大きな値を示している。すなわち，周期の長い地震動が襲来したことがわかる。

　したがって，K-NETの新宿サイトの地震記録からも「共振現象」が発生していたことが分かる。このように，岩盤の破壊によってできた地震動が地盤を介して地表付近に伝播して来る波動が長周期である場合，既往の被害とは別の被害，例えば内装材の落下や家具の転倒などが発生する可能性があることを十分注意しておくことが重要である。

　高層ビルの固有周期は低い建物の周期に比べると長いので，長周期の波と「共振」しやすく，共振すると高層ビルは長時間にわたり大きく揺れる。さらに，高層階の方がより大きく揺れる傾向がある（図-1.3.7参照）。

1.4　震度と加速度

　強い地震動を観測するためには，地震動でも振り切れない地震計を用い，構造物や地盤の震動に対する応答特性と被害との関係の調査を実施し，地震の詳細な震源過程の調査などを行う必要がある。

　2011年3月11日の東北地方太平洋沖地震（Mw9.0）では，宮城県栗原市築館（科学技術研究所 K-NET　MYG004）の観測地点で，2,933gal（三成分合成値）という非常に大きな加速度が記録された（図-1.4.1参照）。加速度に質量をかけると力になるが，現地では大きな被害はなかった（震度は6強）。

　gal（cm/sec^2）とは重力の単位で，地球の重力の加速度が980galである。図-1.4.1のN-S成分2,699galというのは，水平方向に自分の体重の約2.75倍の力で押されることである。

　1995年1月17日の兵庫県南部地震では，神戸中央区の大阪ガス葺合供給所での最大加速度は802gal（NS成分），震度は7（震災の帯内）であった。

　そこで，応答スペクトル法を用いて，神戸の被害と築館の被害の差を考える。応答スペクトル法は地震波をさまざまな周期の振動の集まりととらえ，周期ごとの地震波の強さに分解し，構造物がどのように振る舞うかを知る方法である。

　応答スペクトルとは，構造物がさまざまな固有周期，減衰定数を持つ1質点・1自由度系と考えたとき，構造物にある地震波が作用したときの最大応答値をスペクトルで表したものである（図-1.4.2参照）。

　加速度に質量をかけたものが力であるから，2011年の東北地方太平洋沖地震のときには，固有周期が0.3秒程度の構造物は大きい力を受けるが，固有周期が0.5秒以上の構造物は大きな力を受けなかったのに対し，兵庫県南部地震の固有周期0.5秒～1秒の構造物に大きな力を受けることがわかる（図-1.4.3参照）。

　一般に構造物は短い周期の地震波では壊れないが，長い周期の波では壊れる。宮城県沖の地震の場合，大きい加速度を記録したが，地震波の周期が短かったので地震の揺れによる直接の被害が少なかったと考えられる。

第Ⅰ部　地　震

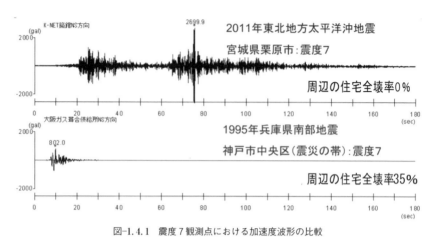

図-1.4.1　震度7観測点における加速度波形の比較

出典：厚生労働省ホームページ（https://www.mhlw.go.jp/topics/bukyoku/kenkou/suido/houkoku/suidou/dl/111101_2syou_Part2.pdf）。

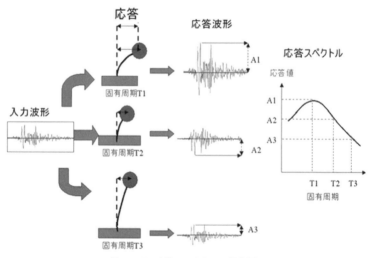

図-1.4.2　応答スペクトルの概念図

出典：気象庁ホームページ（http://www.data.jma.go.jp/svd/eqev/data/kyoshin/kaisetsu/outou.htm）。

第 1 章 地震と地震動

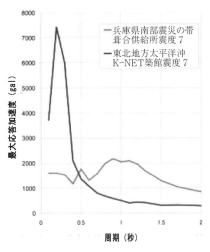

図-1.4.3 水平動の加速度応答スペクトルの比較（減衰 5 %）

出典：筆者作成。

第2章
現代日本を襲った2つの巨大地震（1）
―― 1995年1月17日，兵庫県南部地震 ――

2.1 兵庫県南部地震発生前の都市直下型地震

　1995年以前，西日本では1948年以降に大きな地震がなかった。さらに，関東大震災を経験した日本の耐震基準は厳しく，最大級の地震にも十分持ちこたえることができるので，「米国やメキシコでの震災のような被害は生じない」という「安全神話」が流布する風潮があったと思われる。すなわち，当時の耐震設計は，関東大震災における東京の地震動を基準とした最低条件の目安であり，その基準は他のさまざまな条件を満たした上での目安であったが，「最低限の基準」は「最大級の地震に耐えられる」という神話になったと推測できる。「関東大震災級に耐える」という言葉を金科玉条としていたのかもしれない。そのような中，1995年1月17日早朝，近畿地方，とくに神戸を中心とする阪神間を巨大地震が発生した。都市直下であったので，多大なる被害となった。この地震は，「兵庫県南部地震」と命名され，人々の心の中に深く刻み込まれた。このような都市直下型地震は兵庫県南部地震が最初ではなかった。古くは，伏見城天守などが倒壊した1596年の慶長伏見地震や江戸では武家屋敷も甚大な被害を受けた安政江戸地震が1855年に発生し，死者は約1万人に及んだとも想定されている。

　兵庫県南部地震は，都市直下で発生したこと，さらに地下構造の特殊性も伴って，大正関東地震による「関東大震災」以来の甚大な被害となり，構造物の脆弱性も露出したことが特筆される。

　なお，巨大地震は一般的に地震発生起因によって，2つに大別される。すなわち，活断層の破壊に伴う「内陸型地震」と海洋プレートが陸のプレートへ沈

み込むことによる「海溝型地震」である。

本節では，都市域に大きな災害を引き起こした巨大地震を対象とする。まず，明治以降，都市域を襲った地震を表-2.1.1に地震規模の大きい順に示し，都市域で発生した結果，大きな震災となった事例を挙げる。

①濃尾地震

1891（明治24）年10月28日6：38に濃尾地震（M8）が発生した。震源である根尾谷断層から濃尾平野にかけて強い揺れが伝わり，岐阜県，愛知県を中心に死者7,273名，全壊家屋数14万2,177戸と記録されている。濃尾平野は木曽川のつくる平野で，木曽山地から流れ出たところに広い扇状地をつくり，その先に氾濫原ついで三角州が広がる地域である。軟らかい地盤の氾濫原・三角州であったことも大きな被害を発生した原因の一つと思われる。明治以降の近代日本で初めて遭遇し，倒壊率100％の地域もある大地震であった。なお，最大隆起量が6m，地表面に出現した根尾谷断層崖は，現在，国の天然記念物に指定されている。

また近代都市が体験した最初の巨大地震であったとともに，地震発生の解明や建築構造物へ大きな影響を与えた。

すなわち，「地震の原因究明」「耐震建築の実現」「地震予知」などの研究の必要性から，国家が研究機関を設立すべきという観点から，地震発生1か月後には，貴族院で震災予防調査機関の設置建議案が提出され，可決成立された。

その結果，「震災予防調査会」が設立され，わが国における地震防災に関する科学的研究に大きく貢献し，現在の地震研究に関する基礎を築き上げてきた。

表-2.1.1 都市域を襲った既往地震（地震規模順）

発生年	地震名	地震規模	死者数
1891	濃尾地震*	M8.0	7,273
1964	新潟地震	M7.5	26
1978	宮城県沖地震*	M7.4	28
1927	北丹後地震	M7.3	2,925
1995	兵庫県南部地震	M7.3	6,434
1943	鳥取地震	M7.2	1,083
1948	福井地震*	M7.1	3,769
1914	秋田仙北地震	M7.1	94
2004	新潟県中越地震	M6.8	63
1945	三河地震	M6.8	2,306
1925	北但馬地震	M6.8	428

注：＊印を付した3つの地震については，文中で説明を加えている。
出典：内閣府中央防災会議。

なお，文明開化の象徴とされた「レンガ造りの建築物」に甚大な被害が発生したので，震災予防調査会では，実験家屋等による実験の成果からレンガ造および木造建物の耐震化の提案を行った。

しかし，大正関東地震が発生した1923年当時には，すでに鉄筋コンクリート造の建築構造物に移行していたので，残念ながら濃尾地震後の研究成果の検証は実現できなかった。現在，建築構造物の地震対策を含め，わが国の地震に関する研究レベルは高く，世界のリーダー的存在となっている。濃尾地震以降の動きは，地震への対処のさきがけとなり，基盤を構築したことには間違いないと思われる。

②福井地震

1948（昭和23）年6月28日16：13福井平野の直下を震源とする福井地震（M7.1）が発生した。その地震動は関東甲信越地方から南は中国四国地方の広い範囲に及んだ。震源が浅く沖積平野の直下で発生した地震であったので，地震の規模に比べてその被害はきわめて甚大であった。福井平野の中部と北部は壊滅的な状態となり，全壊率が100％に達する集落も多かった。

写真-2.1.1は震災後の福井市中心部の写真であり，鉄筋コンクリート造7階建ての大和百貨店は，15度傾いたうえ火災にも見舞われ，無残な姿をさらす結果となった。

この福井地震が発生した時代の日本を概観すれば，第2次世界大戦終結まもない頃で，ちょうど終結前後の1944年（昭和東南海地震），45年（三河地震），46年（昭和南海地震）と連続して地震が発生していた時期である。また，終戦前の1945年7月19日の深夜に米軍機が福井市を空襲した結果，市街地の9割が焼けたが，これからの再建と復旧の目途が立って

写真-2.1.1 壊滅状態の建築物
出典：中央防災会議ホームページ『災害教訓の継承に関する専門委員会』編「災害史に学ぶ」
（http://www.bousai.go.jp/kyoiku/kyokun/kyoukunnokeishou/pdf/saigaishi_nairikujishin.pdf）。

いた福井市を中心に壊滅的な打撃を与えたのである。死者3,769名，全壊家屋数3万6,184棟を数えた。さらに，火災が発生したので，4,168棟が焼失した。

　地震発生1か月後の7月23~25日に集中豪雨が福井地方を襲い，山間部では総雨量は300mmにも達した。大雨とともに福井県嶺北全域で無数の土砂崩れが発生し，大規模な土石流も発生した。地震後，応急的な復旧工事も行われていたが，豪雨による九頭竜川左岸堤防決壊の結果，大出水によって平野は一面「泥の海」と化した。九頭竜川だけでなく，他の河川も氾濫し，溢れた水が市街地に流れこんだ。当時の福井市総面積の約60％が浸水し，総戸数の約40％が罹災した。これらはまさに，「地震と豪雨による複合災害」の様相を呈したといえる。

　③宮城県沖地震

　1978（昭和53）年6月12日17：14に宮城県沖地震（M7.4）が発生した。死者数28名，住家の全半壊が4,385棟，部分壊が8万6,010棟を数えた。この地震は，当時の人口50万人以上の都市が初めて経験した震災の典型事例と言われた。

　被害の特徴の1つとして，ブロック塀倒壊の多発が挙げられる。このブロック塀の倒壊によって死者28名のうち，18名が犠牲となった。ブロック塀の倒れた原因は，ブロックを単に積み上げただけで塀を築造しており，横方向の力には抵抗力が不足していた点と考えられた。

　宮城県沖地震以降，ブロック塀は建築基準法適用物件となり，ブロックの中に鉄筋を挿入するなど，細部について規定された。しかし，2016年4月に発生した熊本地震の現地調査をした際，倒壊したブロック塀に，あるはずの鉄筋が見当たらない例も見受けられた。詳細な調査をすれば鉄筋の存在の有無は判定できるが，外見では分からないので，施工業者の良心に依存している点は悲しいことである。

　次に，電気・ガス・水道などのライフラインが大きな被害を受け，市民生活に大きな影響を与えた。とくにガスは，復旧に約1か月の時間を要した。

　電気は，火力発電所の機能の一部停止，変電・送電設備の被災により全面供給停止となった。1日目に85％復旧，2日目にはほぼ全面復旧した。

ガスは，ガスホルダーおよび導管の被災により全面供給停止となった。4日目に0.3％復旧，27日目には99％復旧した。水道は，配水・給水管の被災により約7,000戸で断水した。2日目に17％復旧，8日目にはほぼ全面復旧した。

このように，ライフラインで大きな被害が発生したので，初めての「都市型震災」と言われた。

また，負傷者は，市内で1万名以上に及んだが，その中でも屋外への急な飛び出しによる負傷者，ガラス片や落下物による負傷者が目立った。

当時，建設中の東北新幹線の橋脚天端の沓座で大きな被害があったので，沓座の規格が全面的に変更となった。

2.2 兵庫県南部地震の地震活動

観測波形と理論波形を利用した菊池正幸や入倉孝次郎らの研究成果では，兵庫県南部地震はまず明石海峡直下の深部（深さ約17km）で断層破壊が始まり（横ずれ断層），淡路側（逆断層），さらに神戸市直下（横ずれ断層）の3つの断層ブロック（Mw＝6.8, Mw＝6.3, Mw＝6.4）が動いた「内陸直下型地震」である。断層破壊時間は，0～6秒，3～8秒，6～11秒であり，「震度7（木造家屋の倒壊率が30％以上）の帯」と呼ばれたように，神戸市西部～芦屋市～西宮市～宝塚市にわたり，木造家屋が多数倒壊した。図-2.2.1のアミかけ部分は震源断層の推定位置であるが，この震源断層の近傍域で破壊力ある地震動が発生し（図-2.2.2参照），大都市圏の多くの構造物を破壊した。

なお，発生直前の1月16日18：28（Mj3.6），18：49（Mj2.5），18：55（Mj1.5），23：49（Mj2.1）の前震が明石海峡で4回起こっている。

また，近畿地方では，表-2.2.1のように，1927年の北丹後地震（Mj7.3）をはじめ，直近の1994年11月には猪名川群発地震が発生していたが，「関西には大地震は起きない」という風潮があったことは否定できないと思われる。

表-2.2.2で兵庫県南部地震発生以前の大振幅地震記録の加速度と速度の最大値を比較した。

第Ⅰ部　地　震

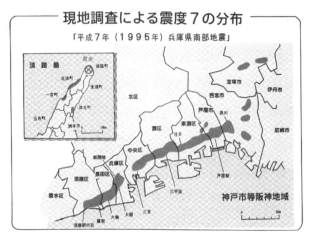

図-2.2.1　1995（平成7）年兵庫県南部地震震度7の帯
注：アミかけ部分が現地調査による震度7の分布。
出典：気象庁ホームページ（http://www.data.jma.go.jp/svd/eqev/data/1995_01_17_hyogonanbu/data.html）。

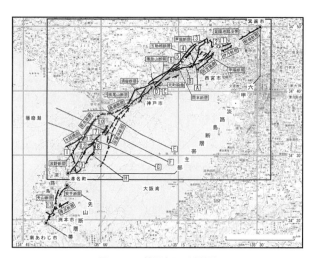

図-2.2.2　神戸直下の活断層
出典：地震調査研究推進本部ホームページ「六甲・淡路島断層帯」（https://www.static.jishin.go.jp/resource/regional_seismicity/katsudanso/f079_ichi.jpg）。

第2章　現代日本を襲った2つの巨大地震（1）

表-2.2.1　1700年以降の近畿地方を襲った地震記録

番号	発生年月日	規模（マグニチュード）	名称
1	1707（宝永4）年10月28日	8.6	宝永地震
2	1751（寛延4）年3月26日	5.5-6.0	
3	1854（嘉永6）年12月23日	8.4	安政東海地震
4	1854（嘉永6）年12月24日	8.4	安政南海地震
5	1891（明治24）年10月28日	8.0	濃尾地震
6	1916（大正5）年11月26日	6.1	
7	1925（大正14）年5月23日	6.8	北但馬地震
8	1927（昭和2）年3月7日	7.3	北丹後地震
9	1943（昭和18）年9月10日	7.2	鳥取地震
10	1946（昭和21）年12月21日	8.0	南海地震
11	1952（昭和27）年7月18日	6.7	吉野地震
12	1963（昭和38）年3月27日	6.9	越前岬沖地震
13	1995（平成7）年1月17日	7.3	兵庫県南部地震
14	2000（平成12）年10月6日	7.3	鳥取県西部地震
15	2013（平成25）年4月13日	6.3	淡路島付近を震源とする地震

出典：筆者作成。

　物を壊すには「力積（速度に比例）」が重要である。同様に，エネルギーがその値の2乗に比例する速度記録では，兵庫県南部地震発生以前の値と比較すると，大きいことが明白である。また，わが国の耐震設計において強震記録として用いられていた1978年宮城県沖地震における開北橋周辺（比較的硬い地盤：道路橋耐震設計指針におけるⅠ種地盤）や1983年日本海中部地震における津軽大橋周辺（比較的軟らかい地盤：道路橋耐震設計指針におけるⅢ種地盤）の加速度と比較しても大きな値である。

　なお，Mwとは，金森博雄らの提案した断層面の面積（長さ×幅）と変位の平均量，断層付近の地殻の剛性から算出するマグニチュードで，世界的に使用されている。断層運動の規模の基づく地震規模を表す指標。また，Mjとは，既往の観測データに基づいて，マグニチュード，震央距離（単位：km）と水平方向2成分を合成した地震動の最大変位振幅（単位：μm）との関係から坪井忠

表-2.2.2　大振幅地震記録

地震名	年月日	観測場所	設置場所	成分	加速度 (gal)	速度 (kine)
1968年十勝沖地震	1968.05.16	八戸港湾	地盤	NS	229.6	34.4
				EW	180.2	37.8
1978年宮城県沖地震	1978.06.12	東北大学	1階	NS	255.2	36.2
				EW	180.2	37.8
		開北橋周辺	地盤	LG	102.0	
1983年日本海中部地震	1983.05.26	津軽大橋周辺	地盤	TR	140.0	
1993年釧路沖地震	1993.01.15	釧路気象台	地盤	63	711.0	33.5
				153	637.0	42.0
1994年北海道東方地震	1994.10.04	釧路気象台	地盤	63	314.0	26.7
				153	390.8	21.2
1994年三陸はるか沖地震	1994.12.28	八戸市庁舎	地下1階	164	414.6	44.3
				254	319.3	28.6
		八戸測候所	地盤	NS	602.8	26.0
				EW	319.3	28.6
1995年兵庫県南部地震	1995.01.17	海洋気象台	地盤	NS	818.0	92.0
		葺合	地盤	N030W	802.0	121.0
		鷹取	地盤	NS	661.0	138.0
		神戸大学	地盤	NS	270.0	55.1
		NTT	地下3階	N309W	342.0	84.0
		東神戸大橋	地盤	N12W	327.0	86.6

出典：筆者作成。

二が提案した距離減衰式に基づいたマグニチュードで，わが国では多く用いられている。

2.3　被害が集中した理由

兵庫県南部地震の地震動については，地震発生後の地盤調査結果から断層運動などで地層や地層境界が曲がった「不整形地盤」で地震波動が屈折・反射さ

れ，あたかもレンズで光を集めるような，「地震波動のフォーカッシング」現象が発生し，局所的な地震動振幅に大きな影響を与えた。

このように方向を曲げられた揺れは，その後「表面波」と呼ばれる特殊な波になって地盤内に残り，長く揺れ続けた結果，「震災の帯」となったと考えられる。

また，軟らかい地盤（軟弱地盤）おける地震動が大きくなったことも被害拡大の原因と考えられている。

例えば，板の上に同じ大きさの「豆腐」と「鉄」を置いて板を揺すると，「鉄」は板と同じように動くが，「豆腐」は板より大きく揺れ，軟らかい地盤の方が大きく揺れることになる。この現象を「地盤振動における増幅」という。

兵庫県南部地震では，軟らかい地盤は強い地震動に耐えきれずに壊れた。多く見られた「液状化現象」も地盤破壊の一種である。地盤が破壊されると，大きく変位するので，建物をしっかりと支えている基礎杭や水道管，ガス管などは地盤と共に破壊されることになる。

日本の都市は，ほとんどが平野の上に立地しており，河川によって運ばれた土砂が堆積したか，岩盤の谷状のところに水が入って海や湖になり，そこに洪積層や沖積層が堆積し平野ができた地域である。また，平野の少ない日本では，江戸時代以降に埋め立て工事が実施され，埋立地の面積が増えた。これらの人工築造地盤では，自然地盤と比較すると十分な締固めがされていない場合が多く，非常に軟らかい地盤となっている。砂やシルトを埋立材料としており，これらは液状化現象が起こりやすい性質を持ち，「軟弱地盤」と呼ばれている。他の日本の都市と同様に，被害地域は非常に揺れやすかった。

2.4 兵庫県南部地震の被害概要

わが国ではすでに，総人口の4分の3以上が都市部に居住しており，さらに雇用機会の多さや高い生活水準，豊かな情報と物資などの条件によって今なお人々を引き寄せ，さらなる拡大を続けている。しかし，都市の人口や社会資本

の集積は，災害における破壊効率を高め被害を増幅する要因となる可能性がある。1995年1月17日5：46，神戸をはじめ阪神間を襲った兵庫県南部地震は人口密集地域を直撃し，多大な人命損失のみならず，阪神地域の社会システム，インフラ，経済等に未曾有の被害を与え，皮肉にも現代都市において巨大地震が発生した場合に生じる災害の種類と規模を象徴的に示すこととなる都市直下型地震となった。その結果，神戸・大阪間の鉄道，高速道路は寸断され，神戸は「陸の孤島」となった。

ライフラインの復旧を見ると，鉄道では，阪急，JR，阪神が不通となった。JR神戸線で最後まで復旧に手間取った六甲道駅が人々の努力の結果，4月1日に開通にこぎつけ，「鉄道分断 突貫作戦 奇跡の74日間」として紹介された。しかし，高速道路では，阪神高速道路3号神戸線が地震発生後，完全復旧には623日を要した。その結果，道路，鉄道，港湾，河川堤防等の土木構造物の直接被害額は約1兆5,000億円とされている。

なお，電気・電話は1～2週間，水道は91日，ガスは85日を要した。これは，それぞれのライフラインの構造の耐震性の違い，施設の管理，運用が各事業者でどのように行われてきたかの違いの表われと考えられる。

地震発生後，木造家屋の瞬時の崩壊で多くの人命が失われ，さらに鉄筋コンクリート構造物にも被害が発生し，被災は約10万棟にも及んだ。

家屋被害のために，ピーク時32万人を超える人々が避難所生活を余儀なくされた。小中学校を中心とする指定避難所だけでなく，民間施設や公園までもが避難所にあてがわれた。8月初めには，計画された4万8,300戸の仮設住宅が建設終了し，災害救助法による給食付き避難所は8月20日には閉鎖された。

ライフラインも液状化によってガスや水道などの埋設管路や下水処理場などの拠点施設が被害を受け，長期間にわたってその機能が停止した。

なお，構造物は異なるが，被害発生理由が同様の場合が散見された。表-2.4.1に被害概算金額と被害状況および被害発生理由を示し，被害状況・理由を(a)～(f)として，その内容を以下に記載する。

(a) 道路，鉄道等のコンクリート橋脚のせん断破壊が注目された。道路橋では

第2章 現代日本を襲った2つの巨大地震（1）

表-2.4.1 兵庫県南部地震による土木構造物の直接被害額

	被害金額など	被害状況および被害発生理由
1．道路構造物	5,583億円	(a)RC橋脚のせん断破壊(倒壊または大破：82基)
		(b)鋼製橋脚の座屈，脆性破壊
		(d)液状化，流動化による基礎の被害
2．鉄道構造物	2,220億円	(a)RC高架橋柱のせん断破壊（崩壊または大破：1,206本）
		(c)開削トンネルの崩壊
		(d)液状化，流動化による橋脚の移動
		(e)盛土，擁壁の崩壊，大変形
3．港湾構造物	5,944億円	(d)液状化と慣性力による護岸の移動
		(e)護岸移動による側方流動
		(f)荷役施設の破壊
4．河川構造物	716億円	(e)堤防，護岸の被害（総延長6,200m）
		(f)河川構造物の被害
5．ライフライン施設	復旧に要した日数：都市ガス85日，水道91日	(d)液状化地盤における埋設管路の被害
		(d)液状化による拠点施設の被害（下水処理場，発電所）

出典：濱田政則「巨大地震災害への対応～土木学会が果すべき役割～」（https://www.jsce.or.jp/committee/kyodai-jishin/H160528.pdf）。

崩壊または大破したコンクリート橋脚は約80基，鉄道の高架橋のコンクリート柱では1,000本以上の柱がせん断破壊を生じたと報告されている（写真-2.4.1参照）。
(b) 鋼製橋梁にも被害が生じた。座屈と溶接部の破断により完全に崩壊した事例もある。
(c) 地下鉄の駅舎もコンクリート中

写真-2.4.1 阪神高速道路3号神戸線 せん断破壊した橋脚の応急対応状況
写真提供：筆者撮影。

柱のせん断破壊により大被害を被った。大断面の地下構造物がこのような大きな被害を受けたのは世界でもはじめての経験であった（後述，2.6節参照）。

35

(d) 液状化による被害も兵庫県南部地震の被害の特徴的な点であった（後述，**2.7**節参照）。護岸が大きく海方向に移動し，これが埋立地の側方流動の原因となった。

(e) 地盤の大変形による被害事例である。

液状化により，埋立地に建設されていた危険物などの貯槽も大きく傾いた。しかし，この中で倒壊した貯槽は一基もなかった。

なぜ，傾斜が増大して倒壊に至らなかったのか？　その最大の原因は地震動の継続時間が短かったことによると考えられる。兵庫県南部地震はマグニチュード7.3の地震で主要動の継続時間はせいぜい10秒から15秒程度であった。

写真-2.4.2　炎上する石油タンク

出典：日本地震学会広報誌 No.60 MAR. 2007（http://www.zisin.jp/publications/pdf/nf-vol60.pdf）。

今後，東海地震や東南海地震などマグニチュード8クラスの地震では地震の揺れが2分以上も続くと予想される。貯蔵タンク等では，長周期でかつ継続時間が長い地震動が襲来し共振すると，スロッシング現象（液体を入れた容器が振動することによって，液体の表面が大きくうねる現象。容器に内蔵されている液体の揺れによる圧力が作用する）が発生し，内蔵物が流出する可能性もある。さらに，石油タンクであれば，2003年9月に発生した十勝沖地震の際の，震源から約220km離れた苫小牧市周辺の堆積平野に造られた石油タンクの事例のように，タンクの浮屋根と側壁との間の火災などが発生することも懸念される（写真-2.4.2参照）。

2.5　建築構造物の被害

日本建築学会や建設省（現 国土交通省）住宅局および建築研究所の主導のもと設置された「兵庫県南部地震による建築物被害に関する調査検討のための委

第2章 現代日本を襲った2つの巨大地震（1）

表-2.5.1 調査内容一覧表

	緊急危険度判定（建築震災調査委員会緊急調査）	応急危険度判定	日本建築学会兵庫県南部地震被害調査WGによる調査	建築物被災度	火災
内容	・「使用禁止（黒紙）」又はこれに相当する建築物 ・原則4階以上 ・建築年を確認済み	・原則としてすべての2階建以上の共同住宅	・被災地域の建築物被災度の調査結果	・建築学会，都市計画学会，兵庫県による建築物一棟ごとの被災度判定結果	・火災状況，および延焼範囲に関する調査
集計単位	個別建築物	個別建築物	個別建築物	個別建築物	個別建築物
データ形式	調査票	調査票（判定シート）	調査票	色塗り地図	調査票（住宅地図）
範囲	神戸市（919棟） 芦屋市 西宮市（500棟弱） ・4階未満の建築物200棟程度を含む	被災自治体（兵庫県下および大阪府下：うち尼崎約8,000棟については全く安全であるため，判定シートがなく，位置情報のみ） ・調査棟数：約46,000棟	被災地全体（12,386棟，うち神戸市中央区10,280棟）	川西市，伊丹市，宝塚市，尼崎市，西宮市，芦屋市，神戸市，淡路島（淡路町，東浦町，北淡町の一部）の被災地全域 ・調査棟数：対象地域の建物総数約559,000棟のうち約443,000棟	尼崎市，西宮市，芦屋市，神戸市，明石市 ・調査棟数：約5,000棟弱
所有者調査主体等	建築震災調査委員会	各自治体 建設省	日本建築学会近畿支部	日本建築学会近畿支部都市計画部会 日本都市計画学会関西支部 兵庫県都市住宅部計画課	建設省建築研究所

出典：建設省建築研究所「平成7年兵庫県南部地震被害調査最終報告書第Ⅰ編中間報告書以降の調査分析結果」平成8年3月（https://www.kenken.go.jp/japanese/research/iisee/list/topics/hyogo/pdf/h7-hyougo-jp-all.pdf）。

員会」などの調査状況を表-2.5.1に示す。なお，被災調査対象は，神戸市（西区，北区を除く），尼崎市，西宮市，芦屋市，伊丹市，宝塚市，川西市，明石市，淡路島であり，人口25万人，面積460km^{2}の範囲である。

表-2.5.2に対象地域の建物の被災状況を示す。

中高層建物（3階建以上）が約4万8,000棟であるのに対し，低層建物（2階建以下）が約49万棟であり，中高層建物の9倍を超えており，被災建物の中で，低層建築物の占める割合が大きかったことがうかがわれる。

第Ⅰ部　地　震

表-2.5.2　対象地域の建物の被災状況（棟数と構成比）

建築物階数		全壊または大破	中程度の損傷	軽微な損傷	外観上の被害なし	火災による損傷	未調査	合　計
棟数	低層	46,022	42,208	107,887	192,765	4,368	96,026	489,276
	中高層	3,081	3,273	9,035	27,794	463	4,873	48,519
	無壁舎	225	263	923	4,266	45	15,889	21,611
	合計	49,328	45,744	117,845	224,825	4,876	116,788	559,406
構成比	低層	9.4%	8.6%	22.1%	39.4%	0.9%	19.6%	100.0%
	中高層	6.4%	6.7%	18.6%	57.3%	1.0%	10.0%	100.0%
	無壁舎	1.0%	1.2%	4.3%	19.7%	0.2%	73.5%	100.0%
	合計	8.8%	8.2%	21.1%	40.2%	0.9%	20.9%	100.0%

出典：表-2.5.1に同じ。

　また，低層建物は中高層建物と比較して，被災度が大きい割合が高く，「全壊または大破」「中程度の損傷」といった重大な被害が多いことが分かる。

　地震直後，新聞をはじめとするマスコミなどで「施工不良」という活字が氾濫したが，実際の建物被害については，以下の3つに大別されると思われる。

　①建物の耐震抵抗力が低く，大きな地震によって危険であることが分かっていたが，適切な処置を実施していなかった場合（古い建物が対応）。

　②被災状況から原因がすぐに判明する場合（上記の「施工不良」もこの範疇）。

　③設計・施工面からは基準を満足しているが，被災した場合（後述するピロティ形式の鉄筋コンクリート（RC）造建築物や鉄骨（S）造建築物，鉄骨鉄筋コンクリート（SRC）造建築物の柱と基礎部との連結部の損傷などが対応）。

　建築構造物は構造部材とする梁・柱・スラブを造った後に仕上げとして，内装材を貼って完成させる。したがって，完成後では，どのように施工されていたかは，一見では分からないことが多い。残念ながら，どの程度の耐震性や健全性を有するかは，非接触検査やコア抜きなどの検査結果に依らねばならない。

　今後は，設計者・施工者および構造物を維持管理する担当者がそれぞれの考え方を押し通すのではなく，相互間の意思疎通を十分に図ることによって対応できるところもあると考える。

第2章 現代日本を襲った2つの巨大地震(1)

すなわち，施工者および維持管理担当者は，その構造物の設計の考え方を理解することによって，どこが重要な箇所であるかなどを理解すべきである。

次に，木造住宅について述べる。

全壊住家10万5,000棟，半壊家屋14万4,000棟により（写真-2.5.1参

写真-2.5.1 代表的な家屋被害
写真提供：筆者撮影。

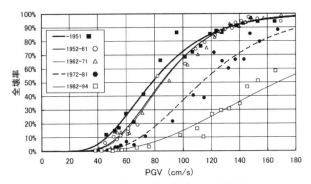

図-2.5.1 木造の建築年代別被害（全壊率）
出典：表-2.5.1に同じ。

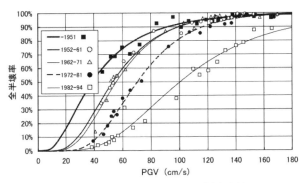

図-2.5.2 木造の建築年代別被害（全半壊率）
出典：表-2.5.1に同じ。

39

照）地震発生日に4,978名の尊い命が失われ，当初30万名を超す人々が避難所生活を余儀なくされた。死亡原因の約90%が自宅倒壊による圧死であった。言い換えれば，構造物被害と人的被害が，その後に発生したさまざまな問題（例えば，仮設住宅，ゴミ処理，被災者の心理的問題や孤独死，地域の経済活動の低下）の根本的な原因である。すなわち，建物被害がもっと少なければ（事前の対策で少なくできれば），以降発生した問題は顕在化しなかった可能性が高い。

なお，兵庫県の監察医によると検案された死体のうち，93.6%が1月17日6時まで，17日中には99.6%が死亡したと推定している。警察庁の発表では，死者5,502名の87.8%は家屋の倒壊や家具等の転倒による圧迫死としており，残りの犠牲者の多くは火災で亡くなり，大半は建物の下敷きとなり逃げ出せなかった。この点は，今後の地震対策を立案する際に十分考慮せねばならないことと思われる。図-2.5.1，図-2.5.2に木造住宅の建築年代別の全壊率，全半壊率を示す。

PGVとは，観測された地震波動の最大速度を表わす。先の**2.2**節で記載したように，地震エネルギーを表す速度記録が大きい程，全壊率や全半壊率が高くなっていることがこれら2つのグラフから読み取れる。

次に，鉄筋構造物，鉄骨鉄筋構造物の被害について述べる。

1981年に新しく設定された耐震設計では，二段階設計法としている。被害を受けた建築構造物が旧基準と新基準のどちらの基準で設計していたかを図-2.5.3に示す。大破・倒壊している構造物は旧基準で設計していた場合の割合が高いことが明らかである。

構造形式では，1階には壁が少なく，主に柱で支保されていた「ピロティ構造」と被害との関連を図-2.5.4に示す。倒壊・大破・中破の構造物が多いこと，旧基準ではとりわけ多いことが分かる。「ピロティ構造」となっていないと，倒壊・大破・中破の構造物は極端に少ないことが明確である（図-2.5.5参照）。

被害の有無，大きさは，準拠する耐震基準よりも，構造形式の影響の方が大きいと判断できる。

第2章 現代日本を襲った2つの巨大地震（1）

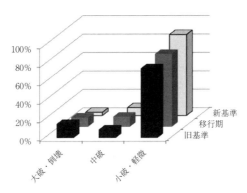

図-2.5.3　兵庫県南部地震時の RC・SRC 構造物における
　　　　　設計基準別被害区分

出典：表-2.5.1に同じ。

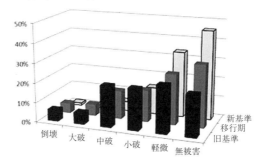

図-2.5.4　ピロティ構造形式における設計基準別被害区分

出典：表-2.5.1に同じ。

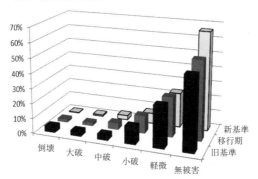

図-2.5.5　非ピロティ構造形式における設計基準別被害区分

出典：表-2.5.1に同じ。

2.6 土木構造物の被害

2.6.1 鉄道

大阪・神戸間には，北から山陽新幹線，阪急電鉄（神戸線），JR西日本（東海道線），阪神電鉄（本線）の4本の鉄道が並行して走っている。2.4節で述べたように，地震動の影響で4本とも大きな被害が発生した。

1）阪急電鉄

岡本〜御影間，西宮北口〜夙川間で大きな被害が発生した。1月23日には，梅田〜西宮北口間で運転再開，6月1日に岡本〜御影間が再開したので，新開地〜夙川間はつながった。しかし，西宮北口〜夙川間（2.7km）の1967（昭和42）年完成の西宮高架橋（1線1柱式1.6kmの鉄筋コンクリート（RC）ラーメン高架橋）が北側に倒壊したので，撤去・再構築が行われた（写真-2.6.1参照）。基礎杭の位置や超早強コンクリート使用など工夫をし，予定より2か月早い震災後147日目の6月12日に全線開通し，約半年間にわたり不通区間があった阪急電鉄は，やっと神戸〜大阪を結ぶ鉄道の役割を果たせる状況となった。

2）阪神電鉄

西灘〜御影間（約3km）の高架橋，擁壁盛土部分および石屋川車庫等で崩壊など大きな被害があった。西灘〜御影間の高架橋は，土地区画整備事業および

写真-2.6.1 西宮北口〜夙川間　高架橋倒壊状況
写真提供：阪急電鉄。

写真-2.6.2 石屋川車庫破壊状況
写真提供：阪神電気鉄道。

街路事業による立体交差事業として，1967（昭和42）年に建設された。標準8mスパン，複線2柱式，3〜4径間のRCラーメン構造である。高架橋の基礎は既成杭打込み式であったが，転石などで打込み不能であった箇所もあり，設計計算では杭のない直接基礎となっていた。とくに，石屋川車庫では，ほとんどの柱がせん断破壊し，車両58両を留置した状態のままでスラブが地上付近まで落下した（写真-2.6.2参照）。また，電車126両が全・半壊し，やりくりに苦慮した。部分開通したが（梅田〜甲子園間は地震発生の翌日から運行），160日後の6月26日に元町〜梅田間の全線開通にこぎつけた。

3）JR西日本

山陽新幹線のコンクリート構造物の被害は8か所で，すべてが倒壊・落橋であった（総延長533m，表-2.6.1参照）。高架橋は2線2柱式のRCラーメン構造で，すべて柱部の破壊が倒壊の原因であった。

倒壊に至った高架橋は大きな水平力を受け，柱の上部または下部に斜め方向のせん断ひび割れが生じ，これが貫通してせん断破壊に至ったと推定される（写真-2.6.3，写真-2.6.4参照）。8か所のうち，7か所ではジャッキアップ工法で復旧し，1か所は撤去・再構築で復旧し，4月8日に全線開通している。

また，阪急今津跨線橋（1層1径間のラーメン橋台）も，柱がせん断破壊し，橋軸方向に傾斜して崩壊に至り，PC桁（スパン30m）が落橋したので，下を通る阪急今津線（宝塚〜今津）は2月5日まで甲東園〜門戸厄神間が不通となった。

一方，在来線も同様に大きな被害を受けた。コンクリート構造物の被害が集中したのは，東海道線の住吉〜灘間（約3.3km）である。この区間は複々線で，1973（昭和48）年に上り線，1976（昭和51）年に下り線が高架化された。

2線2柱式のRCラーメン高架橋が2,205m，架道橋11か所のコンクリート高架橋で構成されていた。

① 芦屋〜住吉間：盛土・法面・土留め擁壁などが崩壊。橋脚・橋台・河川跨線橋などが変状。

② 住吉〜灘間：六甲道駅を含む高架橋，延長約2.2km間において，上下4線の高架橋・柱946本が被害を受け，線延長約1kmにわたって落橋。

第Ⅰ部　地　震

表-2.6.1　落橋等の大きな被害を受けた高架橋（山陽新幹線）

高架橋の構造	高架橋名称		
RC ラーメン高架橋（1層）	第1野間高架橋	神呪高架橋	
RC ラーメン高架橋（2層）	下食満高架橋	時友高架橋	阪水高架橋
RC ラーメン橋台	松林寺架道橋	阪急今津跨線橋	伊川橋梁

出典：社団法人日本鉄道建設業協会大阪支部「阪神・淡路大震災 鉄道の被災と復旧の記録」（http://www.lib.kobe-u.ac.jp/directory/eqb/book/13-24/html/pdf/5-9.pdf）。

写真-2.6.3　山陽新幹線の被害
阪水高架橋（甲東園付近）（線路部）
写真提供：筆者撮影。

写真-2.6.4　山陽新幹線の被害
阪水高架橋（甲東園付近）（下部Ⅰ）
写真提供：筆者撮影。

写真-2.6.5　JR六甲道駅舎の倒壊状況
写真提供：神戸市。

③三ノ宮〜元町間：三ノ宮西端部のホーム桁のずれや軌道桁の座屈。
④兵庫〜新長田間：盛土の沈下，橋脚・橋台の変状。盛土上にあった新長田駅は全壊し，1996年4月の全面復旧までは仮駅を設置して営業。

　その中で，神戸・大阪間の交通手段はバス運行に頼っていたが，一刻も早くレールで結ぶことが復旧の下支えになるとの見解から，JR西日本の早期復旧が待ち望まれた。
　一番ネックであったのが，JR六甲道駅舎を含む住吉〜灘間の復旧工事の完

第2章 現代日本を襲った2つの巨大地震（1）

写真-2.6.6 JR六甲道駅近隣住民からの応援
メッセージ（工事中）
写真提供：筆者撮影。

写真-2.6.7 JR六甲道駅近隣住民からの御礼
のメッセージ（再開後）
写真提供：筆者撮影。

成であった（写真-2.6.5参照）。

　六甲道駅部高架橋は，2層ラーメン構造であり，1層部あるいは2層部が圧壊し，駅機能は壊滅状態であった。復旧は，「4月1日の運行再開」という大号令があり，JR六甲道駅は倒壊した柱の補強の前に，軌道の下のスラブをジャッキアップするという工法を採用することによって，工期短縮を図った。この工法採用の背景には，地震発生以前に鉄筋コンクリート構造物に関する実験を含んだ研究の成果があったことを忘れてはならない。

　2層駅部は躯体重量が約1,300tあり，各部材の耐力の算定を実施して，全体の反力バランスを考慮して300tジャッキを16台配置した。内部の階段部分を撤去した後，2月6日よりジャッキアップの準備を開始し，24日に作業終了した。わずか10日間で作業を終えている。なお，ジャッキアップ時には，無理な荷重が作用することによって，さらに各部材の被害が拡大しないように十分な計測を実施することで，安全性を確保した。

　なお，昼夜分かたず実施された復旧工事の様子はNHKの番組「鉄道分断突貫作戦　奇跡の74日間」として紹介された。この中で，大変苦労して工事を実施している現場事務所の様子が垣間見られた。例えば，写真-2.6.6，写真-2.6.7の，JR六甲道の近隣住民の応援メッセージ，御礼メッセージから分かるように，鉄道再開が復興のスタートだと住民の人々が認識されていたと思われる。

4）地下鉄大開駅（神戸高速鉄道）

開削トンネル（地下鉄）では，神戸市兵庫区・長田区付近の地下鉄道に被害が集中した。代表的な事例は，神戸高速鉄道と神戸市営地下鉄であった。

ここでは，地下駅部の崩壊が地表面まで影響した神戸高速鉄道の大開駅について述べる。なお，この大開駅はJR西日本の兵庫駅より北に位置し，神戸市営地下鉄で一番被害の大きかった上沢駅はさらに北に位置している。

大開駅は1962（昭和37）年に当時では一般的な地下構造物の築造工法であった「開削工法」で建設された。中央に鉄筋コンクリート製の支柱（以下，「中柱」と略）を有するボックスラーメン構造である（図-2.6.1参照）。

被害状況は，中柱がせん断破壊（写真-2.6.8参照）し，上床板が崩れ落ちたので，全体としてM字形に変形した。その影響で地表面はV字に陥没した（写真-2.6.9参照）。

現地調査の結果，以下の事項が分かった。

・中柱が完全に圧壊した結果，上床スラブ（800mm厚）は中央から1.75～2.00mの位置で幅15～20cmの亀裂が発生し，内側に折れ曲がり最大

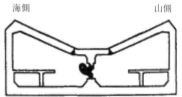

図-2.6.1　大開駅破壊状況
出典：佐藤工業「神戸高速鉄道東西線大開駅災害復旧の記録」平成9年1月（http://www.lib.kobe-u.ac.jp/directory/eqb/book/11-276/html/pdf/1-3-2.pdf）。

写真-2.6.8　大開駅被害状況（中柱のせん断破壊）
写真提供：筆者撮影。

写真-2.6.9　大開駅被害状況（地上と地下）
写真提供：筆者撮影。

2.5m 沈下。亀裂発生位置は，構造計算上もっとも大きく曲げられている箇所に合わせて主鉄筋本数が少なくなっている箇所である。
・側壁上側角部ではコンクリートが剥離，内側の主鉄筋が座屈し，最大200mm のひび割れが発生していた。

これらと数値シミュレーション結果から，次のような破壊過程であったと考えられる。

①中柱が降伏域となり，せん断破壊する。
②上床スラブの外側にコンクリートの曲げひび割れが発生した。なお，中柱は，他の部材に降伏等の損傷が発生する前にせん断破壊が発生した。

当時の設計手法では，上床スラブに作用している上載土の荷重を上床スラブで支えることになっていた。その上床スラブを両側の側壁と中柱で支える構造となっていたが，中柱の破壊によって上床スラブを支える両側の側壁の間隔が広いので，上床スラブが上載荷重を支え切れなくなった。

2.6.2 道路

兵庫県南部地震発生による橋梁における被害は，土木技術者に大きな衝撃を与えた。阪神高速3号神戸線をはじめとする高架橋に多大な被害が生じた。

図-2.6.2に直轄国道，阪神高速および高速国道における被害特性とそれぞれ

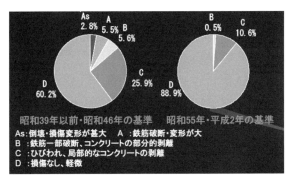

図-2.6.2 RC橋脚の被害特性と適用基準の関係（直轄国道，阪神高速，高速国道）
出典：土木学会「阪神淡路大震災調査報告」。

の橋梁の適用基準の関係を示す。橋梁被害を踏まえて基準の高次化がなされてきたので，古い基準に準拠した橋梁では被害程度が大きかったことに比べて，新基準に準拠した橋梁では深刻な被害は劇的に少なかったことが分かる。

被災した構造物は目視によって，どの程度の損傷を受けているかをある程度判断することができるが，地下にある基礎（例えば，杭など）について調査・判断するのは難しいことが多い。なぜならば，地下にある基礎を調査するためには，掘削して直接目視を実施するか，または杭の中を削孔してボアホールカメラなどを挿入するか，あるいは杭頭部を打撃するSIT調査など非破壊調査などを行う必要がある。しかし，これには多額の費用が発生するので，調査対象のすべてに実施することは困難であることが多い。表-2.6.2に調査実施橋脚数を示す。

調査を実施した杭基礎に関しては，表-2.6.3のような被災度の区分により整理した。その結果を表-2.6.4に示す。

阪神高速5号湾岸線は軟弱地盤が多い地域に建設されているので，調査杭数の11％の杭で大きな残留水平変位が見られるか，曲げ亀裂が発見された。

これは，地盤の液状化とそれに伴う流動化などによって生じたものと考えられる。

一方，同じ阪神高速の5号湾岸線より陸域に建設されている3号神戸線や国道2号浜手バイパスおよび名神高速道路や中国自動車道では，橋脚などで大きな被害が発生しているが，杭基礎には小さな曲げ亀裂が発生した程度で，大きな被害はなかったと判断できる。

3号神戸線では，被災した橋脚の基礎杭の耐力を評価するために，場所打ち杭については，断面中央に削孔して，ボアホールカメラを挿入し，間接目視調査を実施した。一部，杭頭部を掘り出し直接目視調査も行っている。

さらに，調査した中で，被害の最も大きかった杭を対象に，鉛直載荷試験，静的水平載荷試験，杭体の曲げ試験を実施した。試験データから得られた極限支持力および水平地盤反力係数は，設計指針（道路橋示方書）から求められる値にほぼ近い値であった。なお，他の杭を対象に急速載荷試験（スタナミック

第2章 現代日本を襲った2つの巨大地震(1)

表-2.6.2 調査対象区間の橋脚数と調査実施橋脚数

路線名	区分	基礎形式				計
		直接基礎	ケーソン基礎	杭基礎	地中連続壁基礎	
阪神高速3号神戸線	調査対象区間全橋脚	133	44	929	0	1,106
	調査実施橋脚	12	2	109	0	123
阪神高速5号湾岸線	調査対象区間全橋脚	0	52	280	13	345
	調査実施橋脚	0	8	153	5	166
一般国道2号浜手バイパス	調査対象区間全橋脚	0	15	57	0	72
	調査実施橋脚	0	5	20	0	25
名神高速道路中国自動車道	調査対象区間全橋脚	152	0	532	0	684
	調査実施橋脚	5	0	21	0	26

出典:阪神高速道路公団「大震災に立ち向かって 阪神・淡路大震災記録書」平成8年1月。

表-2.6.3 杭基礎の被災度の区分

被災度	定義
a	基礎の沈下と同時に大きな残留水平変位が見られるもの
b	基礎に大きな残留水平変位が見られるもの
	杭体に曲げ亀裂が見られるもの
c	杭体に小さな曲げ亀裂が見られるもの
d	杭体に損傷がないか,曲げ亀裂があっても軽微なもの

出典:表-2.6.2に同じ。

表-2.6.4 杭基礎の被災度区分による内訳

路線名	被災度				計
	a	b	c	d	
阪神高速3号神戸線	0 (0%)	0 (0%)	17 (16%)	92 (84%)	109 (100%)
阪神高速5号湾岸線	0 (0%)	17 (11%)	57 (37%)	79 (52%)	153 (100%)
一般国道2号浜手バイパス	0 (0%)	0 (0%)	10 (50%)	10 (50%)	20 (100%)
名神高速道路中国自動車道	0 (0%)	0 (0%)	0 (0%)	21 (100%)	21 (100%)

注:上段は調査実施橋脚数,下段( )内は各比率。
出典:表-2.6.2に同じ。

写真-2.6.10 阪神高速3号神戸線における仮設支保状況

写真提供：筆者撮影。

写真-2.6.11 阪神高速3号神戸線ピルツ橋区間撤去状況

写真提供：筆者撮影。

写真-2.6.12 阪神高速3号神戸線橋脚被害状況

写真提供：筆者撮影。

写真-2.6.13 阪神高速3号神戸線ピルツ橋脚被害状況

出典：阪神高速道路公団「大震災に立ち向かって阪神・淡路大震災記録書」平成8年1月。

試験）も導入して損傷を受けた杭の耐荷力を確認している。

　また，3号神戸線で使用されていた既製杭基礎杭径（400mm）に対して，ボアホールカメラ用の削孔は困難であったので，衝撃打撃法を採用することによって健全性を担保している。

　地震発生直後からとくに被害が甚大であった阪神高速3号神戸線では，管理者である阪神高速道路公団（当時）の職員だけでは西宮市内～神戸市内までの範囲を対象に緊急対応をすることはできなかった。そこで，今までに高架橋建設に関係した建設業者に協力を依頼した。

　しかし，どのように復旧するかという基準はなく，筆者を含めた建設業に従

事する技術者は，まず余震によってさらに被害が拡大しないように，各橋脚を支保すること（写真-2.6.10参照），崩壊した構造物を早急に撤去することによって，交通路の確保に努めることが最優先課題であった。

とくに，阪神高速3号神戸線 神戸市東灘区深江～芦屋市間で倒壊したピルツ橋区間では，震災当日の昼頃までには運搬用のダンプトラックが約100台勢揃いしたが，破砕用の大型重機がなかなか手配できなかった。そこで，建設省（現 国土交通省）近畿地方整備局の管轄下に福井工事事務所があったので，そこに応援を依頼し，撤去作業は昼夜を分かたず実施され（写真-2.6.11参照），約1週間後には国道43号線は片側2車線を確保することができた。

激震地域により，阪神高速3号神戸線の高架橋の橋脚（写真-2.6.12参照）では，軸方向鉄筋の「段落し部」でコンクリートが剥落し，鉄筋が提灯座屈していた。

ピルツ形式の橋脚では，軸方向鉄筋の段落し部が起点となったと思われる橋脚のせん断破壊により，全体構造が横倒しになって崩壊した。調査結果では，せん断補強鉄筋量が十分でなく，またその定着も不十分で，写真-2.6.13のように，鉄筋が「ばらけた状況」が認められた。

そこで，阪神高速道路公団（当時）では，被災度判定の基本方針として，表-2.6.5に示すようにAs～Dまでの5段階に被災度をランク分けして，各橋梁を対象に被災状況を調査した。

その結果が表-2.6.6である。その中で，鉄筋コンクリート（RC）橋脚943の損傷度分布をまとめると表-2.6.7のようになる。さらに破壊モード別の分類を，表-2.6.8に示す。

橋脚の形式として単柱610，ラーメン構造120，特殊構造85，その他54のうち，ラーメン構造には無被害のものが多く，大きな被害は特殊構造に集中していた。

また，橋脚の中間部曲げせん断破壊や下部せん断破壊モードは，被害事例は必ずしも多くないが，甚大な被害をもたらす結果となっている。特に，後者の破壊モードは，橋脚の高さ（a）と橋脚断面の有効高さ（d）の比（a／d）が3未満の場合に多く見られた。ただし，阪神高速道路公団（当時）では，1982

表-2.6.5 阪神高速被災度判定の基本方針

ランク	被災状況
As	崩壊，倒壊した場合，またはそれに類するもの
A	耐荷力に著しい影響がある損傷を生じており，致命的な二次災害の可能性があるもの
B	耐荷力に影響のある損傷であるが，余震，活荷重による損傷の進行がなければ，当面の利用が可能なもの
C	短期的には耐荷力に影響のないもの
D	耐荷力に関して特に異常が認められないもの

出典：写真-2.6.13に同じ。

表-2.6.6 阪神高速3号神戸線被災度判定結果

被災度	As	A	B	C	D	計
PC桁	18	0	23	37	83	161
RC橋脚	64	78	102	225	474	943
鋼製桁	8	67	220	178	670	1,143
鋼製橋脚	3	8	12	112	28	163
支承	-	371	274	383	1,090	2,118

注：橋脚=橋脚数，桁=径間数，支承=支承線数
出典：写真-2.6.13に同じ。

表-2.6.7 損傷度分布

非常に大きな損傷（As）を受けたもの	7%
大きな損傷（A）を受けたもの	10%
中程度の損傷（B）を受けたもの	12%
軽微な損傷（C）を受けたもの	22%
無被害	49%

出典：写真-2.6.13に同じ。

表-2.6.8 破壊モード別分類

橋脚下部の曲げ破壊	44%
中間部の曲げせん断破壊	13%
下部の曲げせん断破壊	9%
下部のせん断破壊	3%
その他	31%

出典：写真-2.6.13に同じ。

年に国内で初めて，一部の鉄筋コンクリート橋脚にアルカリ骨材反応（ASR）による劣化現象を確認したので，倒壊などへの影響が懸念されたが，1982年の調査結果と被害の関連性については，特筆されるような因果性は見られなかった。

➢明石海峡大橋

兵庫県南部地震では，震源近傍に当時建設中であった「明石海峡大橋」がある（図-2.6.3参照）。地震発生時は，1997（平成9）年度末の完成を目途に建設中で，ケーブルストランドの架設を完了し，ストランドの束を円形に成形するスクウィーズ作業（完了すれば，直径1.1mのメインケーブルとなる）の途中であった主塔基礎が地震動の影響で変位した（図-2.6.4参照）。

第2章　現代日本を襲った2つの巨大地震（1）

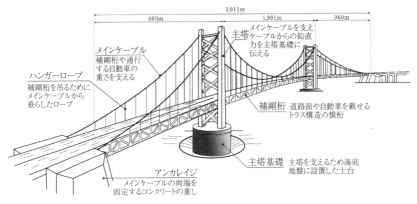

図-2.6.3　明石海峡大橋各部の役割

出典：季刊新日鉄住金「未来にかけたものづくりの夢　本州四国連絡橋」Vol.5, 2014（http://www.nssmc.com/company/publications/quarterly-nssmc/pdf/2014_2_005_all.pdf）。

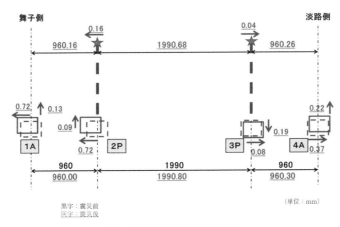

図-2.6.4　明石海峡大橋の変位量

出典：筆者作成。

なお，地震後約1か月間工事は中断されたが，1998（平成10）年4月5日に供用開始された。

明石海峡大橋は3径間2ヒンジ補剛トラス吊橋で，1986（昭和61）年4月26日に起工式が行われ，現地着工は1988（昭和63）年5月1日である。

計画時は四国と本州を結ぶルートとして，瀬戸大橋と同様，鉄道・道路併用

53

橋であった。そのため，明石海峡大橋の南側に架設されている中央支間長876mで3径間2ヒンジ補剛トラス吊橋の大鳴門橋は併用橋の面影がある。すなわち，完成時は上部に6車線の自動車専用道路，下部に新幹線規格の鉄道を備えた2階建て構造となっていたが，現在は道路4車線のみ供用されており，将来は道路2車線と鉄道2車線を追加できる構造となっている。

また，明石海峡は潮流速度が速いことで有名である。大潮期の最強流速が7ノット（3.5m/s）を越えることがある。これらの早い潮流の箇所で，直径80m程度の基礎を築造する必要があった。この明石海峡大橋工事の前に築造完了していた瀬戸大橋の工事の経験があったので，十分対応できたものと考える。このようなわが国の世界をリードする架橋に関する技術移転があったことは，重要な点である。

さらにこの架設技術は，トルコのボスポラス海峡を跨ぐ「ボスポラス大橋（現在では，第一ボスポラス大橋）」を完成に導くなど，アジアとヨーロッパを結ぶための事業に役立ったことは世界に対して誇りとすべきであろう。

2.7 地盤災害

1）地すべり

地すべりによる被害は活断層に沿って多発し，特に住吉川上流部（神戸市東灘区，灘区）における被害が大きかった（図-2.7.1参照）。

山腹の風化花崗岩の表層部が振動により滑落，崩壊は尾根部に集中し，大転石を伴ったケースが多くあった（写真-2.7.1参照）。

また，尾根部の大規模なクラックや従来の降雨による被害のように谷部を土石が流出するという被害は少なく，山腹から崩壊した土石が山腹面や谷部に不安定な状態で堆積した。

浅い地震の特性を反映して，狭い地域に集中した山腹崩壊は，以下の原因と考えられている。

①六甲山地北東部が急峻な地形である。

第 **2** 章　現代日本を襲った2つの巨大地震（1）

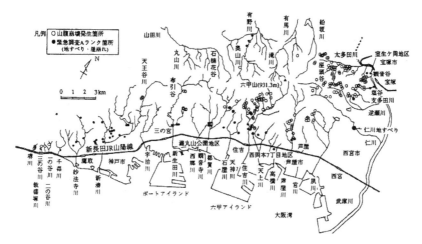

図-2.7.1　六甲山系における山腹崩壊発生箇所
出典：国土交通省近畿地方整備局六甲砂防事務所「1995.1.17大地震と六甲山地　写真によるその変形・変状の記録（20年間の経年変化）」（http://www.kkr.mlit.go.jp/rokko/disaster/pdf/20y-from1995.pdf）。

②急斜面または凸状地で力学的に不安定であった。また，地震波動が屈折・反射され，地震動が局所的に増幅された。
③断層の近くに急斜面があった。

なお，六甲山地南麓（神戸市，芦屋市，西宮市，宝塚市など）に点在する宅地造成地では，宅地地盤の変形や擁壁の転倒，はらみ出し，亀裂などが多数発生した。

写真-2.7.1　大転石による被害（西宮市剣谷町）
写真提供：筆者撮影。

この中で，34名の死者を出した西宮市仁川百合野町の地すべり災害について紹介する（写真-2.7.2参照）。

崩壊現場は六甲花崗岩山系の東縁部にあたり，北東向き約20度の傾斜地である。崩壊地の北西側には，平均傾斜角約30度の花崗岩の斜面がある。

第I部　地　震

写真-2.7.2　34名が生き埋めとなった西宮市仁川百合野町の地すべり現場
写真提供：神戸新聞社。

第2章　現代日本を襲った2つの巨大地震（1）

写真-2.7.3　仁川百合野町地すべり現場
　　　　　法肩からのすべり状況
写真提供：筆者撮影。

写真-2.7.4　阪神水道企業団管理棟
　　　　　基礎杭損傷状況
写真提供：筆者撮影。

　一方，崩壊地南側に位置する神戸市水道局上ヶ原浄水場の北東斜面は段丘崖で，約40度の傾斜地である。すなわち，崩壊した斜面が最も緩い傾斜角となっていた。明治19年，昭和31年，平成3年に国土地理院から発行された地形図より，明治時代には幅の広い谷であったが，昭和になり住宅地となったと判断できる。

写真-2.7.5　仁川百合野町地すべり　現場復旧状
　　　　　況（1995年12月現在）
写真提供：筆者撮影。

　被災地となった百合野町の住宅地と阪神水道企業団甲山調整池や上ヶ原浄水場などがつくられた仁川河床面から約10mの比高を持つ低位段丘との間に大きな高低差ができている（写真-2.7.3参照）。

　斜面の法肩に立地していた建物の基礎杭（既製杭と思われる）が折れるという被害から，地すべり力は大きかったと想像される（写真-2.7.4参照）。

　仁川の上流部に面した斜面部が幅60m，長さ100mにわたってすべったこのすべりに対して，佐々恭二らは斜面地下の帯水層内で破壊（高速液状化と表現している）が起こり，すべり面上部の土塊がすべり下ったと考えている。

　約1年弱経過した時点でも，すべり土塊が大量にあったので，復旧工事は捗っていなかった（写真-2.7.5参照）。

第Ⅰ部　地　震

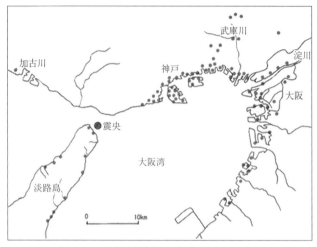

図-2.7.2　大阪湾岸地域で液状化が発生した地点
出典：土木学会「阪神・淡路大震災調査報告6 土木構造物の被害原因の分析　地盤・土構造物・港湾・海岸構造物等」「阪神・淡路大震災調査報告編集委員会」1998年。

写真-2.7.6　神戸港メリケンパーク
　　　　地盤流動化状況
写真提供：筆者撮影。

写真-2.7.7　ポートアイランド内液状化状況
写真提供：神戸市。

　兵庫県では，県土整備部河川砂防課の所管で「地すべり資料館」が1997（平成9）年11月に開館し，当時の被害やその後の対策工事，地盤安定確認のための観測データ，土砂災害のしくみ等を一般に公開している。仁川百合町では，地すべり対策として，押え盛土工，集水井工，集水ボーリングなどの抑制工と杭工を実施している。さらに，鎮魂の意味も含めて，斜面に植えられた芝桜が地元の方々のボランティアによって世話をされており，例年6月頃開花してい

58

る。地すべり資料館は，被災以前から蛍の生息が確認されていた地区にあるので，「蛍川」と呼ばれている用水路を設けて環境保護と生態系の回復に努めており，地元住民に親しまれている。

2）液状化

兵庫県南部地震により，阪神地区の埋立地を中心に液状化が発生した（図-2.7.2参照。点印が液状化発生地点）。写真-2.7.6のように，神戸港のメリ

写真-2.7.8　川表護岸の被災状況（酉島地区）
出典：岡二三生「河川堤防の液状化被害と解析」『比較防災学ワークショップ』No.16, 2016年（http://www.drs.dpri.kyoto-u.ac.jp/projects/cd/proceedings/docs/ws16/06_oka_fusao.pdf）。

ケンパーク内の護岸は液状化によって地盤が流動し，大きく海側に移動した。現在はメモリアルパークとして被災当時のまま保存されている。

また，埋立地のポートアイランドⅠ期の埋立地では，大規模な液状化が発生した（写真-2.7.7参照）。

さらに，ポートアイランドⅠ期の西側，Ⅱ期の東側岸壁および六甲アイランド南側岸壁では，液状化によってケーソンが大きく傾いた。運輸省（当時）第三港湾建設局主導で底面や岸壁背面にサンドコンパクションパイルによる地盤改良を施工した後，新設ケーソンを設置して復旧工事を実施した。また，六甲アイランド南側岸壁に緊急コンテナ桟橋を建設して，緊急対応をした。なお，着工後まもなく，建設作業振動規制基準（75dB）を遵守していたにもかかわらず，周辺工場から振動に関する苦情が寄せられたので，工法変更や打設時間の変更という対応を強いられながら復旧工事を進めた。

また，淀川左岸下流域の酉島地区は大きな被害を受け，延長約2 kmにわたり堤防が最大3 m沈下した。写真-2.7.8に示すように，被災した堤防はパラペットを有する三面張りの特殊堤であったが，堤防天端は沈下し，パラペットは川表側へ滑落しているのが分かる。高見地区では天端から川裏側法面が被災し，天端中央部に縦断亀裂が入り，天端が約20cm沈下した。

第Ⅰ部 地震

一方，右岸では，西島地区に被害が集中し，天端中央から川裏側法面が被災した．天端では最大開口幅1.2m，最大段差1.2mの縦断亀裂が認められた．

2.8 火災による被害

地震発生当日（1月17日）の神戸市内における1時間ごとの時間帯別火災の

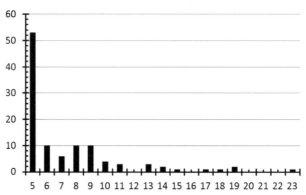

図-2.8.1 17日中の時間帯別火災発生状況

出典：内閣府防災情報のページ（http://www.bousai.go.jp/kyoiku/kyokun/hanshin_awaji/data/detail/pdf/1-5-2.pdf）．

表-2.8.1 神戸市，西宮市，芦屋市における初動時の火災発生状況と消防活動状況

市・区	焼損棟数	17日午前7時までに出火した建物火災		1棟火災		地震直後に出動したポンプ車台数（可能台数）	消火栓使用可否状況	防火水槽の数（公＋私）
		出火件数	1000㎡以上の件数		うちRC			
西宮市	90	16	2	7	3	14（＋消防団）	使用不能	927
芦屋市	22	8	0	6	4	5（＋消防団）	使用不能	60
神戸市	7,453	63	37	17	10	40	ほぼ使用不能	1,303
東灘	379	9	5	3	3	5	最長で2時間	38
灘	626	13	7	2	2	4	使用不能	100
中央	115	7	2	4	2	5	生田署管内可能	147
兵庫	1,097	11	5	3	0	5	使用不能	104
長田	4,073	14	11	2	1	5	使用不能	93
須磨	1,149	8	5	2	1	4	使用不能	129
垂水	9	0	0	0	0	（4）	使用不能	77
北	3	0	0	0	0	（5）	－	259
西	2	1	0	1	1	（3）	使用不能	356

出典：図-2.8.1に同じ．

発生状況を図-2.8.1に示す。

　17日に発生した火災の半数は，午前5時46分の地震発生直後の5時台に集中しており，残りのほぼ半数以上は午前中に発生し，数時間以上経過した後でも数件発生していることが分かる。

　出火原因が判明しているうちの半数以上は，電気の通電再開に伴う出火を含む電気関係であった。通電再開に伴う出火とは，地震時に損傷したコードやスイッチがONの状態で倒れた電気器具が火元と考えられる火災である。

　なお，ガス漏れに起因する火災もかなりあったという報告もある。

　表-2.8.1に神戸市，西宮市，芦屋市における17日の午前7時までに出火した建物火災と初動時の消防活動条件を示す。

　この表から，以下のことが分かる。

① まず，午前7時までに神戸市では63件の火災が発生し，この数は出動可能なポンプ車台数40を上回っており，同時多発の火災が起こっていたこと。

② 神戸市内の区単位では，垂水区，北区，西区の3つの区ではほとんど出火しておらず，出動可能なポンプ車もあったと思われる。しかし，他の区では，ほぼ同時に発生した63件の火災に対して，出動可能なポンプ車台数は28台ときわめて厳しい状況下におかれていたことが予想されること。

③ 東灘区，灘区，長田区では，$1,000m^2$以上の大規模火災が出火件数における半数以上を占め，ポンプ車の不足が見いだせること。

④ 一方，西宮市では出火件数が16に対し，地震発生直後に出動したポンプ車台数は14であったこと，防火水槽が事前に準備されていたことで$1,000m^2$以上の大規模火災が2件に留まったと推測されること。

⑤ 芦屋市では，地震発生直後の出火件数が8に対して，1棟火災が6件（うち鉄筋コンクリート造が4件）と占める割合が大きいが$1,000m^2$以上の大規模火災がゼロであった。これは，火元が耐火構造であったこと，および市内を南北に流れる河川の水を利用できたことなどの理由が考えられること。

⑥ 西宮市や芦屋市においては，消防団が有機的に活動をした結果，神戸市ほど被害が甚大とならなかったこと。

第Ⅰ部 地 震

2.9 ライフラインの被害

　現代都市における巨大な施設や建築物と比べると，各種「ライフライン」は我々に恩恵を与えてくれているが，日頃そのありがたみを感じていない場合が多い。空気と同じく，「有るのが当たり前」の状態であるのがライフラインである。しかし，その供給が無くなると，そのありがたさを感じる。
　兵庫県南部地震発生直後から，電気，ガス，水道の供給が途絶えたので，多くの人々が日常生活に支障をきたした。
　以下に，ガスの被害，復旧について述べる。

1）被害状況

　兵庫県南部地震はマグニチュード7.3というきわめて大きな地震であったにもかかわらず，ガス製造施設と高圧導管に被害は見られなかった。これらの施設が被害を免れたのは基幹施設として高度な耐震技術が施されていた点，ガス製造施設が姫路と泉北工業地帯にあり，地震の直撃を免れた点が関連していると考えられる。
　表-2.9.1に大阪ガスにおける被害概要を示す。
　中圧導管の被害も比較的僅少であった。被害が大きかったのは各家庭に直接

表-2.9.1　大阪ガスにおける被害概要

被害内容		被害数	備　考
中圧導管	導管の被害	17件	1962年以前のもの，被害は溶接部に集中
	バルブの継手被害	89件	フランジの緩みなど
低圧導管	本・支管	5,190件	
	供給管	6,184件	
	内管	15,085件	
供給停止戸数	2次災害防止	834,000戸	
	ガス導管への差水	23,400戸	

出典：大阪ガス「阪神・淡路大震災の記憶」(http://www.osakagas.co.jp/company/efforts/sd/disasterprevention/hanshinawaji/index.html)。

ガスを供給する導管である低圧導管であった。高圧導管，中圧導管と比較して構造的にかなり脆弱であったこと，家屋の半壊，全壊によって被害を受けたと考えられる。

　これらの被害によって最終的に85万7,400戸のガス供給が停止され，復旧に85日を要した。低圧導管のなかでも全体的に直径が100mm以上の本管には被害が少なく，100mm以下の支管に被害が多いという差が見られたが，本管・支管とも1975（昭和50）年以降に導入された耐震性のある導管の被害は少なく，とりわけ最大震度4の横ずれにも耐えるという最新式のポリエチレン管の被害はゼロであった。

　ガス供給停止のためのブロック遮断の遅れが指摘されている。すなわち，地震の発生により設置された地震対策本部が最初に直面した困難な課題は地震発生後，どの地域のガス供給を停止するかであった。地震が発生してから6時間4分後の午前11時50分に最初の供給停止が行われた。

2）復旧工事

　供給停止が決定されてからは，ガス漏れ箇所の修理と供給継続地域の監視を焦点として復旧活動が開始された。ガス業界では甚大な被害により供給停止が広範囲にわたった場合，日本ガス協会を中心としたガス事業者間での相互応援体制が確立されている。そこで1月18日に大阪ガス地震対策本部は日本ガス協会に応援を要請，ピーク時には全国155ガス事業者・1団体から3,712名が派遣された。また，大阪ガス，関連工事会社，サービスショップの6,000名と併せて合計9,700余名による復旧活動が開始された。

　供給を停止してもガス導管にはガスが残存し，末端でのガスの噴出が完全に止まるまでに2〜3日かかるので，ガスの復旧工事が開始されたのは地震から5日目の1月21日であった。

　ガスの復旧は製造所から高圧導管，中圧導管，低圧導管，家庭用配管という順序で進んでゆくのが基本である。兵庫県南部地震では，製造所と高圧導管には被害がなかったので，まず中圧導管の点検・修理を行い（2月24日復旧完了），つぎに低圧導管，家庭用配管の修理・点検を行い，最後に1戸ずつ点検・修

理・点火および燃焼テストを実施し，安全を確認してから供給を再開するという手順で行われ，4月11日復旧完了した。

　阪神・淡路大震災では，発災後ガスの供給が停止されてから，供給可能な全家屋に供給が再開されるまで85日を要した。給電再開が発災後わずか6日間で完了した電力の復旧とくらべると，復旧時間の遅れが際立つ。

　ガスの場合は地下に埋設されたガス導管による供給という形態を取るので，復旧作業はより時間を要する場合が多い。ガスが地上に吹き出し，陽炎が立っているような状況であれば即座に被害箇所を特定できるが，わずかな漏れである場合は逐一地中にガス漏れ探知器を挿入し確認しなければならない。しかも，ガスの場合，わずかな漏れであっても，引火爆発する危険があるので，小さな破損でも導管そのものの交換が必要となる。

　また，ガス導管はそのほとんどが地中に埋設されているので，修理のために地面を掘り返さなければならない。作業を開始するにはがれきや倒壊家屋の撤去が必要となる。しかし，倒壊家屋やがれきの量が多かったので，撤去作業に手間取りガス復旧にも遅れが生じたのである。さらに，震災後の大渋滞のなか，道路を掘り返しての工事はさらに渋滞を悪化させ，資機材の搬入や作業人員の到着を遅らせるという悪循環を生じさせた。しかも，ガス導管と並行して埋設されている水道管から漏れた水や，地下水・土砂，海に近い所では海水がガス導管に流れ込み，結果としてガス導管の修理は導管内の水抜きからはじめることを余儀なくされた。

第3章
現代日本を襲った2つの巨大地震(2)
——2011年3月11日,東北地方太平洋沖地震——

3.1 東北地方太平洋沖地震発生前の海溝型地震

　2011(平成23)年3月11日14:46,三陸沖から宮城県沖,福島県沖,茨城県沖にかけて生じたプレート境界型低角逆断層の破壊によるMw9.0の国内観測史上最大の地震である東北地方太平洋沖地震が発生し,海溝型地震を起因とする津波などにより約2万人の尊い人命が失われ,未だに行方不明者も多くおられる。この東北地方太平洋沖地震は,関東以北の地域に多大の被害を及ぼし,「東日本大震災」と命名されている。震源域は,南北約500km,東西約200kmという広大な範囲となっている。図-3.1.1に示すように直径約70kmのコア領域があり,この内部の海底が15m以上隆起したとされている(それ以外の震源域は2～3mの海底隆起)。

　この東北地方太平洋沖地震の震源域に注目すると,三陸沿岸では古くは869年7月13日の貞観地震により発生した津波が遡上し,約1,000名が溺死したと「日本三代実録」に記載されている。

　その後,1896(明治29)年6月15日に明治三陸地震(M8.5)が発生し,岩手県を中心に約1万戸近い家屋が流失し,犠牲者は約2万2,000名に及んだ。

　次に,沈み込む太平洋プレートの隆起した領域に引張力が作用して発生したアウトライズ地震として1933(昭和8)年3月3日には,昭和三陸地震(M8.1)が発生した。

　これらを受けて,写真-3.1.1に示す宮古市田老地区では,津波対策として防潮堤を築造するようになった。

　明治三陸地震では,岩手県内に滞在していたフランス人宣教師のうち1名は

第Ⅰ部　地震

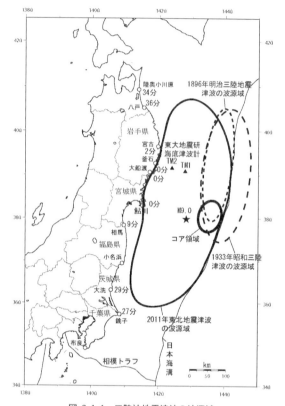

図-3.1.1　三陸沖地震津波の波源域
出典：地震調査研究推進本部ホームページ（https://www.jishin.go.jp/main/chousa/00nov4_2/miyagiY.htm）。

写真-3.1.1　宮古市田老地区の標識
写真提供：筆者撮影。

すぐに逃げたが，靴を履こうとして一瞬逃げ遅れた1名が津波に巻き込まれたという話が残っている。津波から助かる唯一の方法は「避難」であるという事を如実に物語っている。

また，東北地方では，「つなみてんでんこ」という言い伝えがある。これは，「津波のときだけは，てん

第3章　現代日本を襲った2つの巨大地震（2）

写真-3.1.2　チリ地震津波に襲われた現 岩手県大船渡市の銘板
写真提供：筆者撮影。

写真-3.1.3　チリ地震津波に襲われた現 岩手県大船渡市の銘板
写真提供：筆者撮影。

でばらばらに，親子といえども人を頼りにせず，一目散に走って逃げよ」という意味で，一家全滅を防ぎたいという願いが込められた先人の貴重な知恵ともいえる。

岩手県の津波災害復興事業としての高台移転による減災事例がある。1896年の津波で204人の死者を出した岩手県気仙沼郡吉浜村（現 大船渡市）は高台移転計画の結果，昭和三陸地震の際の流出家屋数は例外を除くと被害は少なく抑えられた。集落移動の成功例と考えられる。

昭和三陸地震から27年後，1960（昭和35）年5月24日チリで発生したMw9.5の地震（長さ約1,000km，幅200kmの領域を震源域として発生した近代地震学の計器観測史上で世界最大）による津波がハワイ諸島を越え，地震発生から約23時間後に東北地方太平洋沿岸へと襲来し，被害をもたらした。写真-3.1.2には，「災害は忘れた頃にやってくる」と記載され，写真-3.1.3のように「津波から命を守るための術」も書かれている。チリ地震による津波被害の発生直後の数年は銘板に書かれているような心構えであったと信じたい。

さらに50年後，東北地方太平洋沖地震発生の1年前の2010年2月27日にチリ大地震（Mw 8.8）が発生した。その地震を起因とする津波で避難指示や勧告が出た地域の住民のうち，避難所などで実際に避難が確認された人の割合はピーク時でも3.8％にとどまり，2006〜07年に津波警報が出た際の避難率よりも大幅に低くなった。岩手県釜石市では，大津波警報で全住民の1/3を超える約

第Ⅰ部 地　震

15万人に避難指示が出たが，避難所で確認できた住民はピーク時でも950人であった。平常時の防災意識がいかに重要であるかが分かる。

　地震調査研究推進本部から2011年1月11日に発表された地震発生確率では，宮城県沖地震は今後30年以内にマグニチュード7.5ならば99％であった（後に示す図-3.2.3参照）。

　このような状況下で2011年3年11日に東北地方太平洋沖地震は発生した。図-3.1.1に示す明治三陸地震，昭和三陸地震によって津波被害が及んだ地域では残念ながら「災害は忘れた頃にやってきた」ことになり，約2万人の方々が尊い命を失った。

3.2　発生した地震動

　図-3.2.1に宮城県栗原市築館伊豆二丁目92-3（築館総合支所敷地の一部）におけるK-NETの観測点（MYG004）の観測記録（加速度）を示す。

　最大加速度約2,700galが観測された。この値は，1995年の兵庫県南部地震の際に観測された最大加速度818galの約3.3倍の加速度であったが，応答スペクトルを見ても，構造物に大きな影響を与える周期帯域でないので，地震動に

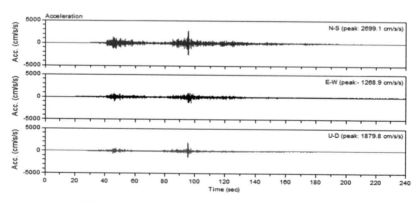

図-3.2.1　東北地方太平洋沖地震 加速度記録（築館MYG004）
出典：防災科学技術研究所 強震観測網（K-NET）観測記録。

第3章　現代日本を襲った2つの巨大地震（2）

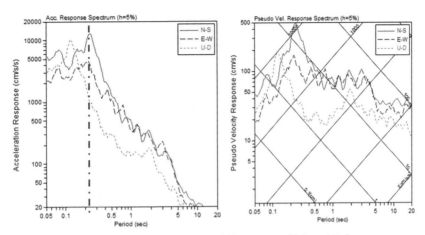

図-3.2.2　東北地方太平洋沖地震 応答スペクトル（築館 MYG004）
出典：防災科学技術研究所 強震観測網（K-NET）観測記録。

よる構造物被害はさほどではなかったと思われる（図-3.2.2参照）。

この東北地方太平洋沖地震は想定外の地震であったのであろうか。

図-3.2.3は，文部科学省の地震調査研究推進本部が2011年1月11日現在における今後30年以内に起こる発生確率として発表した値を示している。ここで注目したいのは，次の2点である。

①値は，2011年1月11日現在である。東北地方太平洋沖地震が発生するちょうど2か月前である。

②宮城県沖地震はM7.5前後の規模であれば，99％の発生確率である。

では，実際にはどのような地震が発生したのであろうか？

発生から3秒間は浅い（約25km）海溝側での緩やかな初期破壊であった。その後，40秒かけて深部（約40kmまで）に破壊が伝播し，短周期の地震波により陸上の激しい揺れをもたらした。続いて発生60～75秒後にかけて浅い海溝付近で「動的過剰滑り」（dynamic overshoot）により長周期の地震波と大規模な津波を発生させたと推測されている（図-3.2.4参照）。

その後，再び深部へ破壊が伝播し，発生90秒後にかけて短周期の地震波により再度陸上の激しい揺れをもたらし，大きな破壊は100秒後までに止んだ。

69

第Ⅰ部　地　震

図-3.2.3　主な海溝型地震の評価結果（2011年1月11日現在）
出典：地震調査研究推進本部ホームページ「主な海溝型地震の評価結果」(http://www.mext.go.jp/)。

　すなわち，最初に宮城県沖で岩盤の破壊が始まり，宮城県のさらに沖合（最大滑り量は30～60mと推定されている）に移り，茨城県北部沖の陸域に近い部分が破壊したと推定されている。このような連動型地震であったと思われる。
　これを先の地震調査研究推進本部の発表した海溝型地震の評価結果と照合すると宮城県沖地震，三陸沖から房総沖の海溝寄り，茨城県沖について該当する

第**3**章　現代日本を襲った2つの巨大地震（2）

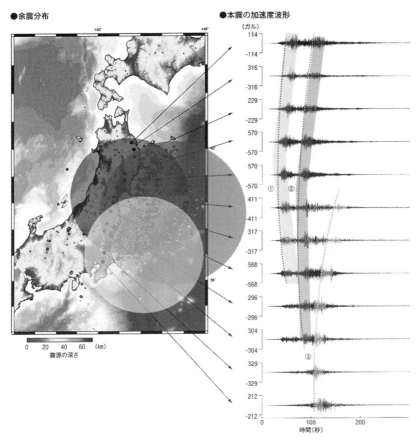

図-3.2.4　3連動の地震の実態

出典：防災科学技術研究所 強震観測網（K-NET）観測記録。

こととなる（図-3.2.3の＊印が震源と考えられている）。

3.3　津　　波

　2011年3月11日14時46分18秒にMw9という，わが国で発生した地震のうち最大エネルギーの巨大地震が発生した。その直後，気象庁は14：49に岩手，宮城そして福島の各県沿岸の大津波警報を，その他の太平洋沿岸に津波警報と注

第Ⅰ部　地　震

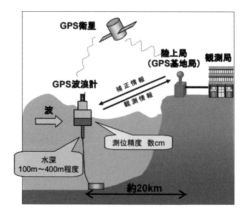

図-3.3.1　GPS波浪計システムの概要
出典：国土交通省ホームページ（http://www.mlit.go.jp/common/000117338.pdf）。

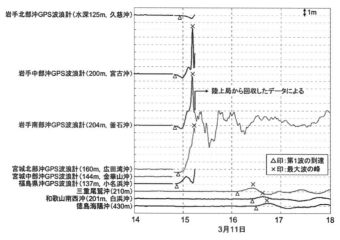

図-3.3.2　東北～四国沿岸のGPS波浪計で捉えた津波波形
出典：国土交通省ホームページ（https://www.pari.go.jp/files/items/3527/File/results.pdf）。

意報を発令した。徐々に警報発令対象地域が拡大し，最終的には全国すべての沿岸を対象に警報・注意報が発令された。

　その後，岩手釜石沖等，東北地方太平洋沖にあるGPS波浪計において，津

第3章　現代日本を襲った2つの巨大地震（2）

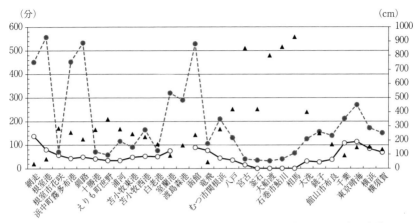

図-3.3.3　東日本大震災における津波

注：1）渡島森港，釜石，大船渡，石巻市鮎川，相馬における津波の第1波の始まりの時刻は特定できなかったが，このうち釜石，大船渡，石巻市鮎川，相馬については，沿岸付近が波源域に含まれていたことが推測されるため，第1波到達までの時間を0分として表示している。

2）十勝港，苫小牧東港，白老港，竜飛，八戸，宮古，釜石，大船渡，石巻市鮎川，相馬における最大の津波の高さは，津波観測点で記録された中で最も高い値であり，実際の津波はこれよりも高かった可能性がある。

資料：気象庁資料より国土交通省作成。

出典：国土交通省ホームページ「東日本大震災における津波の第1波，最大波の到達時刻と最大の津波高さ」(http://www.mlit.go.jp/hakusyo/mlit/h22/hakusho/h23/html/k1111000.html)。

波による海面の急激な上昇を観測したことを受け，気象庁は，津波警報の対象となる区域の拡大や予想津波高さの引き上げを行った（図-3.3.1，図-3.3.2参照）。

その後も，津波の観測状況に基づき津波警報・津波注意報の範囲を拡大する続報を順次発表し，3月12日15：20には日本のすべての沿岸に対して津波警報，津波注意報を発表した。三陸沿岸では，地震発生約29分後に第1波が到達したのを皮切りに，約7〜16mの津波が襲来した。陸域に上がった津波の到達標高（遡上高）は最大で38.9mであり，破壊的被害を与えることとなった。

図-3.3.3に各地の第1波到達から最大の高さの波が到達するまでの時間および最大の津波の高さを示す。以下，被害の大きかった陸前高田，女川町，大槌町，釜石における津波被害について述べる。

73

第Ⅰ部　地　震

1）陸前高田

　人口2万3,300人（平成22年国勢調査）の陸前高田市では，浸水範囲内の人口1万6,640人のうち，死者・行方不明者は1,780人を数えた。犠牲者は10人に1人を上回ることになる。陸前高田市は平野部が多く高台がないので，地震発生

写真-3.3.1　防潮堤工事状況（2015年9月）
写真提供：筆者撮影。

写真-3.3.2　気仙川水門工事状況（2015年9月）
写真提供：筆者撮影。

写真-3.3.3　奇跡の一本松，津波で破壊された建物とベルトコンベア用吊り橋（2015年9月）
　写真提供：筆者撮影。

第3章　現代日本を襲った2つの巨大地震（2）

30分後には湾内に到達した津波が気仙川を遡上し，浸水面積が広くなった。

話題となった「奇跡の一本松」の周囲で護岸工事が実施され，さらに防潮堤工事（写真-3.3.1参照）および気仙川の水門工事（写真-3.3.2参照）も実施されている。なお，高台移転用の盛土工事を実施するには，土砂運搬用ダンプトラックが一日あたり約2,000台必要となり，住民の生活および他の復興工事に影響を与えることが懸念されたので，気仙川横断も含めて，運搬のためにベルトコンベア用の吊り橋が仮設で築造された（写真-3.3.3参照）。

2）女川町

人口1万14人（平成23年3月現在）の女川町では，生存確認数が9,182人で，死亡率は東日本大震災で最も高い約8.3％となった。

港湾空港技術研究所の調査結果では，最大津波高さ14.8mであった。女川港に面するマリンパル女川・工業地周辺，女川駅・女川町役場周辺等町中心部は津波により壊滅的な被害を受けた（図-3.3.4，写真-3.3.4，写真-3.3.5参照）。

3）大槌町

大槌町では，住宅地・市街地面積の半分が津波浸水した。なお，最大津波痕跡高は，

図-3.3.4　女川町被災地周辺地図
出典：女川町ホームページ（http://www.town.onagawa.miyagi.jp/shinsai/_SWF_Window.html）。

写真-3.3.4　転倒した江島共済会館

写真-3.3.5　津波で倒壊した女川交番

写真提供：写真-3.3.4，写真-3.3.5いずれも，女川町ホームページ（http://www.town.onagawa.miyagi.jp/hukkou/pdf/20150916_shinsaiikou_keii.pdf）。

75

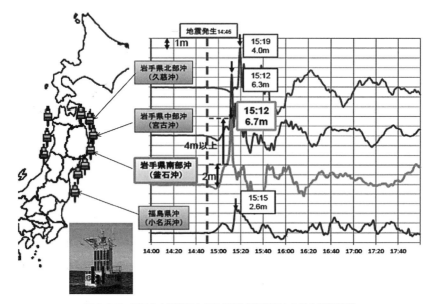

図-3.3.5　東日本大震災におけるGPS波浪計による沖合津波観測
出典：国土交通省，資料「港湾施設等の津波に対する効果」より「東日本大震災におけるGPS波浪計による津波観測」(http://www.mlit.go.jp/common/000989412.pdf)。

13.7mであった。

観光船「はまゆり（釜石市が所有）」が津波によって高さ約6mの防潮堤の間際まで持ち上げられ，旋回しながら陸地に向かって押し流された結果，約10mの2階建ての民宿の屋根に乗って止まった。安全性保持に課題があったので，2か月後に撤去・解体された。

大槌町では，災害対策本部の対応のため役場前駐車場にいた者20名を含め，39名の役場職員の犠牲者を出した点を反省すると共に，役場における津波防災について（防災体制など）問題点の抽出を試みている。

4）釜石

釜石港のGPS波浪計では，地震発生後4分後にひき潮，11分後に海面上昇，26分後には，6.7mの潮位を観測している（図-3.3.5参照）。この観測結果をもとに，気象庁は今後予想される津波の高さを「岩手，福島6m，宮城は10m以

上」と変更した。

　また，津波火災が発生した。市街地火災から山林火災に拡大する危険性があり，高台へ避難している人が二次避難を余儀なくされる可能性もあるので，留意する必要がある（津波火災については3.5節参照）。

3.4　地盤災害

1）地すべり

　1978年の宮城県沖地震発生時に仙台市内の緑ヶ丘で大きな地すべり被害が起こった。その被害の教訓から井戸による地下水位低下や地盤改良などの対策していた地区では，地すべり被害は見られなかった（写真-3.4.1参照）。しかし，

写真-3.4.1　緑ヶ丘区の無被害箇所（1978年の被害箇所）
写真提供：筆者撮影。

写真-3.4.2　緑ヶ丘区の被害箇所
写真提供：筆者撮影。

写真-3.4.3　折立地区の家屋被害
写真提供：筆者撮影。

写真-3.4.4　液状化現象により浮き上がったマンホール（千葉県浦安市）
写真提供：浦安市。

表-3.4.1 傾斜による感じ方

傾き (cm)	角度	感じ方
a) 0.1/100	0.06°	違和感を感じません。
b) 0.3/100	0.17°	違和感を感じます。
c) 0.6/100	0.34°	傾いていることを認識します。
d) 1/100	0.57°	傾いていることを認識し，苦痛を感じます。
e) 1.5/100	0.86°	気分が悪くなるなど，健康に被害が起きます。

出典：(社) 日本建築構造技術者協会（JSCA・千葉）資料，「液状化による傾斜住宅の補修方法」2011年（平成23年3月18日）より，傾斜住宅に住む弊害 (http://www.jsca-chiba.com/PDF/110617_ekijyoka.pdf)。

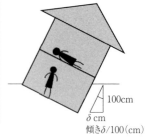

同じ地区でも当時被災せず対策をしていなかった地区では被害が発生していた（写真-3.4.2参照）。

同じ仙台市内の中心から西方向の青葉区折立地区（宮城県住宅供給公社による開発）では，大規模な地すべりが発生した（写真-3.4.3参照）。仙台市が地震後に調査した地区の456戸のうち，崩壊の可能性がある「危険」と判定されたのは69戸，「要注意」は115戸に上る。市は震災後，約40戸を災害対策基本法にもとづいて立ち入りを制限する「警戒区域」に指定したが，退去していなかった住民は多い。被害を受けた住宅のうち，一部は解体されているが，2012年9月現在ではほとんどの家では手つかずの状態であった。

2）液状化

東北地方太平洋沖地震では，東北地方でも液状化は発生したが，マスコミが取り上げたような大規模な液状化は，震源から離れた箇所で多く見られた。

千葉県浦安市では，日常生活のなかで液状化現象の発生を目の当たりにした（写真-3.4.4参照）。当時すでにスマートフォンが広く行き渡っており，多くの人々が噴砂している動画を投稿したので，世界中の人々が見ることができた。

また，沿岸部でない埼玉県久喜市では，沼を埋め立て造成した土地に建築した住宅が地盤の液状化現象のために傾き，住民が住めなくなるという事態が生じた。同様のことが浦安市のJR新浦安駅周辺でも起こった。

住人の中には，平衡感覚に障害が起こり，日常生活にも支障をきたす人々が出てきた。家屋の傾きと住人の感じ方の関係を表-3.4.1に示す。少しの傾きであっても，人間の平衡感覚に影響が出てくることに，留意する必要がある。

液状化により，傾いた家屋の補修費と住宅ローンの支払いの二重苦に悩まされ，今後の人生設計に大きな課題を持った人々は決して少なくない。

3.5 火　災

1）火災の特徴

東日本大震災では，地震や津波に起因する火災は，330件発生している（表-3.5.1参照）。関東大震災の約130件，阪神・淡路大震災の300件弱の出火件数と比較すると多くの火災が発生したこととなる。東日本大震災では，延焼面積の広い火災現場が多いこと，複数の県にわたり発生していること，市街地広域火

表-3.5.1　東日本大震災における都道府県別の火災件数（2012年9月11日現在）

都県名	火災件数
北海道	4
青森県	11
岩手県	33
宮城県	137
秋田県	1
山形県	2
福島県	38
茨城県	31
群馬県	2
埼玉県	12
千葉県	18
東京都	35
神奈川県	6
計	330

出典：消防庁ホームページ（http://www.fdma.go.jp/bn/higaihou.html/pdf/jishin/157.pdf）。

表-3.5.2　東日本大震災における主な火災（2011年11月17日現在）

出火場所	火災概要等
岩手県山田町	107,600㎡にわたる大規模な市街地火災
岩手県大槌町	130,000㎡にわたる大規模な市街地火災のほか林野火災
宮城県気仙沼市	102,000㎡にわたる大規模な市街地火災のほか林野火災
宮城県石巻市	56,100㎡にわたる大規模な市街地火災
宮城県多賀城市	津波により損傷した危険物施設から発生した石油コンビナート火災
宮城県名取市	16,200㎡にわたる大規模な市街地火災
千葉県市原市	地震動により損傷した高圧ガス貯蔵施設から発生した石油コンビナート火災

出典：消防庁ホームページ（http://www.fdma.go.jp/bn/higaihou.html）などに基づき作成。

災の合計面積が広いことなどが特徴である。

　津波に起因して発生したと考えられる津波火災は全体の約5割の159件，市街地における津波火災の延焼面積は約80haであった（表-3.5.2参照）。

　以下の4点が特徴である。
　①火気器具の転倒など揺れに伴う地震火災は1火災あたり1.4棟が焼損したのに対し，津波火災の焼損棟数は1火災あたり24.5棟と非常に多い。
　②津波火災に対する消防活動は散乱した瓦礫に邪魔されるなどきわめて難しく，また瓦礫の散乱によって大規模な瓦礫塊ができ，道路の延焼遮断効果などが失われてしまうという津波火災の一般的特徴によるものと考えられる。
　③震災当日に発生したものは全体の約2/3で比較的瓦礫による出火などが多く，2日目以降は電気・配線系の出火が多かった。
　④車両からの火災は日時を問わず，全体の3割強を占めた。

2）津波火災パターン

①斜面瓦礫集積型津波火災

　津波によって破壊された家屋などの瓦礫や自動車，ガスボンベなどが燃えたまま津波に乗って流され，山際に集積した。

　波が引いた後もさらに延焼が継続し，瓦礫などに邪魔されて消火が困難になり，津波非浸水地域や山際の避難場所に延焼，山林火災に発展した。

　宮城県気仙沼市では，岸壁に打ち上げられた船が燃え，海面上では津波により破壊された瓦礫が燃え，炎が波で移動して行き，山林へと延焼した結果，大規模な市街地火災が発生した（写真-3.5.1参照）。23日に鎮火するまで，延焼面積は10万2,000㎡に及んだ。津波の到来直後，3か所から出火したとの情報もあったが，浸水のため有効な活動が困難であった。

　宮城県石巻市門脇地区では，地震発生35分後に津波が襲来し，火災が発生している（写真-3.5.2参照）。このなかには，避難所に指定されていた門脇小学校（海から600mに位置）があり，校庭に止まっていた約100台の車に着火。燃え上がったが，幸いにも避難者（約50人以上）は裏山に逃げることができた。

第3章　現代日本を襲った2つの巨大地震（2）

写真-3.5.1　宮城県気仙沼における火災状況
（2011年3月11日18時頃）
出典：消防庁ホームページ（http://www.fdma.go.jp）。

写真-3.5.2　宮城県石巻市門脇地区の火災状況
（2011年3月11日18時頃）
出典：消防庁ホームページ（http://www.fdma.go.jp）。

写真-3.5.3　宮城県石巻市門脇小学校西側の斜面の上から見た焼損等の状況（手前の崖で延焼阻止、奥が海）
出典：消防庁ホームページ（http://www.fdma.go.jp/）一部加工。

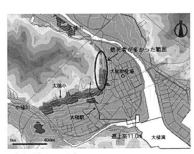

図-3.5.1　大槌町の焼け跡範囲
出典：消防防災科学センター「季刊消防防災の科学」（http://www.isad.or.jp/isad_img/kikan/No108/14-2.gif）。

写真-3.5.4　焼けた大槌小学校
出典：消防庁ホームページ（http://www.fdma.go.jp/）一部加工。

第Ⅰ部　地　震

写真-3.5.5　宮城県名取市（閖上）被災状況
　　　　　（2011年3月12日）
出典：消防庁ホームページ（http://www.fdma.
　　go.jp/）。

写真-3.5.6　移動，倒壊したタンク
出典：消防庁ホームページ（http://www.fdma.
　　go.jp/）。

　また，気仙沼と同様，瓦礫で消防車両が火災現場に近づけなかった。門脇町は北側が崖になっていたので，瓦礫が集まっていた。消防隊は崖の上への延焼阻止活動を実施した。

　23日に鎮火するまでに延焼面積は5万6,100m²に及び，鎮火後，焼け跡には車両やボンベが多数確認できた（写真-3.5.3参照）。

　同様の火災が岩手県大槌町でも発生している。火災は県道280号の両側に広がり，さらに大槌駅の東付近から北の方に延びている。この地域は，耐火構造で原型をとどめている家屋もいくらかはあったが，それ以外はことごとく焼き尽くされた。また，市街地に隣接する林野にも延焼し，2011（平成23）年4月5日に鎮火するまで延焼面積は13万m²に及んだ。大槌小学校周辺の延焼範囲を図-3.5.1，大槌小学校周辺の焼損状況を写真-3.5.4に示す。

②都市近郊平野部型津波火災

　主に仙台平野などで見られた。とくに，名取市閖上地区における被害が大きかった。都市部のガスボンベや車など膨大な生活エネルギーが火災拡大を加速させたと考えられる。

　地震発生翌日の12日も余震が続くなか，同地区では，くすぶり続ける状況で住民は避難した（写真-3.5.5参照）。

今後は通常海岸近くに位置する津波避難ビル等が火災被害を受ける可能性があることに留意する必要がある。

③危険物流出型の津波火災

東北地方太平洋沖地震が発生し，石油コンビナート等特別区域では，長周期および短周期の地震動以外にも津波による災害が発生した。

気仙沼市では，屋外タンク貯蔵所の全23基中22基のタンク本体が津波により流出し，炎上した。流出油量は約1万1,500kℓで，油種は重油，灯油，軽油およびガソリンである。津波により移動，倒壊したタンクを写真-3.5.6に示す。

気仙沼市で広域火災が発生したと考えられているが，焼損した状態で発見されているタンクはほとんど無く，普段は火を近づけたぐらいでは燃えない重油が水面で大炎上し，被害拡大に拍車をかけた特殊なケースと言われている。

すなわち，気仙沼湾に沿う，鹿折地区（湾奥），南気仙沼地区（西岸），大浦地区（東岸）および大島地区の4か所で大規模な火災が発生している。これらの地区の火災については，焼失地域はそれぞれ独立しているが，原因は湾上を火のついた石油が漂流し，最終的に湾の奥に流れ着き，津波で浸水した市街地に入り込むことで，大規模な市街地火災をもたらしたと考えられている。

このように燃えた瓦礫が重油などの危険物によって海上での大規模火災に発展すると，これらが湾内やその周囲に回遊してあちこちに延焼を拡大させ，火災範囲がきわめて広域に拡大する危険性があることに留意する必要がある。

なお，石油タンクの破損により大量の石油が流出したのは気仙沼のみではなく，山田町や大船渡でも見られた。大船渡では，1階外壁部分に黒く石油の付着痕が残っている建物もあり，もし漂流する石油に着火していれば，大船渡でも大規模火災が発生したかもしれない。

④電気系統単発出火型

津波の襲来から多少の時間が経過した後に，海水にひたされた車や家屋の電気系統から出火した。出火点は被災地域に広く分布し数自体も多い。

3）出火原因

津波火災における出火原因の多くは今後の解明に委ねられなければならない。

気仙沼では，タンクの破壊によって流出した石油に着火した原因については明らかでないが，市街地火災を起こした原因は油火災の漂流である。

一方，大槌町や山田町では，津波で流されてきた家屋に何らかの原因で火災を起こしていたものが含まれており，これから延焼が生じた。

また，石巻市門脇地区の火災では車両が出火源となった。津波警報により住民が避難場所に指定されていた小学校に車で避難していた。そこに津波が押し寄せてきたので，車が激しくぶつかり合って出火し，さらに避難場所である小学校に延焼し，拡大して焼損したと推定されている。

また，塩水に浸った車両の電気系統に着火しやすい原因があるのかもしれない。

4）消火に伴う困難

津波火災の調査において改めて認識したことに火災が発生した場合の消火の困難性がある。気仙沼のケースでは油火災が漂流して押し寄せて来たので例外かもしれないが，その他のケースでは，最初は大きな火災ではなく，通常時なら容易に消火できた可能性がある。しかし，水はふんだんにあるので消火は容易というイメージに反して，瓦礫に阻まれ，かつ海の中で，消防車も消火栓も使えず，しかも津波の危険と隣合わせのなかでは，なす術もないうちに拡大して，津波に耐えた家屋も巻き込みながら拡大してしまっている。実際，どういう消火あるいは延焼阻止の手段があるのか，即座には思いつくのが難しい。

なお，大地震の直後に千葉県市原市でもタンク火災・爆発が発生し，地震発生から8日後の2011年3月19日16：20鎮圧，同21日10：10分に鎮火した。

3.6　原子力発電所事故

1）これは「事故」だったのか

2011（平成23）年3月11日に発生した東北地方太平洋沖地震と地震に伴って発生した津波によって，東京電力㈱福島第一原子力発電所（以降，「F1」と略）の1～4号機はすべての電源を失った。

第３章　現代日本を襲った２つの巨大地震（２）

発災直後のマスメディアの情報によれば，
①外部の交流電源からの電力を供給する送電鉄塔が地震による被害を受けて送電機能が完全に断たれた。
②津波によって原子炉建屋の海側に隣接するタービン建屋の地下に置かれた非常用ディーゼル発電機が水没した。
③機能停止となってＦ１すべての交流電源を失い，原子力発電所全体の機能が停止し，炉心融熔や原子炉建屋の水素爆発をもたらすに至った。

という経緯であった。

一般的に，「災害」とは，「自然災害（地震・火山や風水害）」「事故（陸・海・空）」そして「社会的事件（風評被害，公害など）」に分類される。しかし，Ｆ１の場合，政府，内閣，民間の３つの調査委員会では，どれも「事故調査委員会」とされ，「事故調査委員会報告」として発刊されている。本来，「事故」とは，広辞苑では「思いがけず起こった悪い出来事。また，支障」「事柄の理由。事のゆえ」と定義されている。一般的には，偶然に生じた事象，人の特定の行為（業務上過失や火災原因等であれば重過失）もしくは機器の故障や不具合，誤作動によって引き起こされた不特定の人々や企業，個人事業者に何らかの身体的，物的，金銭的損害を与える事態を指す言葉である。もし，それらが不特定の人々の傷害や死亡につながれば，業務上の責任者は刑事罰としての起訴の対象になりうる。また，発生事象が"予見可能"であって，管理・監督者や事業者がそれを放置していた場合に第三者の人的被害や物的損害が生じた可能性があれば，それらの責任者に対して刑事訴訟や行政機関，民間企業等に対する損害賠償を被害者が訴えることもできる。果たして，Ｆ１に2011年３月11日14：46以降に生じた事象や現象は「事故」なのであろうか。

以下，原子力発電の歴史，Ｆ１で何が発生したか，責任はどこにあるのか，廃炉への課題および将来のエネルギーについて述べたい。

２）原子力発電の歴史

史上初の原子力発電は，第二次世界大戦終結後の1951年，アメリカ合衆国の高速増殖炉 EBR-I で行われたものである。

第I部 地　震

表-3.6.1　原子力発電の歴史

年	日　本	海　外	備　考
1945	原子力関連研究　全面禁止		連合国による
1951		米国　高速増殖炉 EBR-I	発電量：1kW
1952	原子力関連研究　解禁		連合国と日本間の平和条約解禁
1954		米国　国連総会で原子力の平和利用提案	
		原子力委員会（AEC）	（原子力開発の推進と規制）
		ソビエト　原子力発電	発電量：5MW
	原子力研究開発予算　国会に提出		
1955	原子力基本法 成立		
1956		イギリス　商用原子力発電所	発電量：50MW
	日本原子力研究所 設立		
1957		米国　商用原子力発電所	
		国際原子力機関（IAEA）発足	
	日本原子力発電 設立		
1963	実験炉（東海村）初発電		
1965	東海発電所（商用原発）稼働開始		黒鉛減速炭酸ガス冷却型原子炉
1973	資源エネルギー庁		
1974		米国　→エネルギー研究開発管理部，原子力規制委員会に分割	
		ラムッセン報告	確率論による安全性評価
1977		米国　プルトニウム利用凍結	以降，核燃料再処理中止
1979		米国　スリーマイル島原発事故	
1986		ソビエト　チェルノブイリ原発事故	
2001	原子力安全・保安院　新設		中央省庁の再編に伴う
2009	国連にて，国際公約声明		CO_2 25％削減
2011	福島第一原子力発電所事故		
2012	原子力安全・保安院　原子力規制委員会へ移行		原子力規制委員会は環境省の外局

出典：経済産業省資源エネルギー庁ホームページなどに基づき作成。

表-3.6.1に原子力発電に関する主な経緯を時系列で示す。

日本における原子力発電は，欧米の動向に影響されていたことが明らかであ

る。資源に乏しいわが国の工業化における安定した電力供給のために，1954年の原子力研究開発予算が議員によって国会に提出されたことがきっかけであった。

3）原子力発電のしくみと原子炉の種類
①原子力発電のしくみ

原子力発電では，原子炉内で燃料のウランおよびプルトニウムの核分裂によって熱が発生する。この熱が燃料を取り巻く水に伝わり，高温・高圧の蒸気に変わる。この蒸気は，主蒸気配管を通ってタービンに送られ，タービン軸に直結した発電機を回して発電する。タービンを回し終えた蒸気は，復水器内で冷却され，水となって再び給水ポンプにより原子炉に戻される。なお，復水器で蒸気を冷却する冷却水には海水が使われている。

熱を利用して蒸気でタービンを回して電気を作るという点では，石炭や石油，天然ガスによる火力発電と同じ仕組みである。

原子炉は制御棒の出し入れによって起動・停止され，出力を変えるには，原子炉内蔵型再循環ポンプモータの回転数を変化させて原子炉を流れる水の量を変化させる方法と，制御棒の位置を調整する方法がある。

②原子炉の種類

日本で使用している商業用の原子炉には，沸騰水型軽水炉（BWR：Boiling Water Reactor）と加圧水型軽水炉（PWR：Pressurized Water Reactor）の2種類がある。

○沸騰水型軽水炉（BWR）

沸騰水型は原子炉の中で水を沸騰させて蒸気を作り，その蒸気で直接タービンを回す方式で，東日本にある原子力発電所を中心に採用されている。

○加圧水型軽水炉（PWR）

加圧水型は原子炉内の圧力を高くすることで水を沸騰させず熱湯にし，その作られた熱湯を蒸気発生器に送り，別の系統の水を蒸気に変え，その蒸気でタービンを回す方式である。このタイプは西日本の原子力発電所で多く採用されている。

○改良型沸騰水型軽水炉（ABWR）

大間原子力発電所で採用している改良型沸騰水型軽水炉（ABWR：Advanced Boiling Water Reactor）は，国内外の原子力発電所の建設や運転，保守の経験を踏まえ，国内外のBWRメーカー，国内BWR採用の電力会社，国（通産省〔当時〕）で開発実証された技術を集大成し，昭和50年代初めより十数年の歳月をかけて開発してきた原子炉である。ABWRは従来型BWRに比べ，主に以下の点で改良が図られている。

・安全性・信頼性の向上

・作業者の受ける放射線量の低減

・放射性廃棄物の低減

・運転性・操作性の向上

・経済性の向上

4）本震以降，何が発生したか

2011（平成23）年3月11日に発生した東北地方太平洋沖地震と地震に伴って発生した津波によって，F1の1～4号機はすべての電源を失った。その後の状況を表-3.6.2にまとめる。そのため，電力が得られない状態と地震発生時に運転中だった原子炉では燃料を冷やすことができない状態が長時間にわたって続いた。そして，2号機では原子炉圧力容器が破損，1，3号機では原子炉で

表-3.6.2　東日本大震災における福島第一原子力発電所の状況

	1号機	2号機	3号機	4号機
炉心燃料	大半が溶融	溶融	大半が溶融	損傷なし
圧力容器	損傷	損傷の疑い	損傷	損傷なし
格納容器	損傷 合計で直径7cm相当の穴	損傷 合計で直径10cm相当の穴	損傷の疑い	損傷なし
使用済み核燃料	不明	不明	損傷の疑い	一部損傷
建屋	安全と説明	安全と説明	損傷	損傷
電源	外部電源設置	外部電源設置	復旧	復旧

出典：東京電力ホームページなどに基づき作成。

発生した水素の爆発により建屋が大きく破損，定期検査中で運転していなかった4号機では3号機から流入した水素により建屋が破損し，大量の放射性物質が大気中に放出された。

F1の事故については，以下の4種類の報告書が発刊されている。

① 「福島原発事故独立検証委員会（民間事故調）調査・研究報告書」

財団法人日本再建イニシアティブにより発行された。民間の立場から，福島第一原子力発電所事故の検証を独自に進める調査組織，「民間事故調」が，事故後の政府や事業者の対応，リスクコミュニケーション，原子力規制ガバナンスなどの観点からまとめた報告書である。

② 「東京電力福島原子力発電所 事故調査委員会（国会事故調）報告書」

日本の憲政史上初となる国会に設置された独立した調査機関「国会事故調」が政府の危機管理体制や事業者への監視，原子力法規制の見直しなどについての提言をまとめた報告書である。

③ 「東京電力福島原子力発電所における事故調査・検証委員会（政府事故調）報告書」

10名の学識経験者等により構成され，従来の原子力行政から独立した立場である「政府事故調」が事故後の国，県，事業者の対応の他，事故の未然防止のために検討の必要な事項などの観点からまとめた報告書

④ 「福島原子力事故調査委員会（東京電力）報告書」

事故の当事者である東京電力が社内に設置した「福島原子力事故調査委員会」と社外有識者で構成した検証委員会が地震・津波を含めた安全確保への備え，災害時の対応態勢の計画と実際，事故対応の課題と対策などをまとめた報告書である。

5）原子力発電所における事故と事故後の課題

1979年3月に発生した米国のスリーマイル島原発事故，1986年4月に発生したソビエトのチェルノブイリ原発事故ならびにわが国のF1が大きな事故とされているが，現在F1をどのように収めるかが注目されている。

また，原子力発電で作る電力は安価であると期待されていたが，実際には

バックアップ装置の増設等が行われたので，原子力発電は他の発電に比べて設備費の割合が非常に大きくなったという点は建設当時から周知のことであった。

F1事故以降，拡散放射能の除染問題が復興問題と共に重要課題となっている。避難解除の目安とされる年間20ミリシーベルトという基準に対する不信感も残っている。除染活動の限界が明白であり，20～30年以上の長期にわたって帰還が不可能と思われる地域も明らかになってきている。また，大量に発生している汚染土壌の中間貯蔵，そして将来の廃棄物処分計画の見通しも明確になっていないのが現状である。

また，10万人以上の住民の賠償や健康問題に対して，どのように対応するかは東京電力（以下，「東電」と略）だけでなく，政府がどのようにかかわるかも課題であろう。

2016年2月16日現在，賠償金支払い総額は5兆9,000億円に達しており，最終的には6兆5,000億円に迫る見通しである。政府や東電は5年を1つのめどとして，一部の賠償支払いを終了する方針を打ち出しており，避難指示解除が出された場合には賠償が打ち切られる可能性が高い。一方で帰還がすぐにできない場合や雇用が確保されない場合への対応など，賠償をめぐる問題が今後も重要な社会課題として残されるかもしれない。結果次第では，現在検討されている原子力損害賠償制度の見直し議論にもつながるので，重要な政策課題として残っている。

さらに重要な問題が，住民，特に若い世代の将来の健康に与える影響や目標を失った人々の精神状態への影響である。福島県が行っている「県民健康調査」は，原発事故による放射性物質の拡散や避難の影響を踏まえて，県民の健康状態を把握し，病気に早期に対応することなどを目的としている。

内容は避難区域などの住民を対象に，一般の健康診断に加えて白血球も調べる「健康診査」，心の健康状態，妊産婦たちの状態を調査票で調べるなどである。

避難で生活が大きく変化した結果，糖尿病の人が増加，高血圧・脂質異常の住民も多いという報告もある。さらに，心の健康問題も深刻で心のケアや支援

が必要である。

福島県では事故当時概ね18歳以下の全県民を対象に小児甲状腺検査が実施されており，20歳を過ぎると5年ごとに甲状腺検査を実施することになっている。甲状腺がんは死亡率も低く他のがんに比べれば治癒率は高いとされているものの，不安は依然として残っているといえる。

また，福島県では，震災による直接死より自殺やその他の病死など関連死の方が多く，とくに自殺者は宮城県の2倍近い数値となっている。

関連死問題には，心のケアを必要とする避難者の問題を早期に解決していくことが必要である（表-3.6.3参照）。事故発生から今までに，故郷や土地を失ったことへの喪失感，世代間や夫婦間による意識のギャップなどによる家族崩壊等が起きており，単なる経済的支援では解決できない社会問題，さらには基本的人権にもかかわる問題として，取り組む必要がある。

表-3.6.3 東日本大震災における震災関連死の死者数
（2016年3月31日現在）

都道府県	死者数
岩手県	459
宮城県	920
山形県	2
福島県	2,038
茨城県	41
埼玉県	1
千葉県	4
東京都	1
神奈川県	3
長野県	3
合　計	3,472

出典：復興庁ホームページ「震災関連死の死者等について」(http://www.reconstruction.go.jp/topics/main-cat2/sub-cat2-6/20160630_kanrenshi.pdf)。

6）廃炉への課題

①廃炉への道程

2011年3月の東北地方太平洋沖地震とその後の大津波により，外部からの電源と非常用ディーゼル発電機を失い，「全交流電源喪失」状態に陥り，原子炉や使用済み核燃料貯蔵プールの冷却水を循環させる機能と非常用炉心冷却装置の機能を完全に喪失した。これにより，地震発生まで稼働中だった1，2，3号機についてはポンプ車などで緊急に燃料棒を冷却する必要が生じた。また，3号機と4号機の使用済み核燃料貯蔵プールについても注水して冷却する必要が生じた。この注水過程で建屋内での水素爆発や放射性物質の大気中への漏洩が発生し，日本社会や経済と国際社会に甚大な影響を与えた。

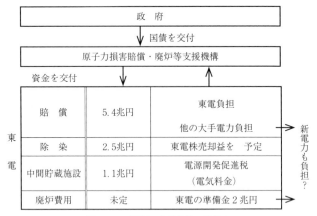

図-3.6.1　現行の東電支援の枠組み
出典：経済産業省ホームページ，資源エネルギー庁「東電を取り巻く状況」
（http://www.meti.go.jp/committee/sougouenergy/kihonseisaku/
denryoku_system_kaikaku/zaimu/pdf/03_04_00.pdf）などに基づき作成。

　東電は5月に1～4号機について廃炉措置を進めることを決定し，12月に1～4号機の廃炉に向けた工程表が発表され，翌2012（平成24）年4月に1号機から4号機が廃止された。この時点で日本の原子力発電所は，54機から50機に減少した。
　被害規模が大きいので，政府は「原子力損害賠償・廃炉等支援機構」を設置した。図-3.6.1に現行の東電支援の枠組みを示す。現在時点における賠償・廃炉費用の概算は発表されているが，増額せねばならない可能性が高く，電力自由化による新電力にも負担させるという論議も出ていることに注目したい。
　以下，廃炉への道程における課題について述べる。
②汚染水対策
　廃炉の過程では，まず汚染水対策を先行する必要がある。
　F1では地下水が流れ込み毎日400tずつ増えてきた。タンクからの流出や海への漏出など数々のトラブルが発生し，福島の沿岸漁業は大きな打撃を受けた。これらの原因究明と対策が廃炉作業の大きな障害となった。
　廃炉工程表では，2021年から溶けた燃料を取り出すことが当面の最大の目標

であるので，2020年までに建屋内から汚染水をすべて抜き取って汚染水問題を解決することが課題となっていた。その目標実現に向けて建屋周りや岸壁の汚染された地下水をくみ上げ，浄化した上で海へ放出する対策を実施した。また，汚染された地下水の海への流出を防ぐため，岸壁に鋼鉄製の遮水壁も設置した。

その結果，建屋への地下水の流入量は150tまで減り，効果も見え始めていた。しかし地下の水の流れの予測や管理は難しく，くみ上げた地下水の汚染が想定を上回り，多くが浄化装置では基準以下にできないことがわかった。

また，鋼鉄製岸壁に遮水壁を設置したので，汚染地下水が海へあふれ出ないように毎日約350tくみ上げ続けた。結局現在の汚染水の発生量は建屋に流入する地下水150tと合わせて1日500tとなり，以前より100tも増えた。

そこで，汚染水発生量を減少させることが必要不可欠となったので，建屋周りに「壁」を築造すれば新たな汚染水の発生を1日50tまで減らせるとの検討結果が出た。建屋の周囲に鋼管矢板を打ち込んで囲む案も検討されたが，建屋周りの土壌を凍らせる凍土壁案も提案された。どの箇所に凍土壁を築造することがより合理的かを数値解析によって検討し，実証実験を経て正式に採用された。

凍土壁案とは，1m間隔で打ち込まれた細い配管の中に冷却液を流し，建屋周囲の土を凍らせるもので，総延長は1,500m，ダムのように建屋を囲み地下水をブロックするというものである。

なお，凍土壁をめぐっては運用前からさまざまな課題もあった。通常，凍土壁はトンネル工事などで一時的に土砂を固めるために使用されているが，大規模に長期間利用するのは初めてであった。かつ，原発敷地内地下には多くの配管が敷設されており，このようなところでは凍結用薬剤の効果が十分ではなく，土が凍りにくいという懸念もあった。

そこで，全面凍結の方針から，まずは建屋の下流側，続いて上流側というように段階的に凍らせて地下水位を監視する方針に転換し，水位が逆転しそうな場合は建屋の汚染水を別の場所に移送するなどの対策をとる方針でモニタリングしながら，推移経過を観察している（2016年12月現在）。

第Ⅰ部 地　震

③40年で廃炉可能か

　今後，メルトダウンによる原発建屋の解体や使用済み核燃料棒の取り出しおよびガレキ撤去という大きな課題が残されている。しかし，廃炉工程を維持する方針は変えていない。

　すなわち，使用済み核燃料棒取り出し開始は，3号機では2015年度から，1号機と2号機では2018年度から開始。炉心で溶けた燃料の取り出し方式を冠水方式か冠水させない方式とするかを2017年に方針決定し，2021年から取り出し開始。事故から30〜40年（2051年）で廃炉完了。

　地震当時，稼働していなかった4号機では放射線量が低く，人がプールのすぐ近くまで行って直接作業を行うことができたので，使用済み燃料の取り出しは完了した。しかし，メルトダウンした1〜3号機は放射線量が高く，使用済み燃料の取り出しは予定通りとはならなかった。ただプール内のどこにあるのかわかっているので，除染さえ進めば3年遅れで取り出すことも不可能ではない状況である。

　米国スリーマイル島原発事故では，溶けた燃料は原子炉の中に留まっていたので，11年で取り出すことができた。しかし，1号機内の状況把握のため，ロボットが投入され，爆発で散乱したと思われる部品や冷却水の状況は確認されたが，溶けた燃料を確認するところまでは至らなかったので，F1では核燃料は格納容器の底まで達しているものと予想されるので，困難をきわめることになると思われる。

　強い放射線を遮るには，スリーマイル方式のように全体を水で満たす冠水とするのが効果的であるが，F1では格納容器内の破損箇所が特定されていないので，冠水方式には二の足を踏んでいる。冠水方式としない場合には，強い放射線による被ばくの可能性および放射性粉塵の飛び散り，放射性物質が建屋から漏れる恐れもあるので，廃炉工程にも影響が出る可能性があると思われる。

④廃炉と人材育成

　科学は日進月歩で革新されてゆく。また，必要は発明の母と呼ばれるように，技術開発により，人類は「不可能を可能」にしてきた。

日本における原子力発電およびその周辺の研究は，技術開発にかかわってきた多くの研究者，技術者が精力的に実施してきた。その結果，戦後1956年頃から始まった原子力発電に関する技術も進歩してきた。

　格納容器や圧力容器の損傷，炉心溶融という被害から「廃炉」と結論付けられた結果，大学の原子力関連分野を取り巻く状況は大きく変化した。

　大学の原子力関連の学科や専攻に進学する学生はこの20年で半分以下の300人にまで落ち込んでいたところ，F1の事故後は原子力関連の仕事に就こうという学生がさらに激減した。さらに，国内に2か所しかない大学の教育用の研究炉が事故後に強化された基準の審査で停止した状態になったままである。理論だけではわからないことを体験して，より高次な技術を習得するための実習ができる環境がなくなっている。

　今後は必ず老朽原発の廃炉や廃棄物の処分など，難しい技術開発を続けていかなければならない。したがって，数十年は専門性を持った人材が必要であり，長期間にわたって人材を確保していけるよう国としての戦略も必要であろう。また，今後溶けた燃料の取り出しに向けては，強力な放射線の下でも誤作動しない格段に高性能なロボットや，溶けた燃料の成分を確認，取り出すための工具の開発も必要である。どのような専門性を備えた人材がいつまでにどれくらい必要であるかという，中長期のスケジュールにもとづく人材開発の施策と産・官・学の連携した戦略が必要である。

7）将来のエネルギー

　政府は2015年6月1日開いた総合資源エネルギー調査会（経済産業相の諮問機関）の小委員会で，2030年時点の日本の望ましい電源構成として，再生可能エネルギー22～24％，原子力20～22％，石炭火力26％，天然ガス火力27％，石油火力3％，とする原案を固めた。

　再生可能エネルギーがほぼ倍増し，現在稼働ゼロの原発も復活するとしている。今後の動向を注視したい。

3.7　発生した諸問題

①帰宅困難者

　2011年3月11日の地震では，東京都心では震度5強であったが，首都圏でも鉄道が一斉に止まったので帰宅困難者は約300万人となった。

　鉄道の運行が止まり，携帯電話等が繋がらないので，人々は肉親や知人の安否確認のために道路交通手段に集中した。その結果，自動車やバスによる通行車両量が急激に増加し，警視庁交通管制センターの「大型情報板の道路網」が真っ赤になったほど都内全体で交通渋滞が発生した。この交通渋滞により救急隊車両の通行阻害が発生したので，人命救助にも影響する事態となった。例えば，駐車場の崩落が発生した町田市では緊急車両が現場へ到着するのに，1時間半を要した。

　さらに，バスターミナルにおける異常なまでの混雑から，車による移動をあきらめ帰宅しようとした人々は，歩道を歩き始めた。しかし，その歩道までもが混雑し，信号で止まると後ろから押され，万一倒れるならば，踏まれる危険性もあった。そこで，人々は車道まであふれる結果となった。

　もし，帰宅せず待機するのであれば，宿泊する場所が必要となる。これらの人々のために，大田区では500人収容のホールを宿泊用に開放したところ，すぐに満杯となったので区内の46か所を開放した。通常，水や毛布などは区民の避難用であったが，実際は帰宅困難者への提供となった。

②がれき処理

　地震発生当初，被害を受けた家屋および家財道具は，「自分の財産」であるという意識がみんなにあった。したがって，すぐには処分することはできなかった。しかし，いくぶん時間が経過すると，「がれき」という言葉に代わっていった。被害（特に，津波被害）が大きかったので，この災害廃棄物の処理には，莫大な費用と手間を要した。

　最も処理量の多かった宮城県内の2013（平成25）年6月30日現在の状況を表-

第**3**章　現代日本を襲った２つの巨大地震（２）

表-3.7.1　災害廃棄物の処理状況（2013年6月30日現在）

県	市町村	県への事務委託	災害廃棄物等（A＋B）			災害廃棄物（A）				津波堆積物（B）		
			推計量	処理・処分状況		推計量	仮置場	処理・処分状況		推計量	処理・処分状況	
				処理量	処理率		設置数	処理量	処理率		処理量	処理率
			(千トン)	(千トン)	(％)	(千トン)	(か所)	(千トン)	(％)	(千トン)	(千トン)	(％)
	仙台市		2,644	1,990	75.3	1,344	3	1,246	92.7	1,300	744	57.2
亘理名取ブロック	名取処理区		899	751	83.5	607	3	586	96.5	292	165	56.5
	県処理分		706	558	79.0	414	1	393	94.9	292	165	56.5
	名取市処理分	○	193	193	100.0	193	2	193	100.0	0	−	−
	岩沼処理区		561	557	99.3	399	2	395	99.0	162	162	100.0
	県処理分		557	553	99.3	395	1	391	99.0	162	162	100.0
	岩沼市処理分	○	4	4	100.0	4	1	4	100.0	0	−	−
	亘理処理区		754	681	90.3	482	2	419	86.9	272	263	96.7
	県処理分		737	664	90.1	465	1	402	86.5	272	263	96.7
	亘理市処理分	○	17	17	100.0	17	1	17	100.0	0	−	−
	山元処理区		1,166	930	79.8	653	8	536	82.1	513	394	76.8
	県処理分		1,166	930	79.8	653	1	536	82.1	513	394	−
	山元町処理分	○	0	0	−	0	7	0	−	0	−	−
宮城東部ブロック			1,313	909	69.2	668	5	567	84.9	369	342	92.7
	県処理分		276	164	59.4	225	1	140	62.2	51	24	47.1
	塩竈市処理分	○	151	151	100.0	151	1	151	100.0	0	−	−
	多賀城市処理分	○	305	305	100.0	197	2	197	100.0	108	108	100.0
	七ヶ浜町処理分	○	305	289	94.8	95	1	79	83.2	210	210	100.0
	松島町	×	64	64	100.0	63	0	63	100.0	2	2	100.0
	利府町	×	19	19	100.0	19	0	19	100.0	0	−	−
石巻ブロック			11,157	5,601	50.2	4,742	19	3,712	78.3	3,187	1,890	59.3
	県処理分		3,229	1,972	61.1	2,341	1	1,559	66.6	888	413	46.5
	石巻市処理分		1,230	1,086	88.3	1,093	12	1,033	94.5	138	53	38.4
	東松島市処理分		2,972	2,054	69.1	811	3	631	77.8	2161	1424	65.9
	女川町処理分		497	489	98.4	497	3	489	98.4	0	−	−
気仙沼ブロック			2,268	1,150	50.7	1,478	29	1,030	69.7	791	122	15.4
	気仙沼処理区		1,641	846	51.6	955	17	757	79.3	687	90	13.1
	県処理分		1,358	564	41.5	683	2	487	71.3	675	78	11.6
	気仙沼市処理分	○	283	282	99.6	272	15	270	99.3	12	12	100.0
	南三陸処理区		627	304	48.5	523	12	273	52.2	104	32	30.8
	県処理分		564	251	44.5	460	1	220	47.8	104	32	30.8
	気仙沼市処理分	○	63	53	84.1	63	11	53	84.1	0	−	−
宮城県計			17,340	12,652	73.0	10,455	71	8,573	82.0	6,888	4,084	59.3
	県処理分		8,593	5,656	65.8	5,636	9	4,128	73.2	2,957	1,531	51.8
	市町村処理分		8,747	6,996	80.0	4,819	62	4,445	92.2	3,931	2,553	64.9

出典：宮城県ホームページ「東日本大震災に係る災害廃棄物処理業務総括検討報告書」より。

3.7.1に示す。この表では、県内を4ブロック（亘理名取、宮城東部、石巻、気仙沼）に分け、災害廃棄物と津波堆積物に分けて集計されている。この表が集計されている時点では、浸水等により重機が入れない一部の場所を除き、散乱したがれき等の撤去はほぼ終了している状況である。なお、家屋解体に伴うがれきや海中から引き揚げられたがれき類も含まれている。

写真-3.7.1　災害廃棄物処理プラント
写真提供：筆者撮影。

　また、県東部から北部の沿岸にかけては、平地が少なく、一次仮置き場の早期解消を求められたり、自然発火による火災やハエ等の衛生害虫や悪臭の発生が懸念された。がれき処理事業は、2011（平成23）年7月にプロポーザル方式（公募または指名により決定した受託希望者から業務の目的に合致した企画書を提案してもらい、その提案の中から企画・提案能力のある者を選ぶ方式）の入札手続きが始まり、2012（平成24）年1月から建設用地の造成、災害廃棄物処理プラント建設等の事業に着手した（写真-3.7.1参照）。

　プラント試運転〜プラント稼働〜最終処分という流れで平成25年度（2014年3月）に事業は終了した。なお、総事業費は約4,000億円であった。

第4章
地震対策

4.1 自然の脅威を知り，防災につなげる

「天災は忘れた頃にやってくる」と防災の重要性を説いたのは，物理学者で随筆家の寺田寅彦（1878～1935）であると言われている。自然の力に比べ，人間の力はちっぽけなものと考え，自然災害の中でも一番恐れていたのが「地震」であったと思われる。

寅彦は，1935（昭和10）年の『災害雑考』でプレートがぶつかり合う位置にある日本列島の危うさを「国土全体が一つのつり橋にかかっているようなもの」とたとえた。大正関東地震に遭遇し，地震発生に対しては，人間の力が及ぶところではなく，被害は減らすも増やすも人間次第だとも言っている。

古代日本においては，災害を含む自然現象を神格化して，神道的な行事で対応していたようである。8世紀の天平時代になると仏教の因果観，すなわち「たたり」を恐れる因果応報の考えにより，「たたり」を鎮めるために東大寺などが建立されたという。

平安時代末期から鎌倉時代前期に生きた歌人であり随筆家の鴨長明も，寅彦と同じように，一番恐れていた自然災害は，「地震」であったようである。この頃は，仏教的無常観から「あきらめ」の哲学が横行していた時期である。長明は，「ゆく河のながれは絶えずして，しかももとの水にあらず。よどみに浮ぶうたかたは，かつ消えかつ結びて久しくとゞまることなし。世の中にある人とすみかと，またかくの如し。」と『方丈記』で書き表している。1185年8月13日（元暦2年7月9日）の正午ごろに巨大地震の元暦地震（M7.4程度）が発生して京都を襲った。「地は裂け，家は倒れ，山が崩れ落ちる。人は羽がない

ので飛ぶこともできない。竜なら雲に乗って逃げるのに」と恐怖を述べている。鎌倉前期のころは，天災や疫病が立て続けに起き，世に不安がたちこめていた。この地震が起きたのは平家一門が壇ノ浦の合戦に敗れて滅亡してから，3か月あまり後のことであった。そのため，平家の怨霊のたたりであるとした噂が飛びかい，無常観にとらわれていく時代であったのかもしれない。

　鴨長明の言うように，いざ大地が揺れれば，人間は雲に乗って逃げたりはできない。「何とか自分で身を守るしかない」というのが，当時の対策であった。鎌倉前期同様，800年以上が経過した現在を生きている我々も，自然の脅威の前に立ち尽くすだけで，「何とか自分で身を守るしかない」のかもしれない。しかし，人間が受けてきた被害から謙虚に教訓を受け止め，科学的に今後の「防災の術」を創り出す努力をせねばならない。

4.2　地震観測網

　地震は地下で起きる岩盤の「ずれ」により発生する現象である。その「ずれ」から発生する波動が地下の地盤の中を通って我々の住む地表に伝搬し，建物や家具などが揺れることによって「揺れ」として感じて，「地震」が発生したと判断する。

　昔は科学が発達していなかったので，「揺れ」を科学的に把握できなかった。1995年の兵庫県南部地震以前でも，全国に地震計を設置して「揺れ」の実態を把握しようという努力はなされていた。その本格的な動きは，「東海地震対策」として1978（昭和53）年に施行された「大規模地震対策特別措置法（大震法）」がきっかけとなったと考えられる。

　すなわち，地表面や地盤内に地震計を設置し，「地震」という現象を「波動」として捉え，観測記録を収集することによって，防災・減災に役立てることができると考えられたわけである。

　気象庁では，機械式1倍強震計（変位計）を津波の予測や地震のマグニチュードを求めるために用いてきたが，この地震計は強い地震動では振り切れるため，

第4章　地震対策

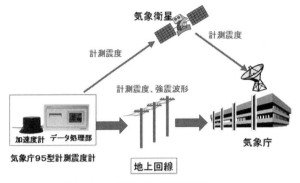

図-4.2.1　計測震度計と強震波形の流れ
出典：気象庁ホームページ「強震観測について」(http://www.data.jma.
go.jp/svd/eqev/data/kyoshin/kaisetsu/index.htm)。

　1988年からは大地震でも振り切れない地震計として，加速度計を用いたデジタル収録式の87型電磁式強震計により観測を開始した。87型電磁式強震計は全国の気象官署のうち約80か所に整備されたが，その後に整備・強化された震度計との比較・評価を経て，1997年3月末に運用終了となった。
　従来，体感で行われていた震度観測を機械観測とするために，震度計が開発された。90型震度計は波形収録機能を有していなかったが，1994年に展開を開始した93型震度計はデジタル波形収録機能を持ち，87型電磁式強震計と同等の性能でICメモリカードにデータ収録した。その後，「1995（平成7）年兵庫県南部地震」を契機として，1995年度に気象官署および津波地震早期検知網の既設震度計の機能強化を図り，さらに都市部および郡部には震度計を新設することとなった。これらの震度計は，強震波形観測および収録機能に関しては93型震度形と同等の性能を有しており，95型震度計と呼ばれている。
　現在，気象庁におけるデジタル強震波形観測業務は，全国の約670か所に設置された95型震度計によって行われている。
　図-4.2.1は気象庁95型計測震度計と震度や強震波形の流れを示す。計測震度は計測震度計で計算され，地上の電話回線などで気象庁に送られる。また，計測震度は地震による被害を推定するために重要であるので，地上の回線が被害

を受けたときを考慮して気象衛星を通じても気象庁に送られ,地震直後に震度情報として発表される。強震波形も収集して,地盤の違いなどによる揺れ方の違いなどの詳細な調査を行う。なお,収集された強震波形は一般公開されている。

また,1995年1月に発生した兵庫県南部地震以降,(独) 防災科学技術研究所 (当時) が中心となり地震計を設置し,全国に約2,000か所の地表面における地震波を取得できる地震観測網を作りあげた。

全国に約25 kmの間隔で建設した強震観測施設に設置された広ダイナミック・レンジの加速度型デジタル強震計による記録は,強震記録を収集して編集し,それをインターネット上で発信するシステムである。

各観測施設では土質調査を行い,全国1,000か所に設置された強震計はすべて自由地盤上に設置され,最大2,000galまでの記録をとることが可能で,強震観測センターでは,気象庁発表の速報震源,強震記録を提供し,以下の内容を実施している。

① 強震観測センターと電話回線で強震記録の転送ができるシステムで,地震発生時,気象衛星ひまわりの地震情報を観測センターで受信し,強震記録の回収動作から開始する。回収された強震記録は強震観測センターで編集されてインターネット上で発信され,この発信情報には最大加速度の分布図等も含まれている。

② 地方自治体に直結されており,地震発生時の即時的な対応を目指している。

4.3 大型震動台実験装置

4.3.1 揺れを再現するために

1995年兵庫県南部地震により,高度経済成長期に建設された多くの社会基盤は大きな被害を受けた。それ以降も,2000年鳥取県西部地震から2016年熊本地震に至るまで被害地震は絶えることはなく,さらに,首都直下地震,南海トラフ巨大地震 (東海,東南海,南海の3連動) が今世紀中盤までに到来する可能性

がきわめて高いと認識されている。しかしながら，地震防災，地震工学等々，その備えに資すべき研究はといえば，どの程度進んできたのであろうか。

構造物の地震挙動を研究する手法として，構造物の復元力特性を数学的モデルで置換してコンピュータ解析する方法，振動台実験があった。

振動台実験の歴史は昭和40年代にまでさかのぼる。従来，耐震工学の分野では，模型を振動台に載せて地震を模擬した振動を加える実証研究が主流であった。実験は小さな模型で行うしかないため，破壊の過程が変わってしまう可能性も否めない。

次に，コンピュータによる解析と加力装置による実験を併用した仮動的実験も考案された。手順は地震挙動を研究する構造物のモデルを作成し，その供試体モデルをバネーマス系の振動モデル（剛性と質量で表わす単純化した動的解析モデル）に仮定する。一般の振動方程式では仮定された粘性減衰，剛性を使って数値積分法で解いているが，ある積分時刻における構造物の復元力を取り込み，実験値と振動方程式から次のステップの変位を算出する。算出した目標変位まで加力し，復元力を取り込んで振動方程式を解くという実験と数値解析を繰り返せば，あたかも構造物が実地震動を受けたように時刻歴応答をするというものである。この仮動的実験の開発とその信頼性などの研究の流れでは，伯野元彦らが構造物の地震挙動を研究するための新しいタイプの実験を考案し，それは振動台を使わずともリアルタイムに構造物の地震挙動を直接模擬できるものであった（伯野ら，1969）。

「地震大国」である日本では，耐震性能向上は悲願であった。このように，構造物の破壊過程を何とか把握しようとする努力が続けられた。

4.3.2「被害地震に学ぶ」から「擬似被害地震に学ぶ」

1964年新潟地震における液状化，1968年十勝沖地震におけるRC柱のせん断破壊，1995年兵庫県南部地震における数多く倒壊した古い構造物に代表されるように，耐震工学は古来「被害地震に学ぶ」ことからその技術を発展させてきた。滅多にやってこない大地震，強震動を予測することの難しさ，経験を重視

してきた建設技術の歴史等を考えれば，「被害地震に学ぶ」態度もうなずける。

現代においては，大都市圏には超高層建物が林立し，地下にはトンネルが築造され，ウォーターフロントも諸施設が建設されて，グローバリゼーションの名のもとに大都市は24時間いささかも休むことなく動き，我々は都市の利便性を享受している。しかし，大地震が襲来すると，都市域は破壊された構造物で埋め尽くされ，すっかり様変わりする。

地震が発生した後の構造物の被害調査を実施して，どのように崩壊したかを想定することで新たな知見を得，それを設計基準に生かすことによって，「少なくとも人の生命が失われることのない社会の構築」を目指してきた。

そこで有用となるのがコンピュータによる解析である。近年では，スーパーコンピュータ京の出現によって，鉄筋1本1本までも要素の一つとした解析用モデルが作成され，構造物が地震時にどのように挙動し，崩壊したかと計算できるようになっている。しかし，計算結果との比較対象は，地震後の壊れた状態となっている。当然，構造物は弾性域ではなく，弾塑性域から塑性域に移り，最後は破壊する状況に至ることを計算では結果として得られるが，それが正確な破壊過程を表しているかどうかを確かめる術はない。

そこで，地震工学では「構造物の崩壊」と真っ向から向き合わなければならないこと，そのための基礎データを蓄積しなければならないことを踏まえ，「実大・三次元・破壊」の実験装置の巨大震動台（E-ディフェンス）建設という一大プロジェクトが開始された。

E-ディフェンスの主要部分は，実際の地震と同じ複雑な三次元の揺れを造り出す15m×20mの震動台の上に最大1,200tの構造物試験体を載せ，兵庫県南部地震を上回る揺れを再現し，その破壊性状の研究が可能である（表-4.3.1参照）。この実大の試験体を載せた震動台を動かすために，水平X方向5台，水平Y方向5台，垂直Z方向14台の加振機を備えている（図-4.3.1参照）。これらの加振機により実現される性能は，水平X，Yそれぞれの方向に最大加速度（1,200t搭載時）0.9G，最大速度200cm/s，最大変位±1m，垂直Z方向に最大加速度1.5G，最大速度70cm/s，最大変位±50cmとなっている。この性

第4章 地震対策

表-4.3.1 三次元震動台の基本仕様

震動台の大きさ	20m ×15m	
最大搭載荷重	12MN (1200tonf)	
加振方向	X, Y Horizontal	Z Vertical
最大加速度	900cm/s^2	1500cm/s^2
最大速度	200cm/s	70cm/s
最大変位	±100cm	±50cm

出典：国立研究開発法人 防災科学技術研究所 兵庫耐震工学研究センターホームページ (http://www.bosai.go.jp/hyogo/profile/profile.html)。

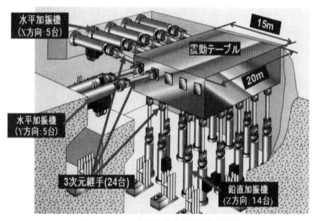

図-4.3.1 三次元震動台加振機概念図

出典：国立研究開発法人 防災科学技術研究所 兵庫耐震工学研究センターホームページ (http://www.bosai.go.jp/hyogo/profile/facilities/facilities.html)。

能は世界最高級である。

また，実大三次元震動台は，以下のような特徴を有する。

①イベント・大型構造物の耐震実験が可能な搭載能力

②破壊的大地震の変位，速度，加速度を実現できる加振能力

③破壊実験を効果的に実施できる加振制御

④大型構造物の動的挙動を計測・解析する能力

4.3.3 「擬似被害地震に学ぶ」はなぜ実大規模でなければならないのか

鉄筋コンクリートを使った供試体での詳細な実験では，本来，骨材の粒径および鉄筋径も模型 vs 実大規模を表す相似則に従わなければならない。コンクリートと鉄筋間の付着を的確に再現するには，すべて相似則に合わせるには，異形鉄筋ならば，丸鋼ではなく「節」と呼ばれる凹凸の突起を設けなければならず，そのためには多額の実験費用を要する。

また，鉄骨構造の場合，突然抵抗力が失われる破断という現象は溶接という細部に依存し，縮小模型では細部は再現できない。破断のような大きな変形時に生じる現象を正しく把握するためには，細部が再現できる，つまり実大規模での実験が不可欠であることを示唆している。

したがって，「擬似被害地震に学ぶ」には，模型実験ではどうしても解決できない細部が存在すると認識しなければならない。

4.3.4 動的 vs 準静的

地震時の応答は動的であるが，構造物の挙動や破壊特性を観察する実験のほとんどでは，準静的載荷と呼ばれるゆっくりと力を加える方法が採られている。

歪速度が大きいほど，鋼材料の脆化が進行するという周知の事実から，実験前には，動的載荷による方が早くそしてより脆性的に破壊するのではないかと一般的には予測される。しかし，動的の方が塑性変形能力に優れ，しかも破断面からすると，動的載荷による破断は延性破断面を示し，準静的載荷による破断は脆性破断面を呈していたという実験結果もある。その主たる理由は，繰り返し載荷時の塑性変形によって消費されるエネルギーが熱エネルギーへと変換され，それが塑性化部分の鋼材温度の上昇を誘発し，高温下の鋼材がより延性的な性質を保有するに至ったからと予測される。この例からも明らかなように，載荷速度の違いは，部材の履歴特性，特に破壊に関する特性に影響を及ぼす場合が少なくない。したがって，構造物が揺れ損傷し，崩壊する姿を正しく再現するためには，縮小模型ではなく実大構造物を対象として，ゆっくりした準静的載荷ではなく，本当の速度で実験することに十分意義はあると思われる。

4.3.5 実大規模震動台実験装置を利用した実験

以前は命が助かれば幸いで資産を失うのもしょうがないと認識されていたが，豊かになった現在では，安全と人命保護だけでなく，大地震の直後にも生活の質を担保すべきという要望も考慮しなければならなくなった。

また，首都圏を始めとするわが国の大都市がますます巨大化し，果てしない要求を具現化しているという社会の様相を鑑みるとき，構造物が崩壊するような惨事は起こらなくても，その機能が失われて社会が大混乱を来す可能性があるかもしれない。BCP（Business Continuity Plan：事業継続計画）に対する意識も急速に高揚しているとはいえ，大地震という局面で何が起きるのか，事業継続を阻害する要因が何であってそれをどう克服するかについての具体策を立案するには，未だ経験したことがないだけに情報があまりにも少ない。

「擬似被害地震に学ぶ」は構造物の崩壊だけでなく，事業継続の前提となる構造物の「機能保持」にも適用され，安全・安心な社会の実現に寄与できる。

下記にE-ディフェンスを利用した実験事例を示す。

1）大都市大震災軽減化特別プロジェクト（大大特）
　①鉄筋コンクリート建物の3次元動的破壊実験
　②地盤・基礎実験
　③木造建物実験

2）首都直下地震防災・減災特別プロジェクト
　都市施設の耐震性評価・機能確保に関する研究
　①震災時における建物の機能保持に関する研究開発
　②長周期地震動による被害軽減対策の研究開発

とくに，長周期地震動を受ける高層建物の揺れと損傷高層建物が長周期地震動を受けた場合，構造体は大きな損傷を受けないが，とくに揺れ（変位や速度）が大きい上層階において，非構造部材や家具什器が壊れたり暴れ回ったりすることはないのか，そしてそれが活動の継続を著しく損なうことはないのか，という疑問に答える震動台実験も実施している。

以下が主な成果である。

30階建物モデルに対する解析によって示された，加速度・速度・変位はほぼ再現され，内部に取り付けられたビデオカメラ，計測機器などによって，高層建物の床応答下における家具什器，外壁，天井等の挙動が詳細に記録された。

家具什器では，高層階で起こりうるきわめて危険な室内状況が再現され，家具什器に対する転倒防止対策等の有効性も確認された。

架構が解析想定層間変形角1/50radを受けても，外壁における外観上の損傷はほとんどなく，高層建物に取り付く外壁の高い変形追従性が確認された。

4.4 耐震設計法の高度化

4.4.1 明治以降の地震被害と耐震設計の誕生

1891年10月28日に濃尾地震（Mj8.4）が発生し，死者7,273名の被害となった。震災予防調査会が文部省内に設立され，耐震構造への本格的な調査研究がスタートした。これが日本の近代的構造物の耐震化への幕開けともいえる。

15年後の1906年サンフランシスコ地震（Mw8.3）が発生し（死者約3,000名），サンフランシスコ市内では充分な耐震強度を備えていなかった建造物の多くが倒壊し，少なくとも50か所で火の手が上がり深刻な被害が発生した。その結果，米国西海岸の中心地は，サンフランシスコからロサンジェルスに移った。

この時，わが国から派遣された調査団は鉄骨造（以下，「S造」と略），鉄筋コンクリート造（以下，「RC造」と略）のラーメン構造は耐震的に優れていると報告し，日本でも，S造，RC造の建築物が建設されるようになった。

1915（大正4）年に佐野利器が「家屋耐震構造論」を発表し，耐震設計法として「静的横力法」と「許容応力度法」を組み合わせた「震度法」を提案した。

また，1922（大正11）年内藤多仲が「架構建築耐震構造論」を発表し，骨組を鉄骨鉄筋コンクリート造とし，RC造の耐震壁を配置するというわが国独自の構造法を提示した。この構法で建造された日本興業銀行は，翌1923（大正12）年9月1日に発生した大正関東地震（Mj7.9）でも無被害であったが，欧米直輸入の構法によるレンガ造の建物に被害が続出した。なお，大正関東地震に

第4章　地震対策

よる死者が多いのは，建物の倒壊によるものではなく，その大半が「火災旋風」によるものであった。

1924（大正13）年には，世界初となる市街地建築物に「耐震規定」を制定し，佐野利器が提案した「震度法」は，震度0.1を採用した。

4.4.2 建築基準法の制定

濃尾地震以降の建築構造物の耐震設計基準の変遷を表-4.4.1に示す。

1920（大正9）年12月1日に，初めて「市街地建築物法」が施行された。その第12条に，「主務大臣ハ建築物ノ構造，設備又ハ敷地ニ関シ衛生上，保安上又ハ防空上必要ナル規定ヲ設クルコトヲ得」と規定される。すなわち，構造設計法として佐野利器が提案した「許容応力度法」が採用され，自重と積載荷重

表-4.4.1　建築構造物の耐震設計基準の変遷

年月日	地震（マグニチュード）		死者・行方不明者数	全壊棟数	耐震設計基準の変遷	
1891.10.28	濃尾地震	M8.0	7,273	14万余		
1923.09.01	大正関東地震	M7.9	10万5千余	10万9千余	1920	市街地建築物法施行
					1924	市街地建築物法改正
1946.12.21	南海地震	M8.0	1,330	11,591		
1948.06.28	福井地震	M7.1	3,769	36,184	1950	建築基準法制定
1964.06.16	新潟地震	M7.5	26	1,960		
1968.05.16	十勝沖地震	M7.9	52	673		
1978.06.12	宮城県沖地震	M7.4	28	1,183	1971	建築基準法改正
1983.05.26	日本海中部地震	M7.7	104	934	1981	建築基準法改正（新耐震設計法）
1995.01.17	兵庫県南部地震	M7.3	6,434	104,906	1995	耐震改修促進法施行
2000.10.06	鳥取県西部地震	M7.3	0	435	2000	建築基準法改正（性能設計法の導入）
2001.03.24	芸予地震	M6.7	2	70		
2003.09.26	十勝沖地震	M8.0	2	116		
2004.10.23	新潟県中越地震	M6.8	49	3,185		
2005.03.20	福岡県西方沖地震	M7.0	1	133	2005	建築基準法改正
					2006	耐震改修促進法改正

出典：例えば建築学会ホームページ「構造計算基準」（https://www.aij.or.jp/da1/shiyoukijyun/kouzou.html）を参考に筆者作成。

の合計の鉛直力に対する構造強度が必要であると規定している。ただし，この時点では，地震力に関する規定は設けられていない。

1923年9月に発生した大正関東地震により多くの建物に被害が生じたので，翌1924年に世界に先駆けて耐震基準を法律に組み込んだ。すなわち，材料の安全率を3とし，地震に対しては「水平震度を0.1」とした許容応力度法を建築構造物の耐震設計法として規定した。なお，この時，筋交いは釘で柱などに固定すると定められた。この表で分かるように，太平洋戦争終結以前まで耐震設計法に関しては，大きな変化はなかった。

1948（昭和23）年に福井地震（都市直下型地震）が発生し，**2.1**節に示すような大きな被害となった。この被災を受けて，1950（昭和25）年に「建築基準法」を制定し，地震力に対する必要壁量（1階が12，2階が8）を規定した。

1968（昭和43）年の十勝沖地震では，当時の耐震基準を満たしていた鉄筋コンクリート造の学舎が柱のせん断により倒壊した。この被害などが発端となり，RC構造物のせん断耐力増加のために，帯鉄筋量を増やした。

一方，大地震に対する新しい耐震設計法の開発プロジェクトが立ち上げられ，1978（昭和53）年の宮城県沖地震後の1981（昭和56）年にプロジェクトの成果を元に，建築基準法の耐震規定が改正された。この規定は，「新耐震基準」と呼ばれ，この時の2段階設計（1次設計，2次設計）という新しい概念は現在でも用いられている。

- 1次設計：「建築物の存在期間中に数度遭遇することを考慮すべき稀に発生する地震動に対してほとんど損傷が生じる恐れのないこと」を目標として，「中規模の地震動でほとんど損傷しない」ことの検証を行うものとしている。
- 2次設計：「建築物の存在期間中に1度は遭遇することを考慮すべききわめて稀に発生する地震動に対して倒壊・崩壊する恐れのないこと」を目標として，「大規模の地震動で倒壊・崩壊しない」ことの検証を行うものとしている。

1950年に制定した建築基準法に準拠した「旧耐震建物」では，写真-4.4.1の

第4章　地震対策

ように地震の時に柱に斜めの大きなひび割れが一気に生じ（せん断破壊），それとともに上層階の重量を支えられなくなり，建物として倒壊に至るという「地震時に急激に壊れる危険な破壊」がよく見られる。このような破壊形式を「脆性破壊」という。新耐震基準はこの脆性破壊を防止し，建物が粘り強く変形できる設計方法を取り入れている。このような粘り強く変形できる特性を「靱性」という。

このような破壊は，「新耐震建物」ではせん断補強筋（柱を囲むように横方向に配される鉄筋）の量を増やすことで適切に防止されており，これが1981年前後の建物における被害の程度が大きく異なる理由の一つである。

写真-4.4.1　崩壊した建物の柱部
　　　　　せん断破壊状況
出典：日本建築学会「わが家の耐震
　　　─RC造編─「2．鉄筋コン
　　　クリート造建物の地震被害」
　　　（現在の耐震基準により設計
　　　された建物のピロティの被
　　　害）」1996年。

1995（平成7）年の兵庫県南部地震では，1階部が主に柱部で支えられているピロティ形式の建物の被害が多く，これらの調査・研究から得られた知見を踏まえて1998（平成10）年に建築基準法は改正された。

そのポイントは，
①一定の性能を満たせば，多様な材料や構法を採用できる規制方式（性能規定）を導入した点
②特に，防火・避難関係規定を大幅に見直し，要求される性能項目を「法」で，満足すべき性能の内容（レベル）を「政令」の基準で規定した点
③その基準についての検証の方法（計算法等）を規定した点
④設計者は，性能の検証と例示仕様（従来の規定）のいずれかを選択する点
である。

2016年4月に発生した熊本地震で，新耐震設計法で設計されている建築物に被害があった，また崩壊したので，新耐震設計法はどうなっているのかという

マスコミ報道があった。

ここで，留意しておかなければならないのは，新耐震設計基準は「倒壊・崩壊せず人命が守られること」を最低基準としている点であり，「建物のひび割れ損傷などを防ぐこと」まで求めていないことである。

建築基準法の制定時までさかのぼると，建築基準法第1条の目的は「公共の福祉に資すること」となっている。また，建築基準法で最低基準を定める根拠は，憲法第29条（財産権）である。ここでは，基本的人権の一つである財産の自由が保障されている一方，その第2項で，財産権は「公共の福祉に適合するやうに，法律でこれを定める」と規定されている。

すなわち，一般の建物は私有財産であるから，その自由が保障されている。それに対して公共の福祉のために必要な制限を加えるのが建築基準法である。

たとえば，憲法で財産の自由だけが保障されると，建物の所有者はコストが低く耐震性も低いどのような建物でも建ててよいことになる。しかし，その建物に他者が訪れ，その最中に地震が発生して建物が倒壊するかもしれない。公共の福祉の観点からすると，命が損なわれるという事態は避けなければならない。したがって，建築基準法には最低限守るべき基準が定められている。

一方，最低を上回るような高い基準を建築基準法で定めてしまうと，憲法が保障する財産の自由に抵触することになる。つまり，建築基準法では「最低限の要求」のみが定められているので，この最低基準に従うだけでは，建物の倒壊を防ぐことはできても，損傷が防止されるわけではない。

最近では，地震後も使い続けられる建物が求められることがあるが，そのためにはコンクリートの大きなひび割れや部材の一部が局部的に壊れるような，有害な損傷を防ぐ必要がある。それは，法律の最低限を上回る，より高い耐震性能が求められることを表しているということを理解しなければならない。

4.4.3 超高層建物の出現

1924年に建築基準法の前身である「市街地建築物法」ができた。これは，どのような背景で法律化されたのであろうか。

まず，日本における建築行政の背景を考える必要がある。

日本の建築行政は，徳川政権以来「許認可行政」であった。徳川幕府滅亡により明治政府となったが，依然として「官僚制」であったことには変わりはなく，行政が「許認可権（家を「建てさせる」「建てさせない」という権限）」を持っていた。

1891（明治24）年の濃尾地震発生以降，わが国では「地震に強い建物」の必要性が顕在化したので，1924年の「市街地建築物法」ができた。

1923年大正関東地震を経て，また1948年の福井地震の甚大な被害を契機に，1950年に「建築基準法」の成立となった。しかし，戦前の建築行政は「内務省」の所管であったのに引き続き，戦後は1948年にできた「建設省」の所管となり，「許認可行政」は依然として続いた。なお，「建築基準法」の中では，行政側が「裁量権」を行使することを認めているが，その「裁量権」を制限するために，第38条（特殊の構造方法又は建築材料）が設けられていることに留意しておくことが重要である。新しい設計手法が世の中に出るためには，建築基準法に規定されていなくとも日本建築センターの「評定」を受けて「許可」されるというプロセスが可能となった。

さらに1961（昭和36）年の建築基準法改正時に特定街区制度が創設された結果，長らく「100尺規制」と呼ばれていた高さ制限が撤廃されたので，「超高層のあけぼの」と謳われた「霞が関ビル」（地上36階，地下3階，地上高147mの柔構造ビル）が1968年4月に竣工し，わが国の超高層建物の先駆けとなり，引き続いて西新宿のビル群が出現した。

4.4.4 土木構造物の設計法

建築構造物を対象とした「建築基準法」は，第1条でその目的を「建築物の敷地，構造，設備及び用途に関する最低の基準を定めて，国民の生命，健康及び財産の保護を図り，もつて公共の福祉の増進に資すること」としている。

一方，土木構造物といえば，ダム，橋梁（その用途は道路，鉄道など），トンネル（その用途は，道路，鉄道，上下水道，電力用配管施設，ガス供給配管など）といっ

第Ⅰ部 地　震

表-4.4.2　各種土木構造物の示方書

名　称	発行事業体	年
（1）道路橋示方書・同解説Ⅴ耐震設計編	道路協会	2015
（2）下水道施設の耐震対策指針と解説	日本下水道協会	2014
（3）水道施設耐震工法指針・解説	日本水道協会	2009
（4）高圧ガス設備等耐震設計指針	高圧ガス保安協会	2012
（5）鉄道構造物等耐震設計標準・同解説	鉄道総合技術研究所	2010
（6）港湾の施設の技術上の基準・同解説	日本港湾協会	2007
（7）高圧ガス導管耐震設計指針	日本ガス協会	2013
（8）ガス製造設備等耐震設計指針	日本ガス協会	2012
（9）高圧ガス導管液状化耐震設計指針	日本ガス協会	2016

出典：例えば，国土交通省ホームページを参考に筆者作成。

表-4.4.3　道路橋示方書の変遷

発生年	月	地震名	M	落橋数	規定年	規　定	特　徴
1923	9	関東地震	7.9	6			
					1926	道路構造に関する細則（案）	わが国最初の耐震規定
1946	12	南海地震	8.0	1	1939	鋼道路橋設計示方書（案）	基本的に
1948	6	福井地震	7.1	4	1956	鋼道路橋設計示方書	水平震度＝0.2
1964	6	新潟地震	7.5	3	1964	鋼道路橋設計示方書	上下震度＝0.1
					1971	道路橋耐震設計指針	修正震度法，簡易な液状化判定法
							落橋防止構造の導入，設計震度0.1～0.3
1978	6	宮城県沖地震	7.4	1	1980	道路橋示方書・Ⅴ耐震設計編	液状化判定法のグレードアップ
					1990	道路橋示方書・Ⅴ耐震設計編	地震時保有水平耐力の照査
							連続橋の耐震設計法の導入
							動的解析入力の標準化
1995	1	兵庫県南部地震	7.3	31	1995	復旧仕様	兵庫県南部地震後の暫定規定
							地震時保有水平耐力の照査の適用拡大
					1996	道路橋示方書・Ⅴ耐震設計編	耐震設計目標の明確化
							タイプⅠ，タイプⅡの設計地震力
							免震設計法，液状化および流動化に対する耐震設計法の導入
							落橋防止システムの大幅見直し

出典：表-4.4.2に同じ。

た公共構造物が多い。しかし，各々の設計基準は法律で決められておらず，各事業体独自に設定している。

　たとえば，道路施設は国土交通省道路局によって「示方書」として設定されている。鉄道施設は同じく国土交通省鉄道局監修の「鉄道構造物等耐震設計標準・同解説」によっている（表-4.4.2参照）。

　これは，各構造物に「求められている性能」が異なるためと思われる。すなわち，ダムであれば「安定性」，鉄道であれば「列車の走行性」，道路であれば「自動車の走行性」，ガス管路であれば「ガスの安全供給」を目的として作成しているので，すべて一律の設定はできないという背景があることを認識しなければならない。

　土木構造物も建築構造物と同様，震災を教訓として設計法は高度化されてきた。表-4.4.3に道路橋に関する設計法の変遷を示す。

第5章
巨大地震に備えて

5.1 巨大地震から何を学ぶか

5.1.1 巨大地震への取組み

　1995年兵庫県南部地震，2011年東北地方太平洋沖地震がわが国を襲った結果，我々は多くの人的被害・物的被害を受けた。さらに，多くの教訓を得た。

　古来，わが国は自然災害多発国であり，被害から得た学びにより対策を講じてきたが，自然の力が我々の英知を越えてきた。

　兵庫県南部地震は，甚大な被害をもたらすとともに，多くの課題を突き付けた。

　その結果，1995（平成7）年6月，全国にわたる総合的な地震防災対策を推進するため，地震防災対策特別措置法が議員立法によって制定された。

　地震調査研究推進本部（以下，「推本」と略）は，地震に関する調査研究の成果が国民や防災を担当する機関に十分に伝達され活用される体制になっていなかったという課題意識の下に，行政施策に直結すべき地震に関する調査研究の責任体制を明らかにし，これを政府として一元的に推進するため，総理府（現在は文部科学省）に設置された。

　この推本が2011年1月に今後，大規模地震対策として取り組むべき地震を示した（図-5.1.1参照）。

　本章では，過去の2つの巨大地震（兵庫県南部地震，東北地方太平洋沖地震）から何を学ぶべきか，さらに首都直下地震と東海地震，東南海・南海地震を対象とする南海トラフ巨大地震による被害予想と対策について述べる。

第Ⅰ部　地　震

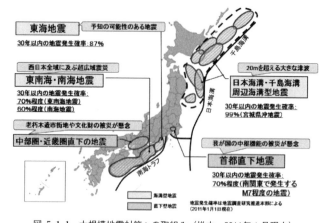

図-5.1.1　大規模地震対策への取組み（推本，2011年1月現在）
出典：内閣府 中央防災会議（http://www.bousai.go.jp/jishin/syuto/taisaku_wg/1/pdf/1.pdf）。

5.1.2　兵庫県南部地震から学ぶべき点

1995年兵庫県南部地震が関西，とくに神戸，芦屋，西宮を中心とする阪神間を襲い，当時戦後最大の震災と呼ばれた「阪神・淡路大震災」となった。

亡くなった方々6,434名および親・兄弟・知人を含めると多くの人々の人生を大きく狂わせる出来事となった。

当時，東海地震発生の切迫性が議論されていた首都圏とは異なり，いつしか「安全神話」が関西圏で定着していたかのような雰囲気があった。

しかし，筆者の周辺の地震工学を生業にした学者，研究者，実務者が集まり，産・官・学の組織ができ上がっていた。たとえば，「関西地震観測研究協議会（CEORKA　初代座長：土岐憲三・立命館大学教授，現座長：林康裕・京都大学大学院教授）」や「関西ライフライン研究会（LiNK　初代座長：亀田弘行・京都大学名誉教授，現座長：澤田純男・京都大学防災研究所教授）」が兵庫県南部地震発生前から設立され，地震防災の重要性を認識し活動を開始していた。しかし，巨大地震の前になす術もなかったのが実状であった。

また，社会活動に目を向けると，地震発生直後から全国から人々がボラン

ティア活動のために結集し，筆者も含めた被災者は大きな力を与えてもらった。はや22年が経過した。当時，マスコミでは「ボランティア元年」と評価していた。

　以下では，兵庫県南部地震による「鉄筋コンクリート構造物」および「木造家屋」の大きな被害から学ぶべき点を取り上げる。

　さらにその後，東北地方太平洋沖地震における「津波」被害などを踏まえて，どのような対策を考えるべきかについて述べる。

1）鉄筋コンクリート構造物

　兵庫県南部地震では「せん断破壊」により，構造系が大きく崩壊した。すなわち，2.4節で取り上げたように，鉄道および道路高架橋の土木構造物や1階が主に柱構造となっているピロティ形式の鉄筋コンクリート造の建築構造物に被害が集中した。土木構造物，建築構造物とも，既往の震災の教訓を踏まえた当時の最先端の知見による耐震設計になっていたが，設計時に想定していた地震動以上の地震力により，被害が発生したと言えよう。残念なことは，設計にどのくらいの余裕があるかを定量的に把握していなかった点，すなわち「ねばり強い構造物」になっていなかったことである。

　スーパーコンピュータ京が出現している現在，被害発生の破壊過程を追いかけることができるので，どのようにすれば経済的かつ合理的な耐震補強ができるかに関する研究もされている。

　また，4.3節で述べたように，実大・三次元・破壊実験装置も2007年に完成している。さらに，2011年の東日本大震災の際に顕著な被害となった「長周期地震動」を再現した実大構造物の破壊実験が可能となっている現在，すべて検討項目を組み合わせた耐震性向上へのアプローチが重要となっていると考える。

2）木造家屋

　「日本建築」「京町屋」という言葉があるように，古くから木でできた住居に日本人の多くは長く住み続けてきた。一方で，これらの家屋は地震で倒壊したり，火事で焼失したり，幾度となく被害を被ってきた。

第Ⅰ部　地　震

　木造建築の築造技術には，法隆寺の五重塔の免震技術や京町屋を維持修繕していくことを前提とした伝統的な建築システムである木造軸組構法などすばらしい点が見受けられる。

　住居の耐震性については，明治以降，米国カリフォルニア州の中心がサンフランシスコからロサンジェルスに移ったきっかけとなった1906年のサンフランシスコ地震の被害状況の視察から得た知見に基づいた耐震設計技術が導入されてきた。その後，度重なる大きな地震に見舞われたが，そのつど被害が発生し，被害調査・分析から得た知見にもとづく新しい耐震設計法を生み出してきた。とくに，1981年に出された新耐震設計法では，2段階設計法を取り入れたより高次な耐震設計の内容となっている。

　木造家屋にとって，20世紀に発生した地震災害で一番驚異となったのは，兵庫県南部地震である。写真-2.5.1のように，1階が押しつぶされた結果，木造2階が1階となった状況は数多く散見された。多くは1981年の新基準で設計されていなかった建物や維持補修や耐震補強が十分になされていなかった建物であったと推察される。E-ディフェンスの耐震実験でも，耐震補強の有無の差は明瞭に出ている。

　この地震では，約24万棟の全半壊建物により，発生直後に5,500名の犠牲者を出した。構造物被害と人的被害が，その後に発生したさまざまな問題の根本的な原因であり，事前の対策で建物被害をもっと少なくできれば，以降発生した問題（仮設住宅，ゴミ処理，被災者の心理的問題や孤独死，地域の経済活動の低下，地盤沈下，復旧・復興期の諸問題など）は顕在化しなかった可能性が高い。「ソフト」な対策は，「ハード」の機能が確保されて初めて機能する。「ひとの生命」や「文化財」，ある種の情報など代替の利かないものは，「ハードの対策で守る」以外にない。

5.1.3　東北地方太平洋沖地震による津波被害から学ぶべき点

　東北地方太平洋沖地震における「津波」被害などを踏まえて，どのような対策を考えるべきか，さらに大規模の津波災害に対する発災直後からの対策につ

いて述べる。

1）津波対策

　岩手・宮城・福島の東北被災3県では，100年に一度程度の津波（レベル1津波）に対して防御するために，高さ14m・総延長距離約400kmの防潮堤を順次築造している。その工事費は，復興予算の1/20の1兆円に及ぶ。

　一方，1000年に一度程度の津波（レベル2津波）への対策は，「高台移転」と「早めの避難」の実施とされている。現在，このような「多重防護」という考えになっている。ただし，道路や鉄道用の盛土も津波対策に加えるとされている。

　2004年12月インドネシアのバンダ・アチェ南南東沖を震源とするスマトラ沖地震（Mw9.1）が発生し，インド洋を経由して遠くアフリカまで津波被害がおよんだ。現地住民の甚大な被害に加え，ちょうどクリスマス休暇を利用して，避寒地としてヨーロッパからインドネシアやタイに来ていた旅行者までもが津波に襲われるという悲しい出来事となった。この直後に，国土交通省港湾研究所（当時）では，開水路を利用して「津波の破壊力」を定量的に把握するために実験を実施した。厚さ10cmの鉄筋コンクリート板には，第1波でひび割れが発生し，第2波では鉄筋が露出するほどの被害が発生した。

　このような大きな破壊力を持つ「水の壁」である津波に対する堤防の新しい補強対策，すなわち大津波がきても壊れにくい「粘り強い構造」に補強する方法の開発が重要だということである。津波防災にとって最も重要な点は素早い避難であるが，堤防補強の目的は，堤防を粘り強くすることによって簡単に壊れないようにし，避難のための時間を1分でも2分でも稼ぐことである。

2）発災直後からの物流網確保の必要性

　地震発生後，30分程度経過して第1波が押し寄せた。想像を超える巨大津波は太平洋沿岸の各地に壊滅的な被害をもたらしたうえ，がれきや橋の流出で沿岸部の各地を孤立させた。

　その結果，広範囲の被害となり，水・食料・ガソリンおよび復旧用資機材などの不足が顕著となった。そこで，国土交通省東北地方整備局では，「くしの

第Ⅰ部　地　震

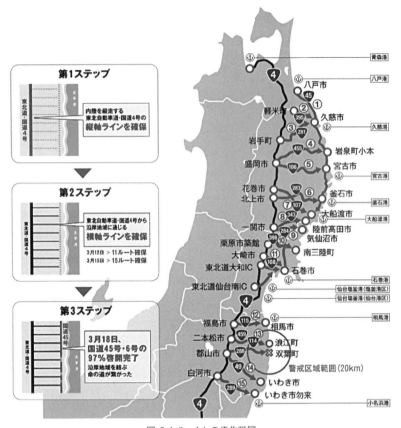

図-5.1.2　くしの歯作戦図
出典：国土交通省東北地方整備局 震災伝承館（http://infra-archive311.jp/s-kushinoha.html）。

歯」作戦，すなわち発災翌日から，とにかく車が通れるだけのルートを切り開く「道路啓開」を開始した。

「くしの歯作戦」とは，図-5.1.2に示すように内陸部を南北に貫く東北自動車道と国道4号から，「くしの歯」のように沿岸部に伸びる何本もの国道を「救命・救援ルート確保に向けて切り開く作戦」のことである。

余震や津波の再襲来の危険がある中，建設会社の現場責任者と道路管理者は，使命感と地域を思いやる心から啓開作業を行った。兵庫県南部地震の際には，

第5章 巨大地震に備えて

写真-5.1.1 旧南三陸町防災庁舎
写真提供：筆者撮影．

陸の孤島となった神戸を1日も早く救おうと活動し，発災後74日目の4月1日に大阪と神戸を結ぶ鉄道が再開したのだが，これは鉄道会社と建設各社とが緊密なタッグを組み，「真の社会貢献」を成し遂げた結果である．

「くしの歯」作戦により，2日目には11ルート，4日目には15ルートが確保されたので，救命・救援ルートを切り開くことができた．その結果，負傷者の救命や被災者への緊急物資の運搬が可能となった．

この経験は，南海トラフ巨大地震発生時にも大いに役立つものと思われる．

3）震災の伝承

宮城県南三陸町では，庁舎2階に危機管理課があり，町災害対策本部が置かれた．当初6mという津波予想であったので，町職員は庁舎内にとどまり避難しなかった．危機管理課の女性職員は本庁舎で津波来襲の15：25頃まで，防災無線放送で繰り返し住民に避難を呼びかけ続けた結果，犠牲となった．

なお，約30分間の防災無線の放送音声は録音されており，他職員からの「上へ上がって」という呼びかけを最後に音声が途切れている．

また，職員約30人は屋上に避難したが，屋上の床上約2mの高さまで津波が

123

押し寄せ,度重なる津波によって庁舎は骨組みだけとなった（写真-5.1.1参照）。アンテナにしがみつくなどして波に耐えた佐藤仁町長ら11名は生還したが,庁舎に詰めていた他の職員や住民は津波で流され犠牲になった。

津波災害の悲惨さをこれらの事実として後世に伝承することによって,津波の防災・減災につながるであろう。

旧防災庁舎の保存に関しては,賛否両論であったが,2031年まで,宮城県が管理,その後保存するかどうかを決定することになっている。

5.2　首都直下地震にどう備えるか

5.2.1 江戸における過去の地震被害

太田道灌が1457（康正3）年築城した江戸城に徳川家康が1590（天正8）年に入城し,1603（慶長8）年には家康が征夷大将軍となり,江戸幕府が始まった。家康はその後,江戸城を増築したとされる。

江戸開府して2年後の1605（慶長10）年には慶長地震が発生して,関東から九州までの太平洋岸に津波が襲来したとされる。

1703年12月31日（元禄16年11月23日）元禄関東地震が発生し,関東南部に津波が押し寄せた。死者は6,700名（死者20万名という説もある）,潰家,流家約2万8,000軒（『楽只堂年録』）。震度階という揺れに関する正確な記録はないが,文献等による被害状況からすると地震の大きさはMw7.9～8.5であると推測される。

その4年後の1707年10月28日（宝永4年10月4日）に宝永地震が発生した。南海トラフ連動型地震（Mw8.6）,死者4,900～2万名以上,倒潰・流出家屋6～8万軒。関東から九州までの太平洋岸に津波,東海道宿場町・伊豆・伊勢・紀伊・阿波・土佐などで大きな被害（『楽只堂年録』）があった。地震から49日後に富士山が大噴火した。この宝永大噴火より,江戸では2週間以上火山灰が降り続け,17億m³の灰（東京ドーム約1,400杯分）が積もったと見積もられている。

元禄時代といえば,5代将軍綱吉の時代で,1703年1月30日（元禄15年12月

14日)深夜に主君の仇討のために47浪士が討ち入りしたことで有名な赤穂浪士事件が発生している。

　一方,小説の井原西鶴,俳諧の松尾芭蕉,浄瑠璃の近松門左衛門,装飾画の尾形光琳,浮世絵の菱川師宣を輩出し,文学や芸術分野において洗練された「元禄文化」が華やかなりし頃であった。

　しかし,元禄関東地震を始めとする1703〜1707年の5年間における天変地異により,徳川幕府の隆盛は急激に衰退し,「元禄時代の終焉」を迎えるに至った。

　この元禄関東地震以降,「静穏期」に入り,19世紀中頃まで大きな地震災害は発生していない。

　その後,1854年12月23日(嘉永7年11月4日)に安政東海地震が発生,その32時間後に安政南海地震が起き,伊豆から四国までの広範な地帯に死者数千名,倒壊家屋3万軒以上という被害をもたらした。これらの2つの地震では,いち早く危険を知らせて津波から村人を救った「稲むらの火」の逸話が教訓として残っている。すなわち,この逸話は,人命の大切さと献身的な救命活動を今日に伝えており,後日の堤防建設を含む村の復興活動とともに,不朽の防災教材となっている。

　安政の東海,南海地震発生の1年後の1855年11月11日午後10時頃(安政2年10月2日暮(れ)四つ頃)に発生した安政江戸地震(M7.0程度)は典型的な都市直下の地震で,江戸を中心に死者約1万名,全壊・焼失家屋約1万4,000戸という大災害をもたらした。現在ならば「首都圏直下地震」である。

　震源は深く,最初の揺れから数秒経過した後,大きな揺れとなった。地下深く滑り込んだ太平洋プレートの先端が江戸の直下で周りから切り離されて四角の板のようになって分離,これが陸側のプレートとフィリピン海プレートに挟まれており,この境界から発生した。

　本所,深川,浅草などの下町地域に被害が集中し,死者約1万名のほとんどが倒壊した家屋の下敷きになった。火災も発生したが,この日は,比較的おだやかな天候で風も弱かったので,幸い「大正関東地震」の時のような広域火災

にまで発展しなかった。

　当時は，1853年7月8日午後5時頃（嘉永6年6月3日）にペリー代将が率いるアメリカ合衆国海軍東インド艦隊が，「黒船」と呼ばれた蒸気船2隻を含む艦船4隻で浦賀に来航し，開国を要求していた時期である。インドを中心に東南アジアと中国大陸の清への市場拡大競争の中で，アメリカはイギリスやフランスに遅れを取っていたので，急いでいた。日本人は書物で蒸気船を知っているかもしれないが，大型の蒸気軍艦を目で見ることで近代国家の軍事力を認識できると考えたようである。

　ペリーは開国を促す大統領フィルモアの親書，提督の信任状，覚書などを手渡したが，幕府は「将軍が病気であって決定できない」として，返答に1年の猶予を要求したので，ペリーは「返事を聞くために1年後に再来航する」と告げ，退去した。なお，将軍家慶は1853年7月27日（嘉永6年6月22日）に死去している。

　翌1854年2月13日（嘉永7年1月16日），ペリーは再び浦賀に来航した。約1か月にわたる協議の末，幕府はアメリカの開国要求を受け入れた。3月31日（嘉永7年3月3日），ペリーは約500名の将官や船員とともに武蔵国神奈川近くの横浜村（現 神奈川県横浜市）に上陸し日本側から歓待を受け，その後林復斎を中心に交渉が開始され全12箇条に及ぶ日米和親条約（神奈川条約）が締結されて日米合意は正式なものとなり，3代将軍徳川家光以来200年以上続いてきた鎖国が解かれることになった。

　地震という自然災害とペリー来航という外圧に加え，1858年に始まった安政の大獄は，1860年3月24日午前9時頃（安政7年，万延元年3月3日明（け）五つ半），桜田門外の変を引き起こすに至り，幕府の力は急激に低下した。1868年5月（慶応4年）に江戸城無血開城となり，約300年続いた徳川幕府は滅亡した。

　なお，江戸末期には，地下の鯰が暴れると地震が起きるという俗信から生まれたという「鯰絵」が流行したようである。科学技術が進歩していない当時，地震災害から何とか逃れたいという思いから，本当の意味での「神頼み」だったかもしれない。

5.2.2 首都直下地震の切迫性と課題

南関東では，1923年に発生した大正関東地震（関東大震災）と同クラスの地震が数百年の間隔で発生してきた。

しかしながら，M7クラスがここしばらくは発生しておらず，直下型地震が発生する可能性が高く，もし大都市直下で発生したならば多大な被害発生が懸念される（図-5.2.1参照）。

現在，首都圏には，人口，政治・行政機能および企業の本社機能等が集中している。さらに，交通，通信インフラ，マスメディアも集中している。

一度市街地に目をやれば，人々は密集して生活を営み，オープンスペースは十分でないことは明らかである。このような脆弱な都市構造である首都圏における防災・減災対策をどのように講じてゆくかは重要な課題である。

「首都圏でM7クラスの直下型地震が4年以内に発生する確率は70%」という東京大学地震研究所の試算結果が2012年1月23日に公表された（表-5.2.1参照）。これまでM7クラスの首都直下地震の発生確率は，2004年8月23日に内閣府で算定された「今後30年で70%」という情報が浸透していたため衝撃を与えた。

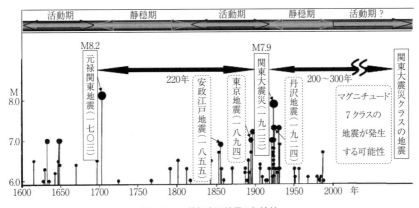

図-5.2.1　首都直下地震の切迫性

出典：内閣府，中央防災会議 (http://www.bousai.go.jp/kaigirep/chuobou/senmon/shutochokkajishinsenmon/1/pdf/siryou.pdf)。

第Ⅰ部 地 震

表-5.2.1 各機関が発表している首都直下地震の発生確率

機関	①東京大学地震研究所		②京都大学防災研究所	③統計数理研究所	④文部科学省／地震調査研究推進本部／地震調査委員会
内容	4年以内 70% 30年以内 98% (2011.9 地震研究所座談会で発表)	4年以内 50%以下 30年以内 83% (2012.2 発表)	5年以内 28% 30年以内 64% (2012.2 発表)	5年以内 30%弱 (2012.4 発表)	30年以内 70%程度 (2004.8 発表)
算定方法など	首都圏で起きたM3以上の地震を気象庁の観測データから抽出し，余震活動の減り方の計算式や，規模が大きい地震ほど発生頻度が低いという法則を組み合わせて算定している。 2011年9月発表の推計は，2011年3月11日〜2011年9月10日までのM3以上の地震発生数で算定している。 2011年2月発表の推計は，2011年3月11日〜2011年12月までのM3以上の地震発生数で算定している。		2011年3月11日〜2012年1月21日までに首都圏で起きたM3以上の地震を気象庁の観測データから抽出し，余震活動の減り方の計算式や，規模が大きい地震ほど発生頻度が低いという法則を組み合わせて算定している。	1997年から2012年1月下旬までに，東京都や神奈川県など南関東で起きたM3以上の地震のうち約5,000件を不作為に選定。余震や誘発されて起こる大きな地震の回数をもとに，コンピューターでシミュレーションしている。	過去150年間に起きたM6.7〜M7.2の地震を数えて，その頻度から確率を求めている。

出典：国土交通省ホームページ（http://www.mlit.go.jp/road/ir/ir-council/maintenance/4pdf/2.pdf）。

それほど，人々・マスコミは首都直下地震発生の切迫性に関心を持っているということである。

5.2.3 首都直下地震の被害想定
1）2003年中央防災会議

2003（平成15）年9月内閣府に設置されている中央防災会議で，「首都直下地震対策専門調査会」は始まった。

国際社会におけるわが国の経済社会面での役割が増大し，国の中枢管理機能の首都への集中，少子高齢化やコミュニティの衰退等社会経済情勢がめまぐるしく変化している中，首都直下の地震の切迫性が指摘されているので，防災対策を強化する必要がある。このため，中央防災会議観測データ等の蓄積等を踏まえて直下の地震像を明確化し，経済機能など首都機能の確保対策をはじめとした首都直下地震対策をより強力なものとするために設置されたのが「首都直

下地震対策専門調査会」である。

検討のポイントは，以下の5点である。

①直下地震についての観測データの蓄積や新たな学術的知見の収集

②直下地震に関する被害想定の実施（経済機能，行政機能等も対象）

③被害想定結果に基づいた応急活動の内容の具体化

④ライフライン途絶等による経済的被害や行政機能のマヒ，全国や海外への間接損害の波及をできるだけ軽減するための対策

⑤企業における防災対策の充実強化，地域防災力の向上

2003年度の観測データの蓄積や科学的知見の進展を踏まえたワーキンググループにおける首都直下の「地震像」の明確化と各分野における対策のあり方の検討，2004年度以降の今日的な社会経済状況を踏まえた被害想定や経済評価，首都機能確保対策等を検討し，さらに首都地域の防災体制の総点検および防災体制の確立の検討を経て，2005（平成17）年7月の「首都直下地震対策専門調査会」（第20回）の「首都直下地震対策専門調査会報告」をまとめとしている。

この結果を踏まえて，「首都直下地震避難対策等専門調査会」も設置されている。

表-5.2.2のような被害想定の前提条件で検討を実施した（図-5.2.2参照）。

表-5.2.2 被害想定の前提条件

①18タイプの地震動を想定 　地震発生の蓋然性や被害の広域性から検討の中心となる地震 　東京湾北部地震　M7.3（プレート境界型） ②4つのシーンを設定 　・冬朝5時阪神・淡路大震災，自宅就寝中 　・秋朝8時朝のラッシュ時 　・秋昼12時関東大震災，外出中 　・冬夕方18時火気器具の利用が最も多い時間帯 ③風速は2パターンを設定 　・3m/s 阪神・淡路大震災，自宅就寝中 　・15m/s 関東大震災，外出中

出典：内閣府 中央防災会議ホームページ（http://www.bousai.go.jp/kaigirep/chuobou/senmon/shutohinan/1/pdf/shiryou_2.pdf）。

第Ⅰ部 地 震

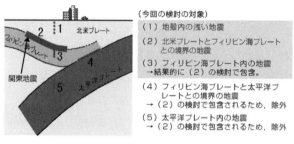

図-5.2.2 首都直下型地震のタイプ
出典：表-5.2.2に同じ。

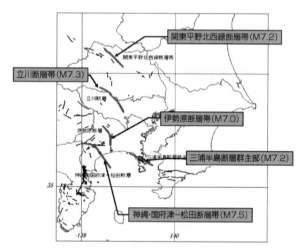

図-5.2.3 検討対象とした活断層
出典：表-5.2.2に同じ。

すなわち，地震発生タイプを18に，発生する時刻を4に分類し，過去の大地震発生時を考慮して地震発生時の風速を3m/s，15m/sの2ケースとした。

また，図-5.2.3，図-5.2.4に検討対象とした活断層およびM6.9の直下型地震を示す。

検討の結果，東京湾北部地震が発生した場合の被害が最大であった。

図-5.2.5に東京湾北部地震による経済被害を示す。中央防災会議によると，

第5章 巨大地震に備えて

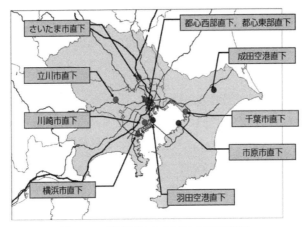

図-5.2.4 検討対象とした M6.9の直下型地震
出典:表-5.2.2に同じ。

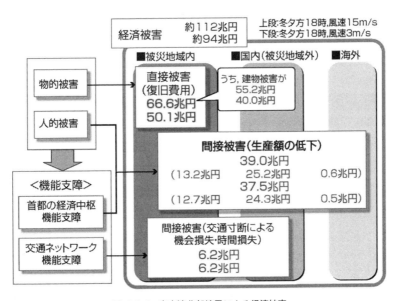

図-5.2.5 東京湾北部地震による経済被害
出典:表-5.2.2に同じ。

第Ⅰ部 地 震

```
┌─────────────────────┐  ┌─────────────────────┐
│ 冬朝5時，風速3m/sの場合 │  │ 出火,火災延焼      │
│ 死者数の約8割は建物倒壊が原因│ 避難者の発生      │
│ *冬夕方18時,風速15m/sの│  │ 救助活動の妨げ    │
│ 場合でも約3割        │  │ がれきの発生      │
│                     │  │ (約8,300〜9,600t)  │
└─────────────────────┘  └─────────────────────┘
```

┌─────────────────────────────────────┐
│ 住宅,学校,病院など建物の耐震化が最も重要 │
└─────────────────────────────────────┘

推進方策(予防対策)
① 耐震化促進制度の整備
   (耐震改修の指示, 公表等)
② 耐震改修に対する補助
③ 税制などの活用による耐震化の促進
④ 公共施設の耐震化(数値目標の設定)
⑤ 地震保険の活用推進(保険料率割引等)

図-5.2.6　建築物の耐震化

```
┌─────────────────────────────┐  ┌──────────┐
│ 風速によっては,火災被害が極端に増加│  │密集市街地で│
│ 冬夕方18時,風速15m/sの場合   │←─│延焼が拡大 │
│ 死者数の約6割は火災が原因    │  └──────────┘
└─────────────────────────────┘
```

出火・炎上すると，延焼を食い止めることは困難
密集市街地の改善には時間を要する

┌─────────────────────────────────────┐
│ 火災に強い都市構造，初期消火率の向上   │
└─────────────────────────────────────┘

被災想定における初期消火率の設定：
震度6の人口集中地区で46％

推進方策
予防対策　　　　　　　応急対策への備え
① 火気器具等の安全対策　① 自主防災組織の育成・充実
② 市街地の面的整備　　　② 防災教育・防災訓練の実施
③ 都市の骨格防災軸の創出 ③ 緊急消防援助隊の充実・強化
　　　　　　　　　　　　④ 消防水利の確保
　　　　　　　　　　　　⑤ 避難路,避難場所の整備

図-5.2.7　火災対策

```
┌─────────────────────────────┐
│ 想定される避難所生活者の数が膨大  │
│ 避難所生活者数最大460万人        │
│ 阪神・淡路大震災で30万人,新潟県中越地震で10万人│
└─────────────────────────────┘
```

避難所の確保の他…

┌─────────────────────────────────────┐
│ 避難所生活者数の低減   │
└─────────────────────────────────────┘

対応策
① 避難所への避難者を減らす対策
   疎開，帰省の奨励・斡旋
   ホテル，空き家等，既存ストックの活用等
② 避難収容体制の整備
   避難所となる施設の耐震化等
③ 食料・飲料水および生活必需品の確保
④ 多様な応急住宅提供のメニューの提示
   空き家等の既存ストックを活用した借り上げ方式，
   家賃補助等
⑤ 被災者支援策等の情報提供

図-5.2.8　避難者対策

```
┌─────────────────────────────┐
│ 想定される帰宅困難者の数が膨大    │
│ 帰宅困難者数約650万人(昼12時発生の場合)│
│ *朝5時発生の場合約16万人         │
└─────────────────────────────┘
```

→ 平日昼間の帰宅困難者の多くは，
　 企業,学校に所属

企業や学校の協力による

┌─────────────────────────────────────┐
│ 一斉帰宅困難者の軽減   │
└─────────────────────────────────────┘

対応策
① 一斉帰宅行動者を減らす対策
   むやみに移動を開始しないという基本原則の周知・徹底
   企業における自社従業員や学校の教職員・
   児童生徒等の一定期間の収容
   食料，飲料水等の備蓄
② 安否確認システムの活用
   災害用伝言ダイヤル等の活用
③ 徒歩帰宅支援
④ 周辺地域の救援活動等

図-5.2.9　帰宅困難者対策

出典：図-5.2.6〜図-5.2.9いずれも，表-5.2.2に同じ。

　冬の夕方18時に風速15m/sの条件の場合，約112兆円の被害額が見積もられている。

　対策として，首都中枢機能継続性を確保すること，建築物の耐震化，火災対策，避難者対策，帰宅困難者対策などが検討された（図-5.2.6〜図-5.2.9参照）。

第5章　巨大地震に備えて

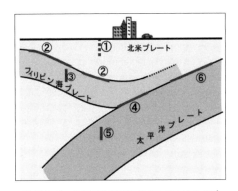

図-5.2.10　南関東地域で発生する地震のタイプ
出典：内閣府中央防災会議ホームページ（http://www.bousai.go.jp/jishin/syuto/taisaku_wg/pdf/syuto_wg_siryo04.pdf）。

2）2013年 中央防災会議

2013（平成25）年12月の中央防災会議 首都直下地震対策検討ワーキンググループの「首都直下地震の被害想定と対策について（最終報告）」が公表された。

首都およびその周辺地域は、南方からフィリピン海プレートが北米プレートの下に沈み込み、これらのプレートの下に東方から太平洋プレートが沈み込む特徴的で複雑なプレート構造を成す領域に位置している。この地域で発生する地震の様相はきわめて多様であるので、これらの地震の発生様式は以前の検討対象とされた5タイプから「フィリピン海プレート及び北米プレートと太平洋プレートの境界の地震」を加えて、概ね次の6つのタイプに分類された（図-5.2.10参照）。

①地殻内（北米プレート又はフィリピン海プレート）の浅い地震
②北米プレートとフィリピン海プレートの境界の地震
③フィリピン海プレート内の地震
④フィリピン海プレートと太平洋プレートの境界の地震
⑤太平洋プレート内の地震
⑥フィリピン海プレート及び北米プレートと太平洋プレートの境界の地震

検討の結果、「②北米プレートとフィリピン海プレートの境界の地震」とし

第 I 部　地　震

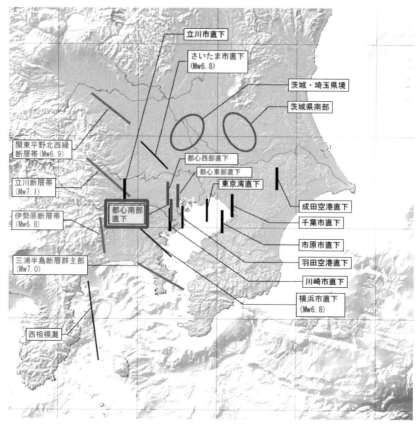

図-5.2.11　M7クラスの地震断層位置図

注：Mwの記載のない地震は，Mw7.3。
出典：図-5.2.10に同じ。

て最大の被害を発生させる地震と結論づけていた「東京湾北部地震」は，ほぼ大正関東地震の震源域であるとの結論を得たので，「③フィリピン海プレート内の地震」である「都心南部直下地震」が最大の被害を発生させる可能性のある地震と改められた。

以下，結論である。

第**5**章　巨大地震に備えて

Ⅰ．防災対策の対象とする地震

図-5.2.11にＭ７クラスの地震断層位置図を示す。

（１）首都直下のＭ７クラスの地震【都心南部直下地震（Mw7.3）】

（30年間に70％の確率で発生）……防災対策の主眼を置く

（２）相模トラフ沿いのＭ８クラスの地震【大正関東地震タイプの地震（Mw8.2）】（当面発生する可能性は低い）……長期的視野に立った対策の実施

＊　津波への対応：上記地震では東京湾内の津波はそれぞれ１ｍ以下，２ｍ以下【延宝房総沖地震タイプの地震】等に対して，津波避難対策を実施

Ⅱ．被害想定（人的・物的被害）の概要

表-5.2.3に人的・物的被害想定を示す。

表-5.2.3　人的・物的被害想定

１　地震の揺れによる被害 　①揺れによる全壊家屋 　②建物倒壊による死者：最大約11,000人 　　揺れによる建物被害に伴う要救助者：最大約72,000人 ２　市街地火災の多発と延焼 　①焼失：最大約412,000棟，建物倒壊等と合わせ最大約610,000棟 　②死者：最大約16,000人，建物倒壊等と合わせ最大約23,000人 ３　インフラ・ライフライン等の被害 　①電力：発災直後は都区部の約５割が停電。供給能力が５割程度に落ち，１週間以上不安定な状況が続く。 　②通信：固定電話・携帯電話とも，輻輳のため，９割の通話規制が１日以上継続。 　　メールは遅配が生じる可能性。携帯基地局の非常用電源が切れると停波。 　③上下水道：都区部で約５割が断水。約１割で下水道の使用ができない。 　④交通：地下鉄は１週間，私鉄・在来線は１か月程度，運行停止の可能性。 　　主要路線の道路啓開には，少なくとも１～２日を要し，その後，緊急交通路として使用。 　　都区部の一般道はがれきによる狭小，放置車両等の発生で交通麻痺が発生。 　⑤港湾：非耐震岸壁では，多くの施設で機能が確保できなくなり，復旧には数か月を要す。 　⑥燃料：油槽所・製油所において備蓄はあるものの，タンクローリーの確保，深刻な渋滞により，非常用発電用の重油を含め，軽油，ガソリン，灯油とも末端までの供給が困難となる。 ４　経済的被害 　①建物等の直接被害：約47兆円 　②生産・サービス低下の被害：約48兆円　合計：約95兆円

出典：図-5.2.10に同じ。

III. 社会・経済への影響と課題

表-5.2.4に社会・経済への影響と課題を示す。

表-5.2.4 社会・経済への影響と課題

1　首都中枢機能への影響 　①政府機関等 　②経済中枢機能：資金決済機能，証券決済機能，企業活動等 2　巨大過密都市を襲う被害と課題 　①深刻な道路交通麻痺（道路啓開と深刻な渋滞） 　②膨大な数の被災者の発生（火災，帰宅困難） 　③物流機能の低下による物資不足 　④電力供給の不安定化 　⑤情報の混乱 　⑥復旧・復興のための土地不足

出典：図-5.2.10に同じ。

IV. 対策の方向性と各人の取組み

表-5.2.5に対策の方向性と各人の取組みを示す。

表-5.2.5 対策の方向性と各人の取組み

1　事前防災 　1）中枢機能の確保 　　①政府業務継続計画の策定 　　②金融決済機能等の継続性の確保 　　③企業：サプライチェーンの強化，情報資産の保全強化 　2）建築物，施設の耐震化等の推進 　3）火災対策：感震ブレーカー等の設置促進，延焼防止対策 　4）オリンピック等に向けた対応：外国人への防災情報伝達 2　発災時の対応への備え 　1）発災直後の対応（概ね10時間）：国の存亡に係る初動 　　①災害緊急事態の布告：一般車両の利用制限，瓦礫の撤去等，現行制度の特例措置，新たな制限等の検討 　　②国家の存亡に係る情報発信：国内外に向けた情報発信 　　③交通制御：放置車両の現実的な処理方策の検討 　　④企業の事業継続性の確保：結果事象型のBCPの策定 　2）発災からの初期対応（概ね100時間）：命を救う 　　①救命救助活動：地域の住民，自主防災組織，企業 　　②災害時医療：軽傷・中等傷患者の地域での対応

③火災対策：初期消火の行動指針
　　　④治安対策：警察と防犯ボランティアの連携
　　3）初期対応以降：生存者の生活確保と復旧
　　　①被災者への対応：避難所運営の枠組み
　　　②避難所不足等の対策：民間宿泊施設の有効活用，広域避難の枠組み構築，避難者への情報発信
　　　③計画停電の混乱回避：複数のプログラム策定
　　　④物流機能低下対策：物流関連企業への活動支援
　　　⑤ガソリン等供給対策：民間緊急輸送への支援
　3　首都で生活する各人の取組み
　　地震の揺れから身を守る：耐震化，家具固定
　　市街地火災からの避難：火を見ず早めの避難
　　自動車利用の自粛：皆が動けば，皆が動けなくなる
　　「通勤困難」を想定した企業活動等の回復・維持

出典：図-5.2.10に同じ．

V．過酷事象等への対応

表-5.2.6に過酷事象等への対応を示す．

表-5.2.6　過酷事象等への対応

1　首都直下のM7クラスの地震における過酷事象への対応
①海岸保全施設の沈下・損壊(ゼロメートル地域の浸水)
②局所的な地盤変位による交通施設の被災
③東京湾内の火力発電所の大規模な被災
④コンビナート等における大規模な災害の発生
2　大正関東地震タイプの地震への対応
①津波対策：長期的視野にたった対策
②建物被害対策：時間的猶予があると思わず，耐震化
③新幹線，東名高速道路：東西分断対策の検討
④長周期地震動対策：対策の技術開発の推進
3　延宝房総沖地震タイプの地震等への対応

出典：図-5.2.10に同じ．

5.3　南海トラフ巨大地震

5.3.1　南海トラフ巨大地震にどう備えるか

　南海トラフとは，静岡県の駿河湾から九州の日向灘にかけての海底で，海側のプレートが陸側のプレートの下に沈み込んでいる領域を指す。

　海側のプレートは，陸側のプレートの下に年間6～10cm前後沈み込んでいると見られ，プレートの境界にはひずみがたまり続けて限界に達すると，プレート同士が大きくずれ動き巨大地震が発生するとされている。

　これまで国は，過去の地震の分析から，静岡県の内陸部から遠州灘を震源とする「東海地震」，遠州灘から三重県南東沖を震源とする「東南海地震」，和歌山県南方沖から四国沖を震源とする「南海地震」の3つの領域に分けて対策を進めてきた（前述図-5.1.1参照）。

　南海トラフ沿いでは100年から150年ほどの間隔で巨大地震が起きてきた。東海・東南海・南海地震が3連動して発生したこともあったが，同じ震源域で発生した既往の地震の中で直近の地震は，第2次世界大戦による敗戦のダメージがあった日本を襲った1946（昭和21）年12月21日の昭和南海地震で，これ以降同じ震源域では大きな地震が発生していない。戦時中の1944年に発生した東南海地震から時間間隔は2年であるが，この地震は連動型と考えられている。

　昭和南海地震では，駿河湾周辺だけ岩盤が割れ残ったことから，ここを震源とする地震として東海地震が切迫していると考えられ，約40年前に提唱されたのが「東海地震説」である。

　2011年の東北地方太平洋沖地震が発生して東日本大震災を経験した2016年の現在，西日本では3連動型も含めた南海トラフ巨大地震による被害が懸念されている。

5.3.2　南海トラフを震源域とする既往地震

　この震源域では，古くは白鳳南海地震が684年11月29日に発生し，津波が太

第5章 巨大地震に備えて

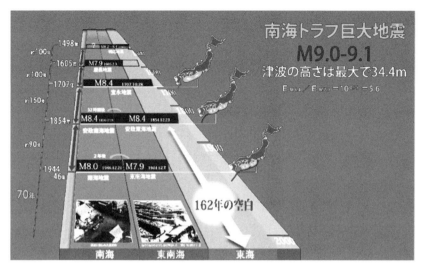

図-5.3.1 南海トラフ巨大地震の履歴
出典：推本ホームページ（https://www.jishin.go.jp/regional_seismicity/rs_kaiko/k_nankai/）。

平洋沿岸に押し寄せたと『日本書紀』に記載されている。なお，この地震で発生したと考えられる液状化現象の痕跡が和歌山県紀の川流域の川辺(かわなべ)遺跡で発見されている。

　1498年9月11日午後2時（明応7年8月25日未刻）に明応東海地震が発生し（図-5.3.1参照），巨大津波は静岡県を中心に襲来した。古文書等から津波浸水は標高10m以上であったと思われる。

　1596年9月1日（文禄5年閏7月9日）慶長伊予地震（慶長伊予国地震）(M7.0)，1596年9月4日（文禄5年閏7月12日）慶長豊後地震（大分地震）(M7.0～7.8)，に続いて1596年9月5日（文禄5年閏7月13日）慶長伏見地震（慶長伏見大地震）(M7.0～7.1)が発生した。午前0時頃，日本史年表の「安土・桃山時代」と言われる当時，権勢を誇っていた豊臣秀吉が築城した伏見城が倒壊したとされる伏見地震では，伏見桃山で大きな被害が発生した。被災前の伏見城では，南に広がる巨椋池に船を浮かべて風雅を愛でたとされ，諸大名の屋敷を城の周辺に造らせていた。その名残が現在の京都市伏見区には，桃山毛利長門東町などの

139

第 I 部 地　震

住所名として残されている。

　1605年2月3日（慶長9年12月16日）慶長地震（南海トラフ連動型地震，M 7.9～8.0），関東から九州までの太平洋岸に津波が襲来し，紀伊・阿波・土佐などで大きな被害が発生した。死者約1～2万人と推定されるが，津波以外の被害はほとんどなかったとされる。

　1707（宝永4）年10月28日宝永地震（M8.4）が発生した。さらに49日後の12月16日に富士山が大噴火し，江戸では偏西風に流された火山灰が2～4cm降り積もったとされる。この地震の4年前の1703（元禄16）年12月31日に相模トラフを震源とする元禄地震が発生しており，これらの地震・火山噴火を契機として，元禄文化を謳歌していた江戸幕府は一時衰退することになった。

　この宝永地震は，2011年の東北地方太平洋沖地震が発生するまでは，東海・東南海・南海地震を震源域とする3連動型地震でわが国最大級の地震とされ，死者は5,000名以上，負傷者1,300名以上，全壊家屋5万軒以上，流出家屋2万軒以上とされる。

　次に襲来した巨大地震は，1854年12月23日（嘉永7年11月4日）安政東海地震（M8.4程度）である。続いてその32時間後の1854年12月24日（嘉永8年11月5日）安政南海地震（M8.4程度）が発生した。

　この安政南海地震では，高さ約5mの大津波が広村を襲った。村の有力者であった浜口梧陵が暗闇の中で逃げ遅れていた村人を収穫したばかりの稲を積み上げた「稲むら」に火を放って高台にある広八幡神社の境内に導いたとされる。この逸話をラフカディオ・ハーン（小泉八雲）は，日本の神の概念は諸外国とは著しく異なっていることを述べた作品"A Living God"の中で，高台にある自分の家の周りにある田の稲むらに火を放って村人を導き，その命を津波から救った神として祀られた浜口五兵衛という人物の物語として書き表した。

　さらに，浜口梧陵は安政南海地震津波で被災後，百年後に再来するであろう津波に備え，巨額の私財を投じて海岸に高さ約5m，長さ約600mの広村堤防（防波堤）を築き，その海側に松並木を植林した。約4年間にわたるこの大工事に村人を雇用することで，津波で荒廃した村からの離散を防いだとも言い伝え

られている．実際，安政南海地震から92年後に発生した昭和南海地震の際，高さ4〜5mの大津波から広村を護ったとされる．

その後，1855年11月11日（安政2年10月2日）安政江戸地震（M7.0程度）が江戸直下で発生し，地震動による揺れは震度6以上と推測され，家屋の倒壊と火災で死者は7,000名以上と思われる．この地震により，江戸幕府は衰退の一途となった．

1944年12月7日に昭和東南海地震（Mj7.9）が紀伊半島南端の和歌山県新宮市付近を震源として発生した．軍需工場が集積している東海地方を襲い，敗戦色が濃くなった時期に決定的なダメージを与えたと考えられる．この地震は海洋プレートであるフィリピン海プレートの沈み込みに伴って発生した低角逆断層地震である．揺れによる被害は，三重，愛知，静岡の3県，津波による被害は主に三重県の海岸に集中し，伊豆半島から紀伊半島までに及んだ．死者は約1,200名とされている．しかし，戦時中であったので，被害は「隠された状態」であった．なお，翌1945年1月13日に三河地震（Mj6.8）が発生している．海溝型巨大地震と内陸地震との関連を示す典型事例とも考えられている．

昭和東南海地震が発生して，2年後の1946年12月21日に紀伊半島沖を震源とする昭和南海地震（Mj8.0）が発生した．この地震は先の東南海地震と同様，海洋プレートであるフィリピン海プレートの沈み込みに伴って発生した低角逆断層地震である．

このときの高知県における震度分布は，1854年の安政南海地震の際の震度分布と共通点が多いとされている．また，船によって運搬される物資の集積地で大阪にも津波の被害が多かった．安治川と木津川の合流地点付近の大正橋のたもとには，碑文「大地震両川口津浪記」と刻まれた石碑がある．昭和南海地震により，広範囲にわたり沈降した高知平野では，約9 km^{2}が海水で覆われた．この震源域では，前述したように古くは白鳳南海地震が684年11月29日に発生し，津波が太平洋沿岸に押し寄せたと『日本書紀』に記載されている．

5.3.3 東海地震と南海トラフ巨大地震

1959（昭和34）年9月21日に和歌山県潮岬に上陸して東海地方を襲った伊勢湾台風を契機に「災害対策基本法」が1961（昭和36）年11月に制定された。そこで，以下の目的で中央防災会議が設置された。

①防災基本計画および地震防災計画の作成およびその実施の推進
②非常災害の際の緊急措置に関する計画の作成およびその実施の推進
③内閣総理大臣・防災担当大臣の諮問に応じての防災に関する重要事項の審議（防災の基本方針，防災に関する施策の総合調整，災害緊急事態の布告等）等
④防災に関する重要事項に関し，内閣総理大臣および防災担当大臣への意見の具申

先の図-5.3.1に示すように，約100～150年の間隔で巨大地震が南海トラフ沿いで発生してきた。1946年の昭和南海地震を最後に地震は発生しておらず，駿河湾周辺の岩盤だけが割れ残ったので，この部分を震源とする東海地震の発生が切迫していると考えられた。

そこで，1978（昭和53）年に「大規模地震対策特別措置法」（以下，大震法）が成立し，東海地震では「前兆的」な地殻変動が陸地の真下で起こり検知できる可能性があるとされ，直前に予知できる可能性があると位置づけられた。同法に基づき，前兆的な地殻変動が検知され，震度6弱以上の激しい揺れや高さ3m以上の大津波などで被害が予想される地域が「地震防災対策強化地域」に指定されている。

現在，「強化地域」には，8都県157市町村が指定され，避難路や緊急輸送路の整備，公立の小・中学校の耐震化などにかかる費用の国の補助率がかさ上げされる措置が取られ，対策が進められてきている。

また，気象庁は24時間体制で東海地震の震源域での観測を続けていて，地殻変動などに異常が確認され，前兆現象の可能性が高まった場合には，気象庁長官からの報告を受けて，内閣総理大臣が「警戒宣言」を発表し，気象庁も東海地震の「予知情報」を合わせて発表するとされている。

警戒宣言が発表されると，「強化地域」では，被害を軽減するために，鉄道

や高速道路の通行が規制されるほか，会社や学校が休みになるなど，社会活動や経済活動が大幅に制限される。

なお，東海地震が発生する可能性がある震源領域では，変動をとらえるために「予知」を前提とした防災計画が組まれ，大がかりな観測体制が開始された。

2001（平成13）年3月に「東海地震に関する専門調査会」の設置が決定され，以下のような結論が出されている。

「想定東海地震はいつ発生してもおかしくないものであるが，今後，相当期間同地震が発生しなかった場合には，想定東海地震と東南海地震等との同時発生の可能性も生じてくると考えられる。今後の観測データや学術的知見の蓄積を基に，10年程度後には，これらの関係について再検討する必要がある。」

その結果，東海地震対策として，新たに「東海地震対策専門調査会」が設立され，強化地域の見直しや被害想定の実施を試みた。

さらに，「東南海・南海地震については，今世紀前半にもその発生の恐れがあり，甚大な津波被害等の発生の恐れがあること，被災範囲が広域にわたること等から，別途速やかに地震発生メカニズムや想定される被害等についての検討を行い，必要な防災対策を実施していくことが重要である。

なお，東南海・南海地震の直前予知については，現時点では困難であるが，想定東海地震と同様に海溝型地震であり，前兆現象をとらえるべく，海域での観測を始めとして新たな技術開発も含め十分な精度を持った観測体制を確立するとともに，さらなる学術的知見の蓄積等を行い，直前予知の着実な進展に向けて努力する必要がある。」

そこで，南海トラフ巨大地震に対しても，2001（平成13）年6月の中央防災会議で「東南海，南海地震等に関する専門調査会」の設置が決定された。2003（平成15）年9月の同調査会では，当時考えられた最大級の想定地震として「想定東海地震，東南海地震，南海地震の震源域が同時に破壊される場合」が仮定され，規模は Mw 8.7，津波断層を含む規模は Mw 8.8 のものであった。

しかし，2011（平成23）年東北地方太平洋沖地震が Mw9.0 であったので，内閣府の中央防災会議は想定を再検討するため「南海トラフの巨大地震モデル検

第 I 部 地　震

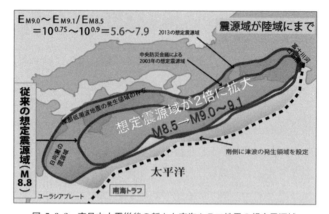

図-5.3.2　東日本大震災後の新たな南海トラフ地震の想定震源域
出典：中央防災会議ホームページ（http://www.bousai.go.jp/jishin/nankai/taisaku_wg/pdf/20130528_houkoku_s1.pdf）一部加工。

討会」を設置された。同年12月の検討会による中間報告では，南海トラフ連動型の最大クラスの地震・津波の想定がなされ，従来の想定地震規模 Mw8.7に対して，Mw9.0との暫定値が発表された。

　この検討には古文書・津波堆積物などの研究結果が用いられ，想定される震源域は，南西側は日向灘より日向灘地震の震源領域を含む南西の九州まで，内陸側は四国のほとんどを含む陸域，北東側は富士川河口断層帯（静岡県）北端まで含め，長さは750km，面積は約11万 km^2 となり，従来の約 6 万 km^2 の約 2 倍になった（図-5.3.2参照）。

　想定される波源域も南海トラフ寄りの深さ約10km の浅い領域に大すべり域，超大すべり域を設定し，地域によっては従来の想定より津波高は 2 倍程高くなった。この海溝寄りに大すべり域を設定した津波断層モデルは，駿河湾から紀伊半島，紀伊半島沖，四国沖，日向灘の内，1 か所または複数の大すべり域を設定した11種のパターンが想定され，津波断層モデルを含むモーメントマグニチュードは Mw 9.1とされた。

　2012年 3 月，同検討会は最大クラスの地震による震度分布・津波高の想定を公開した。地震動については，震度 6 弱以上の揺れの地域は従来の国の東南

第5章 巨大地震に備えて

表-5.3.1 南海トラフ巨大地震被害想定の検討条件

No.	津波ケース	地震動ケース	季節・発災時間帯, 風速
1	(ア) 東海地方が大きく被災する	基本ケース	冬・深夜, 平均風速
2	ケース（津波ケース①）	陸側ケース	冬・夕方, 風速8 m/s
3	(イ) 近畿地方が大きく被災する	基本ケース	冬・深夜, 平均風速
4	ケース（津波ケース③）	陸側ケース	冬・夕方, 風速8 m/s
5	(ウ) 四国地方が大きく被災する	基本ケース	冬・深夜, 平均風速
6	ケース（津波ケース④）	陸側ケース	冬・夕方, 風速8 m/s
7	(エ) 九州地方が大きく被災する	基本ケース	冬・深夜, 平均風速
8	ケース（津波ケース⑤）	陸側ケース	冬・夕方, 風速8 m/s

出典：中央防災会議ホームページ（http://www.bousai.go.jp/jishin/nankai/taisaku_wg/pdf/20130318_shiryo2_2.pdf）。

海・南海地震などの想定に比べて2倍近くに増えた24府県の687の市町村で想定され，さらに名古屋市，静岡市，和歌山市，徳島市，宮崎市などを含んだ10県153市町村では震度7が想定されている。津波については，東北地方太平洋沖地震以降に自治体が行った独自想定を上回る例があり，徳島県阿南市では県の想定の5.4mの3倍近い16.2m，三重県志摩市では県の想定の15mに対して24m，同尾鷲市では13mに対して24.5mとなった。独自想定を行っていた9府県では改めて想定や災害対策が検討されることになっており，その他の自治体でも対策の見直しを迫られることになる。

　2006（平成18）年8月から開始された専門調査会での検討では，ライフライン被害，交通施設被害およびそれらを起因として波及する生活への影響の被害想定では，表-5.3.1のような8ケースを対象として推計している。

　南海トラフ巨大地震の被害想定に関して，表-5.3.2と表-5.3.3にまとめた。また，長期評価に関する推本の2013年資料もあわせて掲げておく（図-5.3.3参照）。

　その後，2012年8月に10mメッシュによる津波高および浸水域などの推計結果による被害想定が発表され，冬季の深夜にマグニチュード9クラスの超巨大地震が起き，駿河湾から紀伊半島沖を中心に大津波が発生した場合，関東以

表-5.3.2　南海トラフ巨大地震被害想定　地震動（基本ケース）

	震度6弱	震度6強	震度7	合計
人口（深夜）	約15,659,000人	約5,773,000人	約1,270,000人	約22,702,000人
建物棟数	約6,259,000棟	約2,882,000棟	約648,000棟	約9,788,000棟

震度6弱以上比率（深夜の人口ベース）による地域区分

7割以上	静岡県，愛知県，三重県，和歌山県，徳島県，高知県，宮崎県
5割以上7割未満	奈良県
5割未満	茨城県，栃木県，群馬県，埼玉県，千葉県，東京都，神奈川県，新潟県，富山県，石川県，福井県，山梨県，長野県，岐阜県，滋賀県，京都府，大阪府，兵庫県，鳥取県，島根県，岡山県，広島県，山口県，香川県，愛媛県，福岡県，佐賀県，長崎県，熊本県，大分県，鹿児島県，沖縄県

出典：中央防災会議ホームページ（http://www.bousai.go.jp/jishin/nankai/taisaku/pdf/20120829_higai.pdf）。

表-5.3.3　南海トラフ巨大地震被害想定　地震動（陸側ケース）

	震度6弱	震度6強	震度7	合計
人口（夕方）	約26,544,000人	約10,891,000人	約3,295,000人	約40,730,000人
建物棟数	約9,825,000棟	約4,908,000棟	約1,577,000棟	約16,310,000棟

震度6弱以上比率（夕方の人口ベース）による地域区分

7割以上	静岡県，愛知県，三重県，滋賀県，京都府，大阪府，奈良県，和歌山県，岡山県，徳島県，香川県，愛媛県，高知県，宮崎県
5割以上7割未満	山梨県，兵庫県，広島県
5割未満	茨城県，栃木県，群馬県，埼玉県，千葉県，東京都，神奈川県，新潟県，富山県，石川県，福井県，長野県，岐阜県，鳥取県，島根県，山口県，福岡県，佐賀県，長崎県，熊本県，大分県，鹿児島県，沖縄県

出典：表-5.3.2に同じ。

西の30都府県で最悪32万3,000人の死者が出る可能性があるとした。

　なお，ライフラインのうち，道路，鉄道，電気，ガスについては，ゼネコンや協会などが相互に復旧に着手できる体制が出来上がっていると思われる。

　しかし，水道や下水道については，厳しい状況になる懸念がある。

第 5 章　巨大地震に備えて

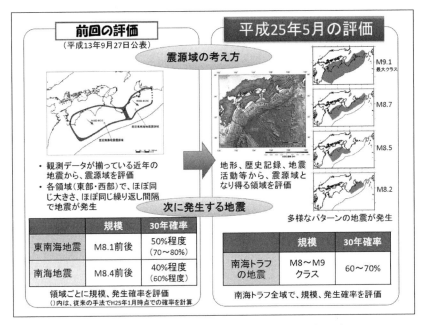

図-5.3.3　南海トラフ地震活動の長期評価（推本，2013年 5 月）

出典：推本ホームページ（https://www.jishin.go.jp/main/chousa/13may_nankai/nankai_gaiyou.pdf）。

➢ 上水道

①人的・物的資源の不足

・水道事業者自身の被災や通信手段の途絶により，各水道事業者が管内の被害の全体像を把握するのに日数を要し，復旧作業の着手が遅れる。

・停電が長期化し非常用発電機の燃料が確保できない場合には，浄水場の運転等に支障が生じ，断水が長期化する。

・職員自身が多数被災するとともに，管路の資材や他地域からの応援要員が不足するほか，燃料不足，運搬車両不足，工事車両不足により，復旧が進まない。

②より厳しいハザードの発生

・震度 6 強等の強い余震とそれに伴う津波警報等の頻発により，沿岸部の浄水場等の復旧が遅れる。

③被害拡大をもたらすその他の事象の発生
・津波により浸水した浄水場の復旧が遅れる。
　→ より多くの地域で数か月以上，断水が継続する。
・水質測定設備や圧送ポンプ等が被災し，それらに単品受注生産のような希少部品が含まれている場合，部品調達に数か月を要し，断水が長期化する。

➤下水道
①人的・物的資源の不足
・下水道事業者自身の被災や通信手段の途絶により，各下水道事業者が管内の被害の全体像を把握するのに日数を要し，復旧作業の着手が遅れる。
②停電が長期化し非常用発電機の燃料が確保できない場合（燃料を運搬するドラム缶の不足等を含む）には，処理場の運転等に支障が生じ，下水が処理できない状態が長期化する。
③職員自身が多数被災するとともに，管路の資材や他地域からの応援要員が不足するほか，燃料不足，運搬車両不足，工事車両不足により，復旧が進まない。
④より厳しいハザードの発生
・震度6強等の強い余震とそれに伴う津波警報等の頻発により，沿岸部の処理場等の復旧が遅れる。
⑤被害拡大をもたらすその他の事象の発生
・津波により浸水した処理場の復旧が遅れる。
　→より多くの地域で数か月以上，下水道利用の支障が継続する。

一方，東海地震に対する検討内容も変わってきた。

1978年に大震法が策定された当時は，「予知」が可能で，地震発生の2～3日前に前兆をとらえて気象庁が「地震予知情報」を出し，総理大臣が「警戒宣言」を発表，これを受けて激しい揺れや大津波が予想される「強化地域」では，事前に住民を避難させたり，交通機関を止めたりする厳しい規制をかけて被害を防ぐことができると想定していた。

ところが1995年の兵庫県南部地震が発生し，当時「今の科学技術では地震予

第5章　巨大地震に備えて

表-5.3.4　南海トラフ沿いの日本を襲った主な大地震

年月日	地震名	地震規模	備考
684.11.29	白鳳南海		畿内・四国に揺れ，太平洋沿岸に津波
887. 8.26	仁和南海		京都に揺れ，広範囲に津波
1096.12.17	永長東海		畿内に揺れ，駿府から伊勢に津波
1099. 2.22	康和南海		高知平野一部沈降
1361. 8. 3	正平南海		大阪（天王子）などで被害
1498. 9.20	明応東海		伊勢，三河，駿河，伊豆で大津波
1596. 9. 5	伏見		伏見城倒壊，京阪神，淡路で被害
1605. 2. 3	慶長		津波被害が大
1707.10.28	宝永	8.6程度	南海トラフ全域（東海・東南海・南海）
1854.12.23	安政東海	8.4程度	沼津から伊勢湾沿いでの家屋倒壊・火災
1854.12.24	安政南海	8.4程度	大阪中心地で津波による水没，稲むらの火
1944.12. 7	昭和東南海	7.9	紀伊半島から駿河湾沿いで発生
1946.12.21	昭和南海	8.0	徳島，和歌山で津波被害

出典：推本ホームページ（https://www.jishin.go.jp/main/chousa/kaikou_pdf/nankai.pdf）。

知は困難」という認識が広まった。依然として東海地震では陸域の直下で起こる「前兆的な地殻変動」は検知できるとされてきたが，2011年に南海トラフ地震と同じタイプの海溝型地震の東北地方太平洋沖地震が発生した。これを受けて，東海地震を含む南海トラフ沿いの巨大地震の発生が予測できるかどうかについて再検討した結果，「地震の規模や発生時期について，高い精度で予測することは困難」という結論に至った。

　その理由の一つは，南海トラフ沿いで過去に発生した巨大地震は，東海地震単独では発生していないことが挙げられる（表-5.3.4参照）。

　また，ごく小さな「前兆すべり」から，警告を発する間もなく，いきなり地震が発生したり，「前兆すべり」を検知しても地震が起きなかったりする可能性が十分にあることが分かってきた。もし，検知できても，「地震発生の可能性が相対的に高まっている」という程度であることが「東海地震予知の見直し」の理由と思われる。

　大震法では「警戒宣言」が出ると，鉄道など交通機関の運行停止，デパートや金融機関の原則閉店など厳しい規制がかけられるが，異常を検知できたとし

第Ⅰ部　地　震

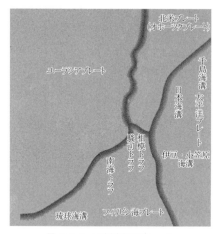

図-5.3.4　日本近海のプレート
出典：推本ホームページ（https://www.jishin.go.jp/main/yosan/suihon/plate.htm）。

ても，「地震発生の可能性が相対的に高まっている」という程度の情報ならば，厳しい規制は現実的ではなく，これについては大幅な緩和や撤廃が検討されるかもしれない。

また，プレート境界におけるゆっくりしたすべり（スロースリップ）の発見など科学技術の進歩による地震発生メカニズムの解明も進んでいる。

2014年1月10日，国土交通省／国土地理院はスロースリップが観測史上最短間隔で発生したと発表した。房総沖海底が最大6cm移動したとみられた。2013年12月14日～2014年1月6日の23日間で房総半島沖合のフィリピン海プレートと北米プレートの境界における滑り量が最大約6cmと推定された。国土地理院では，この房総半島沖で，1996年以降スロースリップ現象の発生履歴を調査してきた（図-5.3.4～図-5.3.6参照）。

このようなプレート境界において発生する現象の履歴調査を重ねることによって，「ひずみが溜まっている地震の火種」を発見し，巨大地震発生を予測することが期待されている。このような地道な研究が巨大地震発生の対策につながるものと考えられる。

また，南海トラフ巨大地震対策として国立研究開発法人 海洋開発研究機構では，熊野灘沖東南海震源域に2011（平成23）年8月に20点の観測点をケーブルで繋いでDONET 1（DONET：Dense Oceanfloor Network System for Earthquakes and Tsunamis：地震・津波観測監視システム）を完成させ，南海トラフの地震・津波の常時観測監視を開始している。

その他，南海トラフ全域について，沈み込むフィリピン海プレートの形状，プレート境界周辺の詳細構造を把握するため，トラフ西側から順に海底地震計

第5章 巨大地震に備えて

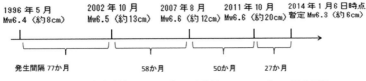

図-5.3.5 房総半島沖におけるプレート境界のスロースリップ発生履歴
注：（ ）は最大滑り量。
出典：推本ホームページ（https://www.jishin.go.jp/main/chousa/14feb/index.htm）。

を用いた構造探査，地震活動観測，反射法地震探査を実施している。

また，海洋開発研究機構では，人類史上初めてマントルや巨大地震発生域への大深度掘削を可能にする世界初のライザー式科学掘削船「ちきゅう」を所有しており，それを利用して南海トラフ近傍の岩盤コアを直接採取し，研究を継続している。

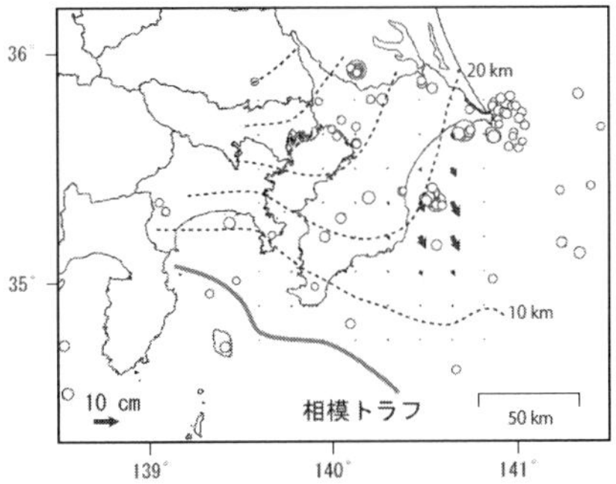

今後，確度は高くなくとも，「地震の発生する可能性が普段より高くなっている」という情報を，人命を救うためにどのように役立てるかというアプローチも十分残されていると考える。

図-5.3.6 推定されたプレート境界上の滑り分布
出典：推本ホームページ（https://www.jishin.go.jp/main/chousa/14feb/p17.htm）。

5.4 低頻度巨大地震に対応するために

5.4.1 日本が置かれている状況

1995年，2011年とわが国は，2度の巨大地震禍に襲われた。とくに，「地震はやって来ない」という安全神話が流布していた関西圏での衝撃は大きかった。「地震」を生業とする研究者はもちろんのこと，人々もその備えの重要性を再認識した。

「お札」を戸口や柱に貼って，何とか地震禍から逃れようとしていた江戸時

第I部　地震

東日本側	西日本側		首都圏	
	推計被害86兆円[1]～数百兆円の可能性も[2] 30年確率：60～88%		推計被害112兆円～325兆円[1] 30年確率：70%[1]	
貞観地震 (M8.3-8.6) 869年	仁和地震 (M8.0-8.3) 東海・東南海 887年	18年後	相模・武蔵地震 (M7.4) 878年	9年後
慶長三陸地震 (M8.1) 1611年	慶長地震 (M7.9-8.0) 東海・南海・東南海 1605年	6年前	慶長江戸地震 (M6.5) 1615年	4年後
明治三陸地震 (M8.2-8.5) 1896年	［濃尾地震[3] (M8.0-8.4) 1891年］	5年前	明治東京地震 (M7) 1894年	2年前
昭和三陸地震 (M8.2-8.5) 1933年	昭和南海・ 東南海地震 (M7.9-8.0) 1944-46年	11年後	関東大震災 (M7.9) 1923年	10年前

図-5.4.1　過去の巨大地震発生事例と発生場所

注：1）中央防災会議「南海トラフ巨大地震の被害想定（第二次報告）～施設等の被害及び経済的な被害～」。
　　2）同上　設定条件（地震動，発生時刻，津波避難など）を悪条件にした場合。
　　3）1891年10月28日に発生した濃尾地震は，M8.0と推定される過去日本の内陸で発生した最大級の地震。岐阜県美濃地方においては地表に明瞭な断層が発生し，その比高は6mにもなった。
出典：藤井聡「国家存続のための強靭化基本法の策定を」『国家ビジョン研究会主催シンポジウム「日本再生の道筋とその財源を探る～増税は復興を阻みデフレを加速する～」』2011年6月。

代とは異なり，現代では科学の進歩に伴い，さまざまな対応が可能となっている。しかし，自然災害に遭遇して怪我をする，最悪の場合，命を落とすかどうかを分けるのは各個人の自覚かもしれない。その自覚につながるのは，知識と意識であろう。

　財政逼迫の折，費用対効果を考慮したハード面で備えを考慮した上で，人々の発災時の対応に期待したい（図-5.4.1参照）。

5.4.2　低頻度巨大地震対応
1）緊急・応急対応を可能にするには

　災害時の緊急・応急対応として，行政と建設業者との間で「災害時における

応急措置の協力に関する協定」を取り決めている場合が多い。東日本大震災の場合，仙台市（契約では，「甲」）と社団法人仙台建設業協会（契約では，「乙」）の間で，市内に災害が発生した場合の被害拡大防止，安全確保および二次災害防止並びに仮復旧工事への協力に関する協定を結んでいる。

そのため，地震発生に伴う津波が襲来した際，地元建設業者は現地に行き，行方不明者の捜索作業に取りかかった。「早く探してくれ」という方々が多くおられたので，1時間でも1分でも早く探してあげたい気持ちだったという。

しかし，そこにあったのは，財産権について保障・規定している憲法第29条であった。すなわち，「財産（家屋や家財道具）は自分のものだから待ってくれ，勝手に動かさないでくれ」「壊さないでくれ」「捜索をやめてくれ」と言われ，なかなか捜索が思うようにいかなかったとのことである。

また，ガス，水道，下水など専門業者が多い業界とは別に，被害が大きくなればなるほどゼネコンと呼ばれる全国区の総合建設業の出番となる。兵庫県南部地震，東北地方太平洋沖地震では，一部上場のゼネコンの素早い行動力がいかんなく発揮された。

兵庫県南部地震発生当時，筆者は「震度7の帯」の飛び地であった宝塚市で被災し，かつゼネコンに勤務していた。同じゼネコンに身をおき，「建設」を生業としていた仲間は，「仕事」という意識より被災地の一日でも早い復旧・復興を願って手伝いをすることによって，ひいては「社会貢献に繋がるという心意気」で昼夜分かたず業務をしていたと思う。

しかし，ひとつ間違えば，行政と建設業界との関係および建設業界内の「談合」とマスコミが騒ぎ立てる事態ともなりかねない。一方で，「事前説明会開催」「入札」「契約」「工事着工」という通常の手続きを踏襲するのは，早期復旧を目指す際には無理な面も見受けられる。

南海トラフ巨大地震，特に東海・東南海・南海地震の3連動となれば，被災対象地域は東海地方も含めた西日本全体という広範囲になると予想されている。その場合，1日も早く復旧・復興するために，どのような方策が良いか，平常時に十分議論することが必要と考える。

5.1.2項で記載したように，関西地域では震災前から産・官・学の連携として，研究会・協議会を開催していた。

その結果，1995年1月に発生した兵庫県南部地震の際，被害調査および報告書作成はもちろんのこと，各自が持つ情報をお互いに継続して交換することで，復旧作業の効率を高めることができた。

とくに，筆者の経験では，阪神高速3号神戸線やJR西日本東海道線の復旧工事では，発災前の技術者同士のコミュニケーションが十分に取れていたことが大いに役立ったと感じている。

今後の巨大地震による被害軽減に向けて，産・官・学の垣根を越えて日頃の課題と考えている事項を持ち寄り，率直な意見交換ができる土俵（連携の場）を創るべきであろう。

マスコミは「役所と民間との関係」を注視して，それが何か「諸悪の根源」であるかのような報道を行っている場合も見受けられる。非常に残念である。

2016年4月14日に発生した熊本地震では，被災地の熊本市，益城町などの被災地に行政から応援部隊が派遣された。被災した家屋を対象に，「調査済（緑）」「要注意（黄）」「危険（赤）」のシールを貼るための「応急危険度判定」という活動をするために，派遣された行政の方々が判定業務を開始する前に，ビデオを見て，業務内容を知識として身に付けたと聞き及んでいる。兵庫県南部地震の際には，ゼネコンの建築設計部の職員が多く派遣された。

また，被害が大きかった益城町では，水道行政の担当者は2名であったので，福岡市の職員が応援に入り指示したという。「受援計画」の重要性も議論されるようになった。

一般に，行政職員は数年ごとに職場を移動するので，本来必要な専門知識を身に付けることが難しい状況になっていることも現実である。被災地域に派遣された場合に「必要な最低限の知識」を身に付ける仕組み（日常的な研修など）を構築することも重要である。

さらに，低頻度巨大地震発生の場合，より早く対応することが重要であるという観点から，行政側はノウハウを持つ民間の力を最大限借りるという考えも

必要であろう．

2）低頻度巨大地震対応のスタンス

ハード面での対応とソフト面での対応に分けて，以下記述する．

①ハード面——津波対応

現在，岩手・宮城・福島の被災三県で，高さ約14m，全長約400kmの防潮堤が復興予算の1/20の約1兆円をかけて築造されつつある．

東日本大震災の経験を踏まえて，静岡県の駿河海岸において，既存の堤防を大津波がきても壊れにくい「粘り強い構造」に補強する工事が始まっている．もちろん，津波防災にとって最も重要なことは素早い避難であるが，粘り強い堤防を実現することによって，住民の避難のための時間を1秒でも多く稼ぐことを目的としている．

まず，「粘り強い堤防」を実現するには，東北地方太平洋沖地震を起因として発生した津波によって堤防が「どのように壊れたか」という事項における知見が必要である．例えば，仙台平野に造られていた高さ6mの堤防に13mの津波が襲来した．

国土技術政策総合研究所において，1/25の縮尺模型を作製して実験を行ったところ，堤防を乗り越えた津波が陸側の根元の土を洗掘するので，陸側の壁や堤防の天端コンクリートがわずか1分程度で崩れた．その理由は，既往の堤防が過去に襲ってきた津波（例えば，明治三陸津波やチリ地震津波など）と同程度のものを想定し，それを抑え込むことを目標としてきたので，波の一部が水しぶきのように堤防を越えても，大量の津波が陸側に流れ込んでくることは想定せず，海側の堤防部の補強のみであったためである．

そこで，住民の避難時間に余裕を持たせるために，「すぐに壊れない粘り強い堤防」への補強方法（堤防の陸側下端部分の地盤改良とコンクリート被覆，堤防厚の増加，天端補強）を国土交通省が開発し，実証実験を行った．

その結果，津波の高さや継続時間などによってバラツキはあるものの，ほぼ3分程度持ちこたえ，従来の堤防に比較して2分程度長く持ちこたえた．

今後の対策としては，まず，過去に繰り返し発生している程度の津波「レベ

表-5.4.1　被害が最大となるケースと2003年東海・東南海・南海地震想定との比較

	マグニチュード	浸水面積	浸水域内人口	死者・行方不明者	建物被害（全壊棟数）
2003年想定	8.7（8.8）	—	—	約24,700人	約940,200棟
南海トラフ巨大地震	9.0（9.1）	1,015km^2	約163万人	約323,000人	約2,386,000棟
倍率				約13倍	約2.5倍

出典：中央防災会議東南海，南海地震等に関する専門調査会「東南海，南海地震の被害想定について」（平成15年9月17日）における「想定東海地震，南海地震の震源域が同時に破壊される場合」（http://www.bousai.go.jp/jishin/nankai/taisaku_wg/pdf/20120905_01.pdf）。

ル1津波」に対しては，堤防などハードの施設で防ぐ。さらに，東日本大震災のような最大規模の津波「レベル2津波」に対しては，堤防の限界を超える可能性が高いので，避難を中心としたソフト対策を実施する多重防護としている。

すなわち，東日本大震災が津波防災に残した最大の教訓は，早めの避難が最も重要である点である。

また，2004年中央防災会議では，来るべき南海トラフ巨大地震では，M8.4の地震を想定して，津波被害も含めて被害想定をしていた。

しかし，2011年の東北地方太平洋沖地震では，Mw9.0の三連動の巨大地震であったので，南海トラフ巨大地震の被害想定を作成する際，Mw9.1程度の規模の地震を想定するべきという声もあり，見直した結果，前出図-5.3.3のようになった。震源域も陸域側に移動したこともあり，津波被害に加えて地震動による被害も大きくなり，予想全壊棟数も2004年と比較して，2.5倍以上となっている（表-5.4.1参照）。

以前よりも，津波による被害発生以外の地震動による被害に対峙する必要が顕在化してきた。

木造家屋であれば「耐震化」，低層の建築物であれば「免震化」，高層の建築物であれば「制振化」することによって，我々の周囲にある構造物による被害，特に，人的被害が格段に減少することが期待される。

②ソフト面

行政が発する避難情報が出るのを待つのではなく，気象庁が発表する情報を

できるだけ多く自分で収集し，とるべき行動を判断し，自らの命は自分で守る。さらに，人々がより早く安全なところに避難するお手伝いができるポテンシャルを持つ人が一人でも多くなる社会の実現のための立案が喫緊の課題であろう。そのためには，まず「地震」が地下でどのように発生し，我々が生活している領域に波動としてどのように伝わってくるかという現象をより詳しく知識として持つことも重要と思われる。

5.4.3 社会基盤の維持管理

戦後，高度成長期に多くの社会資本が整備されたが，社会資本全体の老朽化が急速に進行し，各構造物の持つ耐久性の低下が懸念されている。しかし，国民の安全・安心の確保のために既存施設を適切に維持管理し，その機能を保持することが喫緊の課題となっている。

図-5.4.2に国土交通省が管理する既存の社会資本（橋梁，トンネル，下水道施設，公営住宅など）の数を示す。国土交通省が所管する構造物は，市町村管理の割合が大きい分野が多いことが分かる。

表-5.4.2に建設後50年以上経過する社会資本の割合を示す。

高度成長期以降に整備された道路橋，トンネル，河川，下水道管渠，港湾等

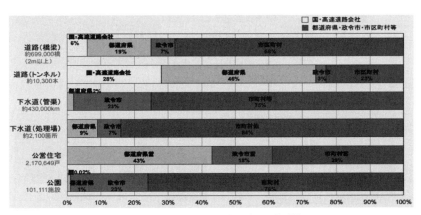

図-5.4.2　既存インフラの管理者別の施設数

出典：国土交通省ホームページ（http://www.mlit.go.jp/common/001055061.pdf）。

表-5.4.2　建設後50年以上経過する社会資本の割合

	2013年3月	2023年3月	2033年3月
道路橋 　約40万橋（橋長2m以上の約70万橋のうち）	約18%	約43%	約67%
トンネル 　約1万本	約20%	約34%	約50%
河川管理施設（水門等） 　約1万施設	約25%	約43%	約64%
下水道管渠 　総延長約45万km	約2%	約9%	約24%
港湾岸壁 　約5千施設（水深-4.5m以深）	約8%	約32%	約58%

出典：国土交通省ホームページ（http://www.mlit.go.jp/sogoseisaku/maintenance/02research/02_01.html）。

海外事例：ミネアポリス　道路橋の崩落事故
建設後40年の橋が突然崩壊。予兆があったにもかかわらず，事前に防ぐことができなかった。仕事帰りの13名が死亡した。

国内事例：一般国道23号　木曽川大橋（三重県：架設竣工1963年）のトラス斜材の破断事故
日本でも，近年，危険を及ぼしかねない損傷や事故が数多く報告されている。

図-5.4.3　道路橋の事故事例

出典：「道路橋の予防保全に向けた有識者会議」資料より抜粋。

について，今後20年で建設後50年以上経過する施設の割合が加速度的に高くなることが分かる。

図-5.4.3に国内外の道路橋の事故事例を示す。

5.4.4 備えに対する費用負担への社会的合意

地震の発生がプレート境界といった異なる地殻の両側表面にそれぞれ複雑に分布する亀裂や凹凸状態を呈する下でのすべり破壊，あるいは表層プレート内での断層運動，つまり高圧の下での複雑な岩相と結晶や粒子構造から成る不均一な岩盤内でのせん断破壊という脆性的な破壊現象である以上，天気予報と同じ水準でその破壊時期を予知することは近未来も含めて限りなく不可能に近いことの国民的な理解が必要である。

これは，従来，土木工学の分野では大規模ダムの基礎岩盤や地下発電所施設などの大規模地下空洞などに対する完成後の長期安定に関する岩盤力学等，地盤工学の研究成果からも既知なことである。

また，極低頻度の巨大地震がわが国土に影響を及ぼす発生確率 p は，再現期間が数百年〜数千年であるため，$10^{-2} \sim 10^{-4}$ のオーダーの低いものになる。その地震による確定論的な想定発生被害額 D が，いくら膨大なものになっても，確率的経済損失は $Lp = p \times D$ で表されるため，事前の補強対策実施の費用に比べて一般に安価となる。そのため，人命喪失や負傷の経済的損失を評価しない限り，このような事前対策を実施しない方が経済的には有利となる。わが国の人々は，時間経過により災害を忘れてしまいがちという文化的感覚を考えれば，このような費用便益分析といった一般的な経済学の方法論を適用して最適な事前の防災・減災対策の水準を決めようとすること自体，意味が無いかもしれない。

我々は地震学の研究成果によって極低頻度の巨大地震の発生時期を人間のライフサイクルの間に精度よく予知することの実現性が近未来においてもきわめて低いことを認識しなければならない。そして，人間社会の知恵としてそのような地震が必ず起きるものとする確定論的な意思決定をして，その時点での地

第 I 部　地　震

震工学等関連工学と地震減災技術の水準による工学的判断を基盤にした必要な施策や補強対策の内容と水準に関する社会的合意を形成することがまず必要である。いわば理学の一分野である地震学の学問成果を個々の人々の生涯期間のオーダーで有用にするには，いくら予算と人材をつぎ込んでも限界があるということを社会的に共通認識されることが先決なのである。

　今後，発生が想定される南海トラフ沿いの巨大地震や東京をはじめ三大都市圏の直下型地震に備えるために何が必要であろうか？

　極低頻度な南海トラフ沿いの巨大地震や直下型の大地震に対して国民一人ひとりが主体的，連帯・共働的な意識と行動により，まず「共助」・「自助」で行う内容を具体化し，日頃からそれらを計画的に実践することを地域コミュニティとして合意していくことが必要となる。この際，いつ起こるか不可知であるが，わが国の広域に影響を及ぼす南海トラフ沿いの巨大地震や国の政治・経済の中核である首都圏・関西圏・中部圏を襲う直下型大地震に対して備える国土強靱化施策の最適な防災・減災の投資水準について，どのように国民的な合意形成を図っていくかがとくに重要な課題になると考える。

　米国カルフォルニア州のサンフランシスコ湾岸地域における水道企業体の地震対策の実例が参考になる。

　1989年にサンフランシスコ市南方で発生したロマ・プリエタ地震を契機に，サンフランシスコ湾東部沿岸地域の水道企業体（EBMUD：East Bay Municipal UtilityDistrict）で展開された耐震補強プロジェクトでは，近い将来のM7級の直下型地震の発生に備え，供用中の各種施設に対して詳細な耐震性の調査・診断を実施した。その結果，現状のまま，すなわち何も補強対策を講じないでどのような被災が生じるのかをビジュアルに表現した被害想定シナリオを利用者である住民，企業に公開し，最低限の緊急対応の他に4段階の耐震性向上計画の内容とコストを提示し，利用者と地震直後の消火活動への影響および飲料水供給の程度を含む議論を徹底して行う機会を設けたのである。このように，自治体が住民に対し，積極的に情報公開し，合意形成を図る必要があろう。

5.4.5 事前防災としての住宅の耐震化

2016年4月に発生した熊本地震でも，建築構造物，とくに，木造家屋に大きな被害が発生した。低頻度巨大地震対応においては，一人でも多くの人命を救うという観点からは，事前防災としての住宅の耐震化は重要である。地震発生直後の救援や救助，避難所なども重要であるが，兵庫県南部地震の被害事例が示すように，まず住宅の耐震化が効果的だと考える。

すなわち，どんなに防災訓練を実施し，避難や救助の体制を整えたとしても，地震動の最初の一撃による住宅被害を軽減することはできない。地震発生の前に住宅の耐震化を進めれば，瓦礫に閉じ込められる人や避難所に入る人を減らし，仮設住宅の建設戸数を減らすことができる。つまり，生命を守るだけでなく，経済的にも負担を減らすことができる。

熊本地震では，1981（昭和56）年度以前の「旧耐震」で建てられた木造住宅の32％が倒壊した。これに対し，「新耐震」の住宅の倒壊は9％，2000（平成12）年度以降の基準（壁の配置や筋交いの接合など工法が具体的に示された）で建てられた住宅の倒壊は3％であった。すなわち，現在の耐震基準を満たしておれば，地震の死者や怪我人を減らすことができる。

しかし，国土交通省は，2020年における全国の住宅の耐震化率を95％にすると目標を掲げているが，現状では難しいようである。

さまざまなアンケートでも，「耐震性があると思っている」「地震は起こらないと思っている」などという理由から耐震化の必要性を感じないという答えが多いのが現状である。また，「耐震診断にお金がかかる」「耐震改修にお金がかかる」などのようなコストに関する答えもある。このような状況を踏まえ，全国の自治体では耐震診断や耐震補強に補助を出す仕組みを作ってきている。しかし，これらの制度が十分生かされているとは，到底思えないのが現状で，自治体の判断と住民の意識レベルとでは，大きな乖離が生じているといえよう。

2002年の5月に，地震防災研究に関してリーダー的役割をはたしている文部科学省所管の地震調査研究推進本部は，今後30年以内に地震で震度6弱以上の激しい揺れに襲われる地域別の確率を試作版として地図の形で発表した（図-

第Ⅰ部　地　震

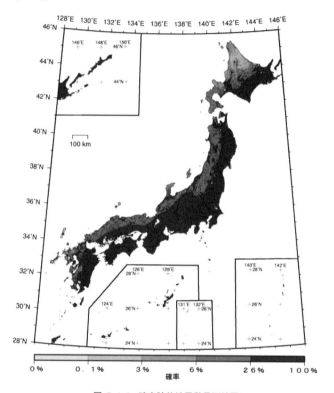

図-5.4.4　確率論的地震動予測地図
出典：推本ホームページ（https://www.jishin.go.jp/evaluation/seismic_hazard_map/）。

5.4.4参照）。

　確率は関東や太平洋側，長野県から山梨県にかけての地域で高くなっており，確率が0％の場所は全国見渡しても存在しない。

　つまり，日本全国，どこで大きな地震が発生してもおかしくないということである。このように，地震活動が活発な時期に入ったと考えられている現在，住宅の耐震化は事前防災における必須の重要項目となっている。国民一人ひとりが防災知識を持ち，防災意識を持ち続けるならば，低頻度巨大地震とも何とか対峙することができると考える。

第6章
地震対策の今後の展望
——まとめにかえて——

6.1 現状をどうとらえるか

　第Ⅰ部「地震」で述べてきたように，我々がこれまでに経験した震災から得た知見を生かして，どのように地震対策をすればよいかが議論されている。

　その背景には，人々が「巨大地震がもうそろそろ発生するのではないか」と懸念を抱いていることが挙げられる。

　歴史上，中小規模の地震が発生して「地震活動期」に入り，巨大地震が発生するというパターンが繰り返し発生してきた。

　図-6.1.1に相模トラフ沿いの地震発生履歴を示す。海溝型のM8クラスの地震に関しては，当面発生する可能性は低い。しかし，今後百年先頃には発生する可能性が高くなっていると考えられる「大正関東地震タイプの地震・津波」を長期的な防災・減災対策の対象として考慮することが妥当とされている。また，中央防災会議では，2013（平成25）年に，以下のように報告している。

　①延宝房総沖地震（1677年）タイプの地震については，太平洋プレートの沈み込みに伴う津波地震の可能性が高く，東北地方太平洋沖地震の震源断層域の南側に位置し，誘発される可能性のある地震と考えられることから，関係する地域では津波避難の対象として対策を検討する必要がある。

　②元禄関東地震タイプの地震や相模トラフ沿いの最大クラスの地震は，2,000～3,000年もしくはそれ以上の間隔で発生している。その直近は約300年前の元禄関東地震であることから，これらの地震が次の相模トラフ沿いの海溝型地震として発生するとは考えにくいので，当面の防災・減災対策の対象とはしていない。

第Ⅰ部　地　震

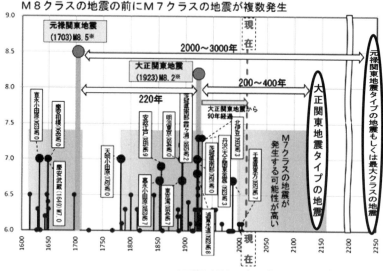

図-6.1.1　相模トラフ沿い地震発生履歴

出典：中央防災会議資料「首都直下地震の被害想定と対策について（最終報告）」平成25年12月（http://www.bousai.go.jp/jishin/syuto/taisaku_wg/pdf/syuto_wg_siryo04.pdf）p.29。

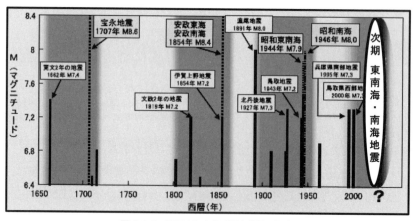

図-6.1.2　西日本における巨大地震の歴史

出典：内閣府　中央防災会議「東南海，南海地震等に関する専門調査会」中部圏・近畿圏の内陸地震に関する報告（http://www.bousai.go.jp/kaigirep/chuobou/23/pdf/shiryo6-2.pdf）。

西日本においても同様である（図-6.1.2参照）。地震の規模が大きくなってきている現在，これらにどのように対応するかが重要となっている。

一方，我々の周りにある道路をはじめとする大半の構造物は，インフラストラクチャー（略して「インフラ」，社会的基盤）と呼ばれている。その多くは戦後の高度経済成長期に建設され，その寿命時期と言われている築後40年が経過し，耐震補強および補修・補強等による長寿命化政策が盛んに研究・議論されている。その理由は，年間の国家予算の約10倍以上の約1,000兆円を超える国の借金（国民1人当たり約630万円）があり，毎年約20兆円の利子を賄い続けている状態では，積極的に既存構造物を造り代えることができない経済状況にあるといえる。

このような耐震化向上の緊急性・必要性と財政逼迫という二律背反状態で，どのようにすれば巨大地震発生に対峙でき，一人でも多く人命を救うことができるかについて，筆者は耐震工学を生業にしている一人として日頃考え続けている。

6.2　地震対策の今後

1）現状を踏まえた地震対策の方向性

造られてから長い年月が経過して，その価値が高まっている「文化財」と同様，人命も失われれば取り返しがつかない。「人の命は地球より重し」という言葉が取りざたされた時期もあった。

人命を守るためには，災害直後からの対応ももちろん重要であるが，十分な事前対策があってこそ事後対応の必要性を議論するべきと考えている。現在，「事前復興」が重要であると主張している学者もおられる。

では，発生する地震に対して，どの程度の耐力を有する構造物（社会的基盤）とするか。

「ボランティア元年」と言われた阪神・淡路大震災の発生から16年後，悲惨な記憶が人々の脳裏から薄らいでいたなかで東日本大震災が発生した。

第 I 部　地　震

　発災当時，人々はこぞって東北地方の被災地に赴いた。しかし，時間経過とともに，ボランティア参加数は指数関数的に減少した。その5年後の4月に熊本地震が発生し，再びボランティア活動は復活した。

　このように，残念ながら一部の人々を除き，多くの人々の心は，「熱しやすく，冷めやすい」のかもしれない。

　例えば，巨大地震発生により甚大な被害が発生した直後～3年ぐらいの間のアンケート調査では，「建設費が少々高くてもより高い耐力が必要である」という意見が多く，「50％位の建設費増大でも可」という結果もあるほどである。しかし，時間が経過すれば，災害に対する人々の認識も冷める傾向がある（表-6.2.1参照）。

　江戸時代には，地震を起こすと信じられていた鯰の絵柄を描いた鯰絵が流行した。災害抑止力が乏しく，「神頼み」でいつも対策が後手後手に回っていた江戸時代後期とは異なり，現在は科学が進歩している。地震発生メカニズムもかなりの精度でとらえることができる段階になっている。

　地震学・地震工学・社会工学などを生業としている研究者がコンソーシアムを組み，啓発活動を生業とできるような研究者を育て，その研究結果を受け入れられるようなシステム構築が必要であり，「どのようにして安全・安心な都市域を創り出すのか？」という国民的議論の波を作り出すことが重要となるのである。

表-6.2.1　災害に対する人々の認識

災害発生後からの年数	人々の認識
7～8年	災害への関心はきわめて高い
10年	災害は徐々に無視される
15年	被災者の半数はもう何も起きないだろうと思う
30～40年	災害の記録は残るが，対策は必要との認識はなくなる
100年	災害の記憶すら怪しくなる

出典：小林岳彦「災害からの復興‐これまでの100年，これからの100年」『第3回（平成25年度第3回）CRCフォーラム（平成26年3月17日（月）開催）「大災害からの復興を考える」』（https://www.dendai.ac.jp/crc/about/forum/e5vdec000000dvo2-att/forum03_02.pdf）。

2）具体的方策

① 構造物の耐震性能向上

新規構造物築造に対する費用を昭和の高度経済成長期のように多額にはできない状況では，既存構造物の維持補修費もまた限られてくる。そこで，どの構造物の保有耐力が経年劣化等により不足しているかを把握することが重要と思われる。

そのためには，韓国のように，重要構造物の建設完了時からのデータ（カルテ）を一元管理して，「どの構造物を」「どのタイミングで」維持補修，耐震補強を計画・実施すべきかを決定するといった形で，限られた財源の合理的な使用方法を策定することが肝要である。すなわち，アセットマネジメントである。

図-6.2.1のように，それぞれの構造物が築造された時点で持つ性能は，当然必要性能以上である。しかし，時間が経過するにつれて保有する性能は低下して行く。そのために，定期的な調査を実施して保有耐力の現状を把握する活動を積み重ねることが重要である。

そこで，適切なタイミングで補修し，さらに補修より費用を必要とする補強

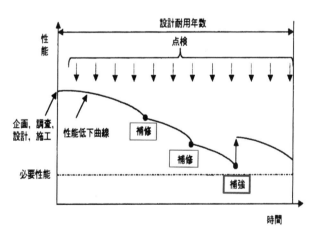

図-6.2.1　構造物の性能と経過期間の関係

出典：「包括設計コード（案）」土木学会包括設計コード策定基礎調査委員会（2003.3）一部加工（http://www.jsce.or.jp/committee/acecc/code/CODE_PLATFORM_ver.1_j.pdf）。

第Ⅰ部　地　震

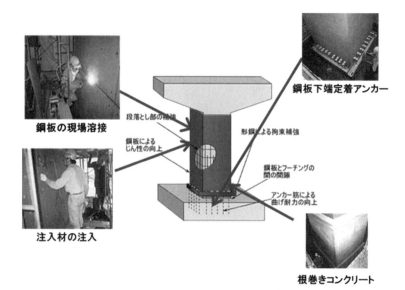

図-6.2.2　耐震補強の一例（鋼板巻立て工法）
出典：建設省土木研究所耐震技術研究センター耐震研究室「曲げ耐力制御式鋼板巻き立て工法による鉄筋コンクリート橋脚の耐震補強」『土木研究所資料第3444号』平成8年5月（https://www.pwri.go.jp/caesar/manual/pdf/3444.pdf）。

（いくつかの補強方法の中から，費用対効果を十分考慮して，決定する）を実施することで，新設された時期の保有耐力にできる限り近づけることが重要である（図-6.2.2参照）。

　2011（平成23）年3月の東北地方太平洋沖地震では，発生の1時間後には仙台平野に造られていた高さ6mの堤防に，その高さの2倍以上の13mの津波が襲いかかった。国土技術政策総合研究所が1/25の縮尺模型を用いて行った実験の結果，堤防を乗り越えた津波が陸側の根元の土を掘るので，1分程度で陸側の壁や天端の保護コンクリートが崩れることが分かった。

　従来の堤防は1896（明治29）年6月の明治三陸地震や1960（昭和35）年5月のチリ地震による津波など，過去の津波を想定して，それを抑え込むことを目標としてきた。したがって，波の一部が水しぶきのようになって堤防を越えることはあっても，大量の津波が陸側に流れ込んでくることは想定されておらず，

第6章 地震対策の今後の展望

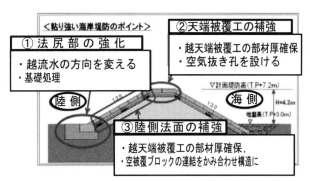

図-6.2.3 粘り強い海岸堤防の概念
出典：国土交通省 水管理・国土保全局「減災効果を有する粘り強い構造の海岸堤防の評価手法について（たたき台）」(http://www.mlit.go.jp/river/shinngikai_blog/kaigan_hyouka/dai01/10-09.pdf)。

テトラポットの設置など堤防の補強は海側に重点が置かれ，陸側はほとんど考慮されていなかった。

したがって，実験結果を踏まえて補強すべきポイントが以下のように提起された。

ⅰ）堤防の陸側の根元を補強する

ⅱ）天端の保護コンクリートを補強する

ⅲ）堤防の陸側の壁を補強する

これら3か所を補強すると堤防はすぐに崩れず，「粘り強い堤防」となり，避難のための時間を稼ぐことが分かった（図-6.2.3参照）。

また，この方法は，海岸堤防だけでなく，河川堤防にも応用できる。

なお，従来の考え方では，堤防などの施設で津波を抑え込むハード対策が中心で，避難などソフトの対策は補完的な役割であった。しかし今後は，想定高以上の津波が襲来する可能性があり，「避難が最も重要である」という事前の啓発活動が重要であり，地元自治体や地域の住民が意識を長年持ち続ける必要がある。

南海トラフ巨大地震では最大30m以上の津波が太平洋沿岸に襲来すると予想されている。

第Ⅰ部 地 震

まずは，財政難であることを十分に考慮して，費用対効果を考慮した合理的な壊れにくい堤防が実現するような研究開発を背景として，「ハード対策」「ソフト対策」の融合を進めてゆくことが重要であり，避難困難者や高齢者の避難方法の構築が必要である。

②性能設計に関する国民的議論

発生する地震に対して，どの程度の耐力を有する構造物（社会的基盤）とするか。「建設費が少々高くてもより高い耐力の必要である」という意見は，巨大地震発生により甚大な被害が発生した直後～3年ぐらいの間でのアンケート調査では，「50％位の建設費増大でも可」という意見も一定数あるほどである。しかし，時間が経過すれば，その熱も冷める傾向がある。建設時における国民の合意形成が必要であろう。

現在は科学が進化している。地震発生メカニズムもかなりの精度で捉えることができる段階になっている。地震学・地震工学・社会工学などを生業としている研究者がコンソーシアムを組み，啓発活動を生業とできるような研究者を育て，その研究結果を受け入れられるようなシステム構築が必要で，国民的議論の波を作り出すことが重要である。

第Ⅱ部 風水害

プロローグ

　生き物は水がなければ，生きていけない。水は大いなる恵みである。しかし，大量の水は人の命も脅かしかねない。

　気象庁は，「記録的短時間大雨情報」を流し，全国各地で観測史上最大の降雨量を記録したという報道が多くなされている。

　また2013年，四国の清流で有名な四万十川が流れる四万十市で国内最高気温41℃を記録したように，日本各地で猛暑となった。これは，我々の住んでいる地域を取り巻く環境が大きく変化していることを裏付けている。

　その原因は，フィリピン海の海水が30℃近くまで上がったために，暖められた大気が積乱雲と共に強い上昇気流となる一方で，日本の南海上では逆に下降気流となったため，勢力を強めた太平洋高気圧と西からの高気圧が起因となったことと考えられている。

　このような現象は「世界的な異常気象」というキーワードで表現され，地球の温暖化が気候を変えようとしているのだとされる。地球の温暖化によりエネルギーバランスが崩れているので，今後数年間猛暑などの異常気象をたびたび引き起こす可能性があると警鐘を鳴らしている科学者もいる。

　2015年12月12日，フランス・パリにて開催されたCOP21（第21回気候変動枠組条約締約国会議）において，「パリ協定」が締結された。このパリ協定は，産業革命前からの世界の平均気温の上昇を2℃未満に抑える，通称「2℃目標」が定められたことで，注目を浴びた。

　パリ協定の結果，この2℃目標に合わせて「適応策」の推進が問われている。「緩和策」が2℃目標のように，二酸化炭素などの温室効果ガスの排出を減らし気候変動の進行を遅らせる対策であるのに対し，「適応策」は，気候変動に

よって生じる影響を最小限に抑えるための対策である。パリ協定では「適応策がすべてのレベル（地方，国家，地域，国際）で直面するグローバルな挑戦である」との認識から，「気候変動に対し，適応能力を拡充し，強靱性を強化し，脆弱性を減少させる」ことが定められ，適応策の推進が規定された。

このような世界情勢下で，わが国では年平均気温はこの100年で1.14℃上昇し，日降水量100mm以上の日数が増加傾向にあるのが現状である。20世紀末と21世紀末を比較すると，厳しい温暖化対策をとった場合，平均1.1℃（0.5～1.7℃）上昇すると予測されている。また，温室効果ガスの排出量が非常に多い場合，平均4.4℃（3.4～5.4℃）上昇すると予測されている。

したがって，21世紀末までの長期的な展望を意識しながら，今後概ね10年間における基本的方向を示すために，日本においても適応策に向けた取り組みが本格化した。気候変動によるさまざまな影響に対し，日本政府全体として整合のとれた取り組みを総合的かつ計画的に推進するため，COP21開催直前の11月には，第3回気候変動の影響への適応に関する関係府省庁連絡会議において，「気候変動の影響への適応計画（閣議決定案）」が取りまとめられ，「気候変動の影響への適応計画」が閣議決定された。国土交通省は「国土交通省気候変動適応計画」を立案し，防災や水資源管理，交通といった分野の適応策を示した。他の関係省庁でも適応策の具体化に向けた取り組みがすでに始まっている。

すなわち，まず観測・監視や予測を行い，気候変動影響評価を実施する。その結果を踏まえて，適応策の検討・実施を行い，進捗状況を把握して，必要に応じ見直す。このサイクルを繰り返し行うこととしている。

このような，気候変動の影響への適応策を推進することにより，影響による国民の生命，財産および生活，経済，自然環境等への被害を最小化あるいは回避する。または，迅速に回復できる，安全・安心で持続可能な社会の構築を可能とすることを目指している。

地球規模の変動によって，どのような事象が発生し，我々の生命や住環境に及ぶ影響を最小限に留めるためには，どのような方策を講ずるべきかを記載した。

第Ⅰ部「地震」編に引き続き，都市域を襲うと甚大な被害が発生し，市民生活に大きな影響を及ぼす可能性がある「風水害」について記載する。

第Ⅱ部「風水害」編は，8章から成り立っている。

まず第1章では，「水との闘いの歴史」を紐解く。有史以来，人は水と闘ってきた。日本でも，例えば戦国時代に，「治山治水」に成功した武将が隆盛をきわめていた事例が多くみられる。どのような手法で水害対策をしていたのか，歴史を振り返り紹介している。

次に，第2章では，近年多くみられる大雨の発生原因から被害事例および現在行われている科学的対策について述べている。

第3章では，台風・高潮の発生メカニズムから国内外の既往の被害事例を紹介している。

第4章では，土砂災害の分類，被害事例および対策を述べている。

第5章では，「外水氾濫」と呼ばれている河川氾濫の発生メカニズム，被害事例および対策について述べている。

第6章では，「内水氾濫」と呼ばれている我々が住んでいる地域における浸水被害を述べている。我々の住んでいる地域，とくに都市域では，下水道施設が整備されている。まずはその歴史について振り返り，それから快適な生活を生んでいる下水道の氾濫がもたらす災害について述べている。

第7章では，近年「都市型水害」と呼ばれている浸水被害の発生メカニズム，被害事例および浸水被害の軽減のために実施している研究成果について述べている。

第8章では，都市内で我々の周りに潜む浸水によるリスクにどのように対峙すべきかについて述べている。

第1章
水との闘いの歴史

1.1 既往の水との闘い

　日本における「水との闘い」は，狩猟から稲作による生活に変わった時から始まったと言われている。当初は，小川の流れを柵でせき止め，溝を使って田に水を引く利水を目的とし，5世紀の仁徳天皇による茨田堤や秦氏による葛野大堰築造などがあったが，洪水は天災として避けがたいものであった。その後，国家の統一が進み，難波京・平城京・平安京などの古都や，その周辺地域を流域とする淀川水系で，さまざまな水害対策が行われ始めた。

　鎌倉時代以降は，政治の中心は関東地方にも拡大し，「多摩川堰」「利根川築堤」などの治水事業が行われるようになった。戦国時代には甲斐地方では武田信玄の「信玄堤」，近畿圏では秀吉による宇治川と巨椋池の分離や築堤などの大河川を対象として治水事業が行われ，その後の江戸時代まで続いた。

　江戸時代以前の伝統的治水技術は，水の勢いを抑えて被害を軽減するという「減勢治水」の考え方に基づいた技術で，河川の氾濫や浸水をある程度許すことにより，結果的に生態系など，環境への影響を小さくするものであった。伝統的治水技術には，その技術を持っている「人」，水害防備林や水制工などの施設としての「物」，および言い伝えや祭りなどとして受け継がれている「知恵」などの要素が含まれる。地域で対応する広い視野から，複数の対策が組み合わされている場合もあり，地域特性を考慮した方策が用いられていた。このような伝統的な水害対策は全国各地に見られる。

　江戸時代の河川工事は，水害対策として現在もその機能を果たしており，治水の根幹をなしている。明治になると，欧米の先進技術が導入されると共に，

第Ⅱ部　風水害

写真-1.1.1　現存する「段蔵」
写真提供：石垣泰輔.

近代技術を用いた治水事業が行われ，「水との闘い」は，住民の手から行政の手へと移った。その結果，水の危険性を知ることや被害を防止・軽減する知恵が失われ，防災意識の低下にもつながったといえるかもしれない。

しかし，伝統的な水害対策が全くなくなってしまったわけではない。例えば，複数の蔵が階段状に連なった「段蔵」は，床の高さが異なる。浸水の深さに応じて濡れると困るものをより高い蔵に収納するようにして，被害軽減の工夫がなされている（写真-1.1.1参照）。床の高さは，水がたまりやすい地形では2〜3mと高く，床下浸水程度の被害が多い地区では1〜2m程度となっている。これらは先人の知恵であり，川と共存して暮らしてきた住民が自衛手段として行ってきた水害対策であり，個人の資産を守るだけではなく，地域住民の避難場所でもあったと考えられる。すなわち，河川の氾濫・浸水を想定したものであり，その被害を軽減することに重点が置かれ，「ある程度被害を防ぐ」「氾濫・浸水を遅らせる」「家屋に浸水する濁水を浄化する」という考えに基づいている。伝統的な水害対策は，「段蔵」だけでなく，「輪中堤」なども知られている。また，「物」だけではなく，「人」や「知恵」にも現在なお有効と考えられるものがある。その多くは，「河川対策」と「流域対策」を組み合わせたものであり，現代の総合治水対策と同様の考え方に基づいているといえる。

1.2　戦国武将の対応

戦国時代の武将と言えば，戦場での闘いが強かったというイメージがある。しかし実際は，自分が治める国を豊かにして，国力を高めて初めて名将と言われた。水を治める治水対策は領地の安定を図るとともに，新田開発にもつながる重要な事業であった。武田信玄は甲斐の国の領主になると，御勅使川，釜無

第1章 水との闘いの歴史

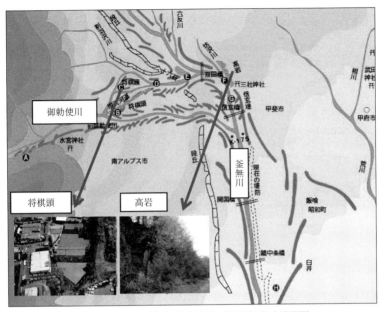

図-1.2.1 富士川の治水（御勅使川，釜無川の治水構想図）

注：Ⓐ巨大な「石積出し」を造って扇頂部における乱流を抑止し御勅使川の河道の安定をはかる。
　　ⒷⒸ「将棋頭」を設けて，流れを分流させて水勢を弱めると共に，分流させる。
　　Ⓓ開削して，釜無川へ流れを導く流路とした。
　　Ⓔ16の巨石を置いて釜無川との合流を調整し，釜無川の主流がⒻの「高岩（懸崖）」に突き当たる流向とする。
　　Ⓕ「高岩」。
　　Ⓖ「信玄堤」。
　　Ⓗ万一にも堤防が決壊して洪水が氾濫した場合は霞堤の開口部を造っておき氾濫の水を川に戻す。
　　出典：「富士川の治水を見る」甲府工事事務所パンフレット。山梨県立博物館シンボル展「信玄堤」パンフレット。

川，笛吹川が運んでくる土砂によって作られた扇状地である甲府盆地を対象に数多くの治水対策を実施した。

　御勅使川から釜無川への合流をスムーズにすること，治水施設への合流後の釜無川の破壊エネルギーを減少させること，釜無川が甲府盆地中央で氾濫するのを防ぐことを目的に「信玄堤」が造られた（図-1.2.1参照）。

　将棋頭は，御勅使川の水を二分して，流入する沢の水勢を弱め，堤防内の耕

第Ⅱ部　風水害

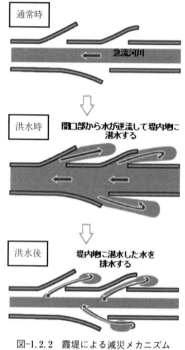

図-1.2.2　霞堤による減災メカニズム
出典：「河川用語集」(国土技術政策総合研究所)(霞堤)を加工して作成。

作地を守るために築かれた将棋駒頭形の石堤であり、高岩で水の勢いを弱めた。

この信玄堤は、「出し」「霞堤」の併用でできている。まず、「出し」によって川の流向を河道の中央に向けることを図り、「霞堤」によって、前の堤防が破れたら次が守る。万一、氾濫しても開口部から氾濫水を河道にもどすことを考慮している（図-1.2.2参照）。

なお、水の勢いを弱め、堤防を守る工作物として、三角形の基の部分が牛の角のようにみえることから名付けられた「聖牛（せいぎゅう）」がある。この工法は甲斐の国から全国に広がったといわれている。現在でもコンクリートブロックを堤防前面に置いて、水の勢いを弱める工法が実施されているが、発想は同じである。

このように、武田信玄が実施した治水事業では、①水を集めるのではなく、分散させたこと、②川は溢れるものだということを前提にしたこと、③流域全体を使って対策したことが特筆される。想定外の豪雨が降り、人の力で川の水を完全にコントロールすることが難しくなった現在、参考になる施策である。

1.3　江戸時代から現代

徳川家康が江戸の地に開幕する前の1500年代末から、関東地方でも水害から守るなどの目的で大規模な河道付替え工事が実施された。すなわち、その頃、関東平野は、東に向かって流れる常陸川・鬼怒川の流域と南流して東京湾に流

第1章 水との闘いの歴史

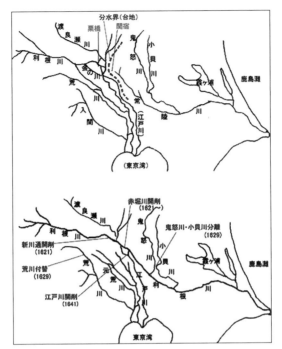

図-1.3.1 利根川水系の河道変遷
出典：利根川研究会編『利根川の洪水』山海堂，1995年。

入する利根川・渡良瀬川の流域に二分化されていた（図-1.3.1上参照）。幕府は利根川の流路を東に向け渡良瀬川と合流させ，さらに台地を開削して常陸川に連絡して鹿島灘に放流した（図-1.3.1下参照）。江戸に本拠を定めた徳川幕府は，本格的に舟運路をつくり（図-1.3.1下参照），新田を開発した。

しかし，利根川の中流部では，しばしば氾濫を繰り返し，1700年代以降の250年間に16回発生した。とくに，1742（寛保2）年，1786（天明6）年，1846（弘化3）年に発生した洪水は江戸の三大洪水とよばれる。

とりわけ，1786年の洪水はその3年前に発生した浅間山大噴火による泥流・火砕流が利根川に流入したので，河床高が上がった影響が大きいと考えられている。

なお，明治時代に入っても，大規模な洪水が発生した。1910（明治43）年の

洪水では，利根川だけでなく荒川（利根川の支流であったが，1629年に現在の河道に付け替えられ，利根川から分離）も氾濫したので，東京の東部低地にまで広く氾濫し，関東地方の被害は死者847名，流失・全壊家屋4,917棟であった。

1947（昭和22）年のカスリーン台風（後述，第3章3.4.1項参照）襲来時の洪水被害を踏まえて，再現期間200年の計画で，利根川の流量配分がなされている。

第2章
大雨の発生とその対策

2.1 大雨にどのように対峙するか

　本章では，世界的な異常気象の中，洪水や土砂災害を引き起こす「誘因」となる「大雨」について述べる。

　近年，気象庁の「記録的短時間大雨情報」から，全国各地で観測史上最大の降雨量を記録したという報道が多くなされている。

　2016（平成28）年6月には，九州豪雨が発生，8月には3つの台風が北海道に上陸し，東北の太平洋側に直接台風が上陸するなどかつてない現象が続いた。近年，短時間で大量の降雨に見舞われる回数が多くなり，かつ年間の降雨量も多くなっており，毎年全国どこかで豪雨による水害が発生している。

　また，日本各地で猛暑となった2013年8月12日には，清流で有名な四万十川が流れる高知県四万十市土佐江川崎で国内最高気温41℃を記録した。

　これは，30℃近くまで上がったフィリピン海の海水のために，暖められた大気が積乱雲と共に強い上昇気流となる一方で，日本の南海上では逆に下降気流となった。そのため，勢力を強めた太平洋高気圧と西からの高気圧が起因となったと考えられている。すなわち，我々の住んでいる地域を取り囲む環境が変化していることを裏付けている。

　その結果，近年，今までに経験したことのない異常気象により，大規模災害が各地で頻発している。

　以降，大雨が降る条件や発生原因および情報把握の方法等について述べる。

2.2　大雨の降る条件

　気温が低下すれば，大気中に存在する水蒸気中の湿度は高くなり，上空の空気が「気圧」と「気温」で決まる飽和水蒸気量を超えると水蒸気が細かい水滴（ただし，気温の低い空では氷の粒）に変わり，「雲」として見えるようになる。この水滴が集まって大きくなると，雨となって降る。

　大気は上昇すると気圧が低くなるので，膨張してますます上昇する。上昇した位置の気温が低ければ，さらに上昇し続ける。その結果として気温が低下する。このように，気温低下の主な原因は大気の上昇に伴う断熱冷却である。

　すなわち，大気の下層と上層の気温差が大きければ大きいほど不安定な状態となり，強い上昇気流が生じやすくなる。日差しの強い夏に地表面が熱せられ，上空の寒気が流入すれば，強い降雨となることは明らかである。

　これを詳細に見れば，図-2.2.1に示すように，空気の塊の変化率が湿潤断熱減率（0.5℃／100m）より小さければ，湿潤な空気でも上昇せず，空気塊は「絶対安定領域」となり，雲は発達しない。

　逆に，乾燥断熱減率（1.0℃／100m）より大きければ，乾燥した空気でも上昇が続き，空気塊は「絶対不安定領域」となる。

　ここで一番留意しなければならないのは，空気の塊の変化率が湿潤断熱減率と乾燥断熱減率の間にある場合であり，乾燥状態でも湿潤状態でも上昇する。この状態を一般的に「条件つき不安定領域」にあるという。

　通常，地上付近の空気塊が乾燥断熱減率に沿って上昇し続け，雲が発生した後，湿潤断熱減率に沿って上

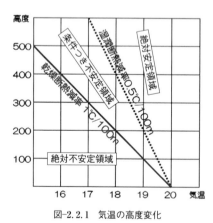

図-2.2.1　気温の高度変化
出典：筆者作成。

昇し，周囲の空気の温度（外気温）まで上昇するが，それ以上は上昇することはない。

このように，空気塊の温度と周りの温度の差によって，多量の水蒸気が発生し，急速に水滴に変わることによって大雨は起こる。さらに，水蒸気を多量に含む上昇気流が速く，周りから湿った大気が流れ込むほど強い雨になる。

写真-2.2.1　ゲリラ豪雨の状況
出典：気象庁ホームページ（http://www.jma.go.jp/jma/kishou/know/tenki_chuui/tenki_chuui_p8.html）。

このように，上空高く盛り上がる積乱雲を発生させる「強い上昇気流」と「周りからの水蒸気供給」の組み合わせが，大雨の発生条件である。

数十km四方以下という比較的狭い範囲に，3～4時間で200～300mmの強さで降る雨を一般に「集中豪雨（ゲリラ豪雨）」と呼ぶ（写真-2.2.1参照）。このような激しい雨は，強い上昇気流により発達した積乱雲がいくつも引き続いて襲来することによって生じる（図-2.2.2①参照）。

積乱雲内の強い上昇気流によって作られた水滴が寄り集まり，雨となって空気と共に落下する際に積乱雲内には新たな下降気流が生じる。地上まで降りてきて側面へ吹き出す風と，周りから流入する気流とがぶつかると，そこに新た

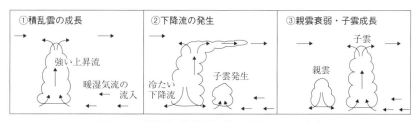

図-2.2.2　積乱雲の世代交代（集中豪雨のメカニズム）
出典：大西晴夫『台風の科学』日本放送出版協会，1992年より。

第Ⅱ部　風水害

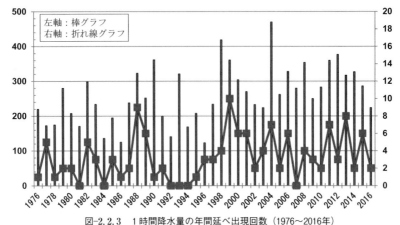

図-2.2.3　1時間降水量の年間延べ出現回数（1976～2016年）
出典：気象庁ホームページ（http://www.jma.go.jp/jma/kishou/info/heavyraintrend.html）。

な上昇気流が発生し，積乱雲へと成長する（図-2.2.2②参照）。最盛期を過ぎると積乱雲中の上昇気流は次第に弱まるので，1つの積乱雲の寿命はほぼ1時間以内である。しかし，子から孫へと積乱雲が自動的に増える条件があれば，強い雨が続き，雲は風上方向へ進むが，気流は全体として風下方向に移動する。これらの速度が一致すると，地上の限定した場所で引き続き雨が降り，集中豪雨となる（図-2.2.2③参照）。

積乱雲の横幅は通常10km以内と限定的であることに注目する必要がある。したがって，強い雨の降る範囲も限定的である。一方，しとしと降る「地雨」は層状の雲から降り，雨の範囲は数百kmと広い。

多量の雨が降ると災害となることは容易に想像できる。では，どの程度の雨量となると災害が発生するのだろうか。

通常，雨の強さ（一定時間内の雨量）が1年に降る雨の10%程度を超えて一度に降ると災害になると言われており，絶対量は，北海道では100mm程度，西日本の太平洋岸で200～300mmとされている。図-2.2.3に1976年以降の豪雨状況を示す。

第2章 大雨の発生とその対策

　降雨の源である水蒸気の供給源は「海」である。四方を海に囲まれた日本では，南方海上から暖かく湿った気流（湿舌）が多量の水蒸気を継続的に運んでくる。もし，南方海上に台風があれば，なおさらである。
　さらに，山があると気流はその山腹に沿って這い上がるので，その地形性の上昇気流によって風上斜面に雨を降らせる。とくに，台風襲来時など周りから大気が集まり上昇気流が生じるので，降雨量が多い。これが，紀伊半島や四国・九州の山地の南東斜面で降雨量が多い理由である。
　仮に，日本付近に前線が停滞しているところへ台風が接近すると，湿った空気を引き連れて来ることも加えて，強い雨が降る可能性が高い。この場合，台風中心域以外に，渦巻き状に伸びる雲の帯（レインバンド）でも豪雨となる。
　なお，2014（平成26）年7月台風第8号のアウターレインバンドが高知上空を通過した際，2つの竜巻が発生した事例がある。

2.3　過去の被害事例

2.3.1　都賀川水難事故

　2008（平成20）年7月28日，兵庫県都賀川の篠原橋付近で児童3名を含む5名が急な増水により川に流され亡くなるという，痛ましい事故が発生した。
　六甲山から瀬戸内海に注ぐ西は神戸市須磨区の一ノ谷川から，東は西宮市の東川までの，24水系の河川を総称して，「表六甲河川」と呼んでいる。都賀川はその水系の一つである。図-2.3.1に示すように，標高931mの六甲山から海までの流路は短く，急傾斜を流れ下るという条件であった。
　写真-2.3.1のように，流量の少ない場合には，現場では周囲の住民たちへの「親水性護岸」として子供たちに「水遊びの場」が提供されている場所である。
　篠原橋付近で川遊びをしていた学童保育所の引率者2名と児童16名は，14：30頃真っ黒な雲が空を覆い始めたので，帰り支度を始めたが，雷が鳴り出したため篠原橋の下へ避難した（後の調査結果では，都賀川の増水開始は，14：42頃とみられる）。

第Ⅱ部　風水害

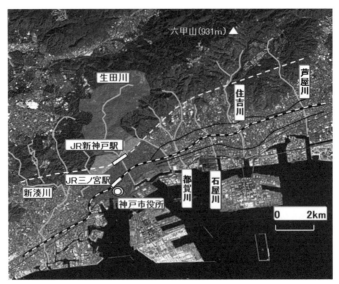

図-2.3.1　都賀川・表六甲河川の位置
出典：Google Earth を加工。

写真-2.3.1　平常時の篠原橋付近
出典：Google Earth を加工。

　約10分間で雨が猛烈な勢いとなったため70m上流の階段へ向かい，階段近くまで来ると，瞬く間に水位が上昇したので，引率者が児童を階段に押し上げていたところ，1人の引率者と児童2人が流された。引率者は自力ではい上がり助かったが，河口で児童2人の遺体が発見された。また，下流の都賀野橋の下では，14:40頃に護岸にもたれて雨宿りしている園児1人とお迎え女性1人が目撃されていたが，河口付近にて遺体で発見された。さらに，増水直前にJR神戸線高架下の都賀川右岸の河川敷遊歩道でショルダーバッグを枕にして寝そべっている所を目撃

第2章 大雨の発生とその対策

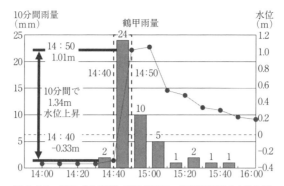

図-2.3.2 2008（平成20）年7月28日，都賀川甲橋の水位と降雨量

出典：国土交通省（http://www.thr.mlit.go.jp/Sendai/kasen_kaigan/river-attention）。

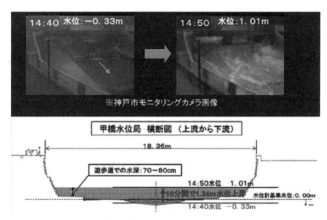

図-2.3.3 都賀川甲橋の水位上昇状況

出典：図-2.3.2に同じ。

されていた男性も30日未明に河口付近で遺体が発見された。

　急激に水位が上昇した事実（10分間で1.34m）は，図-2.3.2の甲橋の水位および神戸市のモニタリングカメラ画像からも分かる（図-2.3.3参照）。

　山地域にも相当の降雨があったにもかかわらず，流域面積8.57km^{2}の約7割以上を占める六甲山地からの流出はほとんどなく，急激な水位上昇をもたらし

た流出は住宅域からの直接流出であったと考えられる。

2.3.2 下水道　雑司ヶ谷幹線再構築工事事故

2008（平成20）年8月5日に発生した雑司ヶ谷幹線再構築工事での事故は，5名の死者を出す痛ましいものとなった。

東京都下水道局では，2004（平成16）年10月に発生した新赤坂幹線工事事故以来，大雨警報発令時の工事中止などを新たに定め，事故再発防止に向けて安全対策を実施してきた。しかしこの事故は，これまでの安全対策では想定していなかった，大雨警報発令前の突発的な局所的集中豪雨により発生した事故であった。

当該工事は，豊島区〜文京区の東京都下水道局の既設雑司ヶ谷幹線の老朽化対策のため，再構築工事（矩形渠の更生）を施行するものであった。工事内容は，管渠（2,000mm×1,460mmの矩形断面）内面を約600mにわたって被覆するものであった（図-2.3.4，図-2.3.5参照）。

事故当日，関東甲信地方に前線が停滞し，南から湿った空気が流れ込んで，大気の状態が非常に不安定になっていた。東京区部でも，朝から大気の状態が不安定で，気象庁より東京23区には，前日から雷注意報が継続して発令されており，当日の11：35に大雨・洪水注意報，12：33に大雨・洪水警報がそれぞれ発令されていた。11：30頃から弱い雨が計測され始め，11：40頃には強い雨に変わった。作業現場付近でも，この頃から雨が降り出し，十数分後には降雨強度80mm/hrを超えるような豪雨が計測されている。

事故当日の作業内容は，「下地処理工としての樹脂及びプライマー塗布工」であった。作業開始前の9：00からの朝礼後，毎日現場で行われる危険予知活動の中で「天候が不安定です。急に雷雨があると思うので，水位上昇時にはすぐ地上に上がること」との指示が5名の作業員になされていたという。9：30から準備作業に着手し，管内の作業が始まったのは11：00からであった。事故当時，管内では一次下請けの職長1名と二次下請けの作業員5名の計6名，地上では元請の現場代理人兼監理技術者の職員1名，気象情報収集確認者の職員

第**2**章　大雨の発生とその対策

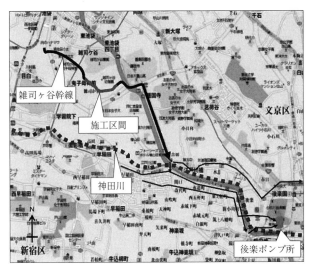

図-2.3.4　関連施設の位置図

図-2.3.5　施工区間図

出典：図-2.3.4，図-2.3.5いずれも，国土交通省ホームページ（http://www.mlit.go.jp/common/000024056.pdf）。

1名，二次下請けの作業員3名の計5名で作業を行っていた。

事故発生直前，現場に来ていた下水道局の担当監督員が「雨が降りそうなので注意するように」と注意喚起したので，現場の気象担当者は大雨に関する注意報・警報の発令が無いことを11：30頃確認した。

第Ⅱ部　風水害

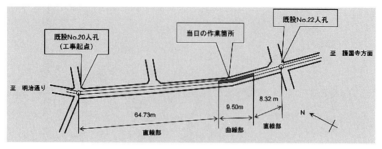

図-2.3.6　作業当日の平面図
出典：国土交通省ホームページ（http://www.mlit.go.jp/common/000024056.pdf）。

　下水道局の担当監督員は路上で作業内容の説明を受けた後，帰庁の途中で小雨が降り出したので，再度現場に立ち寄り路上にいた監理技術者と気象担当者に「雨が降ってきたので，十分に注意するように」と指示し帰庁した。
　その後，監理技術者，地上作業員は，既設No.22人孔へ行き，管内作業員に「雨のために作業が中止になるかもしれない」と改めて声を掛けた後，蓋を閉めさせた。しかし，雨が急に強くなってきたので，監理技術者は閉めたNo.22人孔の蓋を開け，管内の作業員に退避するよう職長に指示した後に人孔の蓋を閉めて，その場に待機した（図-2.3.6）。
　地上作業員が管内作業員に「雨が結構降ってきたけど水位はどうか」と確認したところ，管内作業員から「結構増えてきた」との返事があった。
　その後，蓋を閉めていたNo.22人孔内から「開けてくれ」との声を聞き，人孔の蓋を開けたところ，管内は満水に近い状況で雨水が流れ，管内作業員1名が人孔側塊最下部の足掛金物に掴まっていたので，監理技術者は急いで縄梯子を下ろしたが，管内作業員は掴みきれず流されたという。
　そこで，監理技術者は既設No.22人孔の516m下流の工事終点にある既設No.10人孔へ行き，蓋を開けて確認したが，流された作業員は発見できなかった。また，気象担当者も，No.22人孔の58m下流に位置する既設No.30人孔へ行き，ロープを垂らして呼びかけたが反応は無かったという。
　なお，気象担当者が既設No.22人孔に戻ったところ，下ろしていた縄梯子を

使って，管内作業員1名が自ら上がって来たため，気象担当者らが介助して路上に引き上げ，1名は救助された。

12：10に119番通報し，12：30頃，東京消防庁が現地に到着，捜索を開始したが，神田川および後楽ポンプ所において，流された5名全員が遺体で発見された。

この事故では，以下の事項が課題としてあげられている。

①作業の中止基準

「水位上昇が確認された場合，作業を中止し，地上に避難」では，十分な退避時間の確保ができなかったと思われるので，明確な「中止基準」が求められる。

②気象情報の把握

気象担当者をはじめ工事関係者に，突発的な局所的集中豪雨などの気象に関する知識や，気象の急変が重大な事故に結びつくという認識が不足している。

③退避の手順等

今回のような急激な水位の上昇を想定した退避手順や退避の方法等が示されていなかった。

④安全対策

作業員が流されるなど，不測の事態に備えるための安全対策を充実する必要がある。また，急激な水位の上昇があっても，作業員が自力で安全を確保できるよう，避難器具・用具の設置が必要である。

2.4 大雨の発生とその原因

今，地球の気象に異変が生じている。いわゆる異常気象が各地で起こっている。気象庁では，「異常気象とは，数十年間に1回程度の現象，あるいは人が一生の間にまれにしか経験しない現象」と定義している。なお，異常気象の発生数の統計によって，定量的に議論する場合には，「ある場所（地域）で30年間に1回程度発生する現象・ある時期（週，月，季節）において30年に1回以

第Ⅱ部　風水害

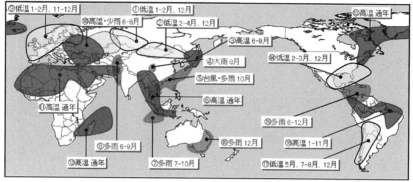

図-2.4.1　2010年の主な異常気象・気象災害の分布

出典：気象庁ホームページ「2010年（平成22年）の世界の天候（速報）」（http://www.jma.go.jp/jma/press/1012/21a/worldclim2010.pdf）。

下で発生する現象」としている。また，大雨や強風などの比較的短時間に激しく現れる気象から夏の猛暑，数か月も続く干ばつなども含まれる。

　図-2.4.1に示すように，2010年世界各国で異常気象・気象災害が続発した。

　ヨーロッパでは1～2月と11～12月，異常低温が続いた（ロシアのモスクワ：1月の月平均気温−14.5℃〔平年差−7.0℃〕，ノルウェーのオスロ：11月の月平均気温−4.2℃〔平年差−3.3℃〕）。

　米国南東部およびその周辺では，2～3月，12月に異常低温（テキサス州ヒューストン：2月の月平均気温9.1℃〔平年差−5.0℃〕，ワシントンDCでは，2月に積雪深が56cmとなるなど降雪量は過去最大になった）。一方，北米東部およびその周辺では，たびたび異常高温（ニューヨーク：7月の月平均気温28.2℃〔平年差＋3.2℃〕）という事態となった。

　中東からアフリカ西部では，たびたび異常高温となった（イランのテヘラン：3月の月平均気温14.7℃〔平年差＋4.2℃〕，エジプトのアスワン：11月の月平均気温26.6℃〔平年差＋5.0℃〕）。

　また，カリブ海周辺では，6～12月に積乱雲の活動が活発となり，たびたび異常多雨となり（コロンビア北部のバランキジャ：7月の月降水量359mm〔平年比

第2章　大雨の発生とその対策

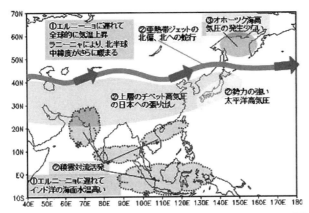

図-2.4.2　2010年夏（6～8月）の日本の極端な高温をもたらした要因の概念図

出典：気象庁ホームページ「異常気象分析検討会の検討結果の概要」(http://www.jma.go.jp/jma/press/1009/03a/extreme100903.pdf)。

686%])，オーストラリア東部では，広範囲にわたる洪水に見舞われた（クイーンズランド州ブリスベン：12月の月降水量453mm〔平年比390%〕）。

このような世界的な異常気象の中で，日本でも2010（平成22）年夏（6～8月）極端な高温が発生した。日本全国の平均気温の平年差（平均気温から平年値〔1971～2000年の30年平均値〕を引いた数値）は＋1.64℃，統計開始以降で最も高い数値を記録し，48地点で最低気温25℃以上の最大日数が更新された。

図-2.4.2に2010年夏（6～8月）の日本の極端な高温をもたらした要因の概念図を示す。気象庁の分析では，主な状況とその発生要因は以下の通りである。

①北半球中緯度の対流圏の気温が1979年以降の夏で最も高かった。

【要因】

対流圏の気温は，エルニーニョ現象終了後に全球的に上昇し，高い状態が数か月続く。また，ラニーニャ現象が発生している夏は，北半球中緯度の気温が高くなる傾向がある。2010年は，春にエルニーニョ現象が終息し，夏にラニーニャ現象が発生した。このため，エルニーニョ現象終了後の昇温効果とラニーニャ現象が発生したことによる影響が重なったので，北半球中緯度の気温が非

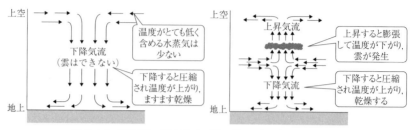

図-2.4.3 「背が高い高気圧」と「背が低い高気圧」の空気の流れ
出典：筆者作成。

常に高くなった可能性がある。

また、北半球中緯度対流圏の気温は長期的に上昇しており、これには地球温暖化が関係している可能性がある。

②日本付近は、勢力の強い太平洋高気圧の影響を受けやすくなった。
【要因】

7月中頃の梅雨明け以降、日本付近の亜熱帯ジェット気流は平年と比べて北寄りに位置し、太平洋高気圧が日本付近に張り出した。また、亜熱帯ジェット気流が日本付近でしばしば北側に蛇行し、上層のチベット高気圧が日本付近に張り出したことに伴い、本州付近で背の高い暖かい高気圧が形成された（図-2.4.3参照）。夏の後半（7月後半～8月）の日本付近での亜熱帯ジェット気流の北偏は、インド洋の対流活動が平年より活発になったことが一因とみられる。また、とくに8月後半から9月初めにかけての日本付近の太平洋高気圧の強まりは、南シナ海北部からフィリピン北東の対流活動が活発になったことが一因と考えられる。

③冷涼なオホーツク海高気圧の影響をほとんど受けなかった。
【要因】

6月は北日本を中心に暖かい帯状の高気圧に覆われたため、かなり高温となった。例年、北・東日本がオホーツク海高気圧の影響を受けやすい夏の前半（6～7月前半）に、オホーツク海高気圧はほとんど形成されなかった。7月後

半には，一時的にオホーツク海高気圧が形成されたが，日本付近の亜熱帯ジェット気流が平年と比べて北寄りに位置し，また，日本の東海上の太平洋高気圧が強かったので，北・東日本はオホーツク海高気圧による影響をほとんど受けなかった。

　これらの原因について，東京大学の中村尚教授らは研究の成果を踏まえて，「世界のどこかで異常気象が起きると，遠く離れた地域で別の異常気象をもたらす，『テレコネクション』と呼ばれる現象が起きる」と指摘している。すなわち，

　①大西洋のメキシコ湾流あたりの中緯度の海で，平年より海水温が1.5〜2℃ほど高い。

　②大西洋の海水温の上昇で温帯低気圧が北にずれた結果，偏西風は大きく北へ蛇行した。

　③ヨーロッパでは寒気が南下したので，フランスでは初夏にもかかわらず，異例の大雪となった。ドイツやオーストリアでは大雨が続き，大きな被害をもたらした。

　④ヨーロッパで異常気象をもたらしたエネルギーは偏西風を次々と蛇行させ，日本には大陸からの乾いた空気が流れ込んだ。

　ここで，「偏西風」とは，地球を東西にめぐって流れる西風のことで，対流圏（地表面から上空約10〜16km）の上層に流れている「亜熱帯ジェット気流」と「寒帯前線ジェット気流」と呼ばれる風速の極大域のことで，南極・北極域の地上付近と低緯度を除いて年間を通じて流れている。この偏西風が蛇行している影響で，異常気象となっていると考えられている（図-2.4.4参照）。

　まず，偏西風の「蛇行」は，地球が自転しているために存在する大気の大規模な「波（ロスビー波）」が原因とされている。

　この「ロスビー波」は，

　①本来は西に進むが，偏西風によって東に流され，停滞することがある。

　②この停滞する「波」のエネルギーは東向きに進むという重要な性質を持っている。

図-2.4.4 2005年12月の大気の流れの特徴
出典:気象庁ホームページ「平成17年12月の天候をもたらした要因について（速報）」(http://www.jma.go.jp/jma/press/0601/25a/thiswinter0125.html)。

「波（ロスビー波）」の生成・増幅のメカニズムは，大気の流れの不安定性によって増幅すると考えられているが，その予測が難しい。

さらに，異常気象の要因として，大規模な海面気圧偏差パターン（テレコネクションパターン）の一つである「北極振動（北極地方と中緯度域の海面気圧が，シーソーのように一方が高いと他方が低くなる現象）」の影響も無視できない。北極地方の海面気圧が平年より高く，中緯度域が低い場合（負の北極振動）には，極域の寒気が中緯度に流れ込みやすい。逆に，正の北極振動の場合，寒気の南下は弱い。

大気以外にも，地球の温暖化の影響が「海」に出ている。その「海」が異常気象の原因となっていると考えられる。

「地球のエネルギーバランス」は大きく崩れ，この100年間で海水温の上昇は世界各地で確認され，平均で0.5℃上がっている。海水温が上がると海から蒸発する水蒸気の量も増え，わずかな水温の変化であっても，大気は大きな影響を受け，大規模な異常気象につながる。

例えば，真夏にはフィリピン沖の海水温は30℃近くまで上がるため，積乱雲が急激に発生し，今世紀中頃には風速70m/秒以上の台風である「スーパー台

風」が日本にも上陸する可能性が高いと言われている。

　そこで，注目せねばならない事項は，水温上昇が深海にまで及んでいる点である。現在，観測機を水深700m以深の深海に沈め，水温を分析した結果，深海の水温も上昇していることが明らかになった。これは，水揚げされる魚に大きな異変が起きていることとも整合性が取れている。

　黒潮から続く暖流が北海道沖へ向かって流れている（暖水塊）ので，通常暖かい海水を好み，主に本州より南でとれる70kgを超えるクロマグロが釧路沖でとれ，三陸沖での水揚げ量が多かったサンマが少なくなっている。

　また，釧路地方におけるサケの漁獲量は，この10年間で約4分の1に落ち込み，サケの水揚げの減少が地域経済に大きな影響を及ぼしている。北海道の沖合に広がる，暖かい海水が低い水温を好むサケを近づけなくしている可能性がある。

　このような海水温上昇に伴う異常気象の増加による災害が巨大化する可能性に十分留意する必要がある。

2.5　状況把握と予測

　豪雨災害は，「集中豪雨」と「局地的大雨」に大別できる。これらは，1時間あたりの雨量ではなく，以下のように定義されている。

　「集中豪雨」：積乱雲が同じ場所で次々と発生・発達を繰り返すことにより起き，重大な土砂災害や家屋浸水等の災害を引き起こす。同じような場所で数時間にわたり強く降り，100mmから数百mmの雨量をもたらす雨。

　「局地的大雨」：単独の積乱雲が発達することによって起き，大雨や洪水の注意報・警報が発表される気象状態でなくても，急な強い雨のため河川や水路等が短時間に増水する等，急激な状況変化により重大な事故を引き起こすことがある。急に強く降り，数十分の短時間に狭い範囲に数十mm程度の雨量をもたらす雨。

　すなわち，ともに比較的短時間にまとまって降る強い雨ではあるが，積乱雲

の発生・発達の違いがある。集中豪雨は数時間降り続くが，局地的大雨は一時的に強まる雨である。結果的には，大雨の継続時間が長い集中豪雨の方が総雨量は多くなる。

気象庁では，表-2.5.1のように「雨の強さと降り方の目安」として1時間あたりの降雨量毎に雨の強さ，人の受けるイメージ，影響や災害状況をまとめている。

先の「**2.2大雨の降る条件**」，「**2.4大雨の発生とその原因**」で記載したように，地球の温暖化などの影響により，急激に積乱雲が発生する結果「記録的短時間大雨」となる場合が増えている。

気象庁では，地上に設置された雨量計による観測，その計測結果や気象レーダーによる観測データにもとづく解析結果によって，数年に1回程度しか発生しないような短時間の大雨を「記録的短時間大雨情報」として各気象台が発表する。その基準は，1時間雨量歴代1位または2位の記録を参考に，概ね府県予報区ごとに決めている。

この記録的短時間大雨情報は，大雨警報発表時にその際の降雨がその地域にとって災害の発生につながるような稀にしか観測しない雨量であることを人々に知らせるための情報であるので，発表時には大雨を観測した観測点名や市区町村等を明記している。

併せてこの情報は，住居地域，あるいはその近くで災害発生につながるような猛烈な雨が降っていることを意味しているので，地元自治体が発表する避難に関する情報に留意し，各自の判断で早めの避難を実施し「自分の命は自分で守る」ことを心がけるように呼び掛けるものである。

早期の避難をするためには，より精度の良い情報を得る必要がある。そのためには，静止気象衛星GMS（Geostationary Meteorological Satellite）「ひまわり」が大いに役立っている。

その1号は，1977（昭和52）年7月に米国フロリダ州ケープカナベラル空軍基地から打ち上げられた米国ヒューズ社製の衛星に米国製の観測機器や通信機器を搭載したものであった（この1号は，1989年6月30日に運用を終了している）。

第2章　大雨の発生とその対策

表-2.5.1　雨の強さと降り方の目安

1時間雨量 (mm)	予報用語	人の受けるイメージ	人への影響	屋内（木造住宅を想定）	屋外の様子	車に乗っていて	災害発生状況
10以上～20未満	やや強い雨	ザーザーと降る	地面からの跳ね返りで足元がぬれる	雨の音で話し声が良く聞き取れない	地面一面に水たまりができる		この程度の雨でも長く続く時は注意が必要
20以上～30未満	強い雨	どしゃ降り				ワイパーを速くしても見づらい	側溝や下水,小さな川があふれ,小規模の崖崩れが始まる
30以上～50未満	激しい雨	バケツをひっくり返したように降る	傘をさしていてもぬれる	寝ている人の半数くらいが雨に気がつく	道路が川のようになる	高速走行時,車輪と路面の間に水膜が生じブレーキが効かなくなる（ハイドロプレーニング現象）	山崩れ・崖崩れが起きやすくなり危険地帯では避難の準備が必要 / 都市では下水管から雨水があふれる
50以上～80未満	非常に激しい雨	滝のように降る（ゴーゴーと降り続く）	傘は全く役に立たなくなる		水しぶきであたり一面が白っぽくなり,視界が悪くなる	車の運転は危険	都市部では地下室や地下街に雨水が流れ込む場合がある / マンホールから水が噴出する / 土石流が起こりやすい / 多くの災害が発生する
80以上～	猛烈な雨	息苦しくなるような圧迫感がある。恐怖を感じる					雨による大規模な災害の発生するおそれが強く,厳重な警戒が必要

出典：気象庁ホームページ「雨の強さと降り方」(http://www.jma.go.jp/jma/kishou/know/yougo_hp/amehyo.html)。

第Ⅱ部　風水害

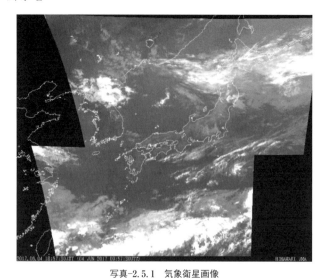

写真-2.5.1　気象衛星画像
出典：気象庁ホームページ「気象衛星」(http://www.jma.go.jp/jp/gms150jp/)。

　続いて，2号は，1981（昭和56）年8月に鹿児島県の種子島宇宙センターから打ち上げられた国産ロケットに1号と同様，米国製の観測機器や通信機器を搭載した静止気象衛星であった。5号までは，1号，2号同様静止気象衛星である。

　次に，6号（2005〔平成17〕年2月打ち上げ，2015〔平成27〕年7月まで運用）と7号（2006〔平成18〕年2月打ち上げ，現在運用中）は運輸多目的衛星MTSAT（Multi-functional Transport Satellite）として打ち上げられた。

　なお，「ひまわり」は世界気象機関（WMO）と国際科学会議（ICSU）が共同で行った地球大気観測計画（GARP：Global Atmospheric Research Program）の一環として計画されたもので，得られた気象情報を日本国内だけでなく，東アジア・太平洋地域の他国にも提供している。2015年7月7日よりひまわり8号が気象観測を行い，現在，9号まで打ち上げられている。また，ひまわり9号が2022年から運用される見通しである。

　気象庁では，静止気象衛星により観測した雲画像を10分ごとにHPに掲載し

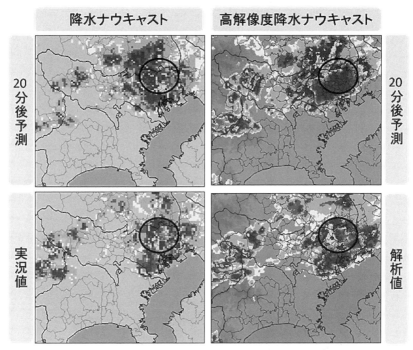

図-2.5.1 高解像度降水ナウキャストの実例
出典：気象庁ホームページ「平成26年6月29日16時00分を初期値として16時20分を予測した予測値とその時間の実況及び解析値」(http://www.jma.go.jp/jma/kishou/know/kurashi/highres_nowcast.html)。

ており，2.5分ごとに観測した日本域の画像は，気象衛星（高頻度）のページで閲覧できる（写真-2.5.1参照）。

また気象庁は，レーダーの観測結果を雨量計で補正した値を予測の初期値として20分後の予測値を示す「降水ナウキャスト」を提供してきた。

さらに，気象庁で雨量観測用として全国20か所に設置していた気象ドップラーレーダーに加えて，国土交通省のXバンドMPレーダネットワーク（XRAIN）を利用する枠組みを構築し，レーダー観測データの距離方向の解像度を従来の500mから250mに向上させた。1分ごとに約250m四方というキメ細かい雨の分布ならびに短い時間間隔で降雨の状況を発信するために，精度向上を目指した「高解像度降水ナウキャスト」が運用されるようになった。キメ

細かく,短い時間間隔で雨を観測できるので,急激に発達する雨雲を捉えることができるようになり,深刻な水害を引き起こす集中豪雨や局所的大雨に対して,防災や避難指示などに役立てることができる可能性が高まっている。

この「高解像度降水ナウキャスト」と従来の「降水ナウキャスト」の違いは,後者では解析の出力である予測の初期値を「実況値」としていたのに対し,前者では「解析値あるいは実況解析値」としている点である(図-2.5.1参照)。

また,「降水ナウキャスト」が2次元で予測するのに対し,「高解像度降水ナウキャスト」では,降水を3次元で予測する手法を導入して精度向上が図られている。さらに,地表付近の風,気温,および水蒸気量から積乱雲の発生を推定する手法と,微弱なレーダーエコーの位置と動きを検出し,積乱雲の発生を予測する手法を用いて発生位置を推定し,対流予測モデルを使って降水量を予測可能とする段階となっている(図-2.5.2参照)。

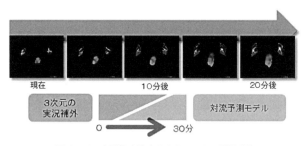

図-2.5.2 高解像度降水ナウキャストの予測手法
出典:気象庁ホームページ「高解像度降水ナウキャスト」(http://www.jma.go.jp/jma/kishou/know/kurashi/highres_nowcast.html)。

第3章
台風および高潮による災害の歴史

3.1 台風の発生メカニズムと被害発生の実例

　毎年のように，日本列島は台風禍に見舞われている。そのたびに，暴風雨が吹き荒れて建物が倒壊し，浸水被害が発生している。我々が住んでいる地域に甚大な被害が生じ，人命が失われることもある。

　台風が襲来すると，風害，水害さらには高潮害や波浪害が引き起こされる。我々が留意すべきは，これらが単独で発生するのではなく，複合して発生することによって，さらに大きな被害となる点である。

　台風は暖かい海面から供給された水蒸気が凝結して雲粒になるときに放出される熱をエネルギーとして発達するが，移動する際に海面や地上との摩擦により絶えずエネルギーを失う。したがって，仮にエネルギーの供給がなくなると2～3日で消滅する。また，日本付近に接近すると上空に寒気が流れ込み，次第に台風本来の性質を失って「温帯低気圧」に変わる。

　熱エネルギーの供給が少なくなれば，「熱帯低気圧」に変わることもある。これは，上陸した台風が急速に衰えるのは水蒸気の供給が絶たれ，さらに陸地の摩擦によりエネルギーが失われることが理由とされている。

　1951年以降2016年まで，1,726個の台風が発生し，うち日本に上陸したのは192個であった。上陸数が一番多かったのは，2004年の10個である。

　とりわけ，1945年の枕崎台風，1947年のカスリーン台風，1954年の洞爺丸台風，1959年の伊勢湾台風などでは甚大な被害が記録されている。

　また，社会経済活動が集中する三大都市圏は，東京湾，大阪湾，伊勢湾の三大湾に面し，いずれも高い高潮災害ポテンシャルを有している。したがって，

台風・高潮は十分留意すべき自然現象である。

本章では，まず台風の定義や高潮の発生メカニズムを説明する。次に，国内外の被害事例を紹介することによって，台風・高潮は今までいかに人々に甚大な被害を与えてきたかについて紹介する。

3.2 台風とは

台風は直径が数百 km ほどの大気の渦で，気圧の低い中心に向かって周りから風が吹き込み激しく上昇するので，中心域で強い風と雨をもたらす。このエネルギー源は，熱帯・亜熱帯域の海水に貯えられた大量の太陽熱であり，この熱が大気を温めて上昇させ，風を呼び込み，しだいに大きな渦に成長して台風となる。厳密には，「台風とは最大風速（10分平均地上風速の最大値）が17m/s（34ノット）以上の熱帯低気圧」と定義付けられている。

「台風」とは「熱帯低気圧」(tropical cyclone) の北西太平洋域での呼び名であり，同じ北太平洋でも，東経180度より東側や北大西洋では「ハリケーン」と呼ばれ，インド洋や南太平洋域では「サイクロン」と呼ばれている。しかし，基本的には同じ大気現象であるから，共通の呼び方に相当するのが，「熱帯低気圧」である。

また，地球は北極点と南極点を結ぶ地軸（公転面の法線に対して，約23.43度傾いている）を中心に自転しているので，コリオリ力が働いている。北半球では，地球が東向きに自転しているので，このコリオリ力の他に，気圧傾度力，遠心力，摩擦力の4つの力が釣り合った状態で，等圧線と約30度の角度を持ちながら，台風は反時計まわりに内側に向かって螺旋状に吹く。すると，進行方向の右側では台風の進行速度が加算されて風速の大きい領域が出現する。

なお，赤道上の地表面（海面）では，回転成分を持っていないので，鉛直軸まわりの地表面の回転の度合いを表す係数（コリオリ係数）は，北半球では北極で最大で，緯度が低くなるにつれて小さくなり，赤道ではゼロである。一方，大洋の西部では，海流は低緯度から高緯度へ向かうので暖流が流れ，より高緯

第**3**章 台風および高潮による災害の歴史

表-3.2.1 台風の勢力の表し方

●大きさの階級分け

階　級	風速15m/s 以上の強風域の半径
大型（大きい）	500km 以上～800km 未満
超大型（非常に大きい）	800km 以上

●強さの階級分け

階　級	最大風速
強　い	33m/s（64ノット）以上～44m/s（85ノット）未満
非常に強い	44m/s（85ノット）以上～54m/s（105ノット）未満
猛烈な	54m/s（105ノット）以上

出典：気象庁「台風の大きさと強さ」(http://www.jma.go.jp/jma/kishou/know/typhoon/1-3.html)。

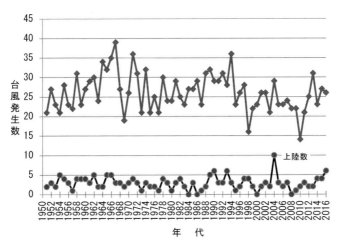

図-3.2.1 台風の発生数（1951～2016年）
出典：気象庁「台風の発生数（2016年までの確定値）」(http://www.data.jma.go.jp/fcd/yoho/typhoon/statistics/generation/generation.html)。

度まで海水温度が高くなるので熱帯低気圧が多く発生し，また移動しながら成長を続け，やがては多くの台風が発生することになる。

したがって，赤道付近では大気の渦をつくる力が弱いので，海水温は高くても台風は発生せず，この回転運動の有無が台風の発生にとって重要となってい

207

ることを示唆している。

　一般に，台風の勢力は「大きさ（風速15m/s以上の強風域の半径）」と「強さ（最大風速）」で表される（表-3.2.1参照）。

　地球の温暖化に伴い，海水温上昇のために，今世紀中には猛烈な台風（スーパー台風）が日本にしばしば上陸する可能性が指摘されている。

　図-3.2.1に1951年から2016年までの台風の発生数と日本への上陸数を示す。これによれば，台風の年平均の発生数は約27，本土への上陸数は年平均2.9である。

　2004（平成16）年には，9月に発生した台風18号，10月に発生した23号に代表される10個の台風が日本に上陸した。

　台風18号は，長崎県に上陸した後，九州北部を縦断して日本海を北東に進み，暴風域を伴ったまま北海道の西海上を北上した。この台風により，全国的に20m/s以上の非常に強い風が吹き，西日本，北海道を中心に死者・行方不明者46人などの被害が発生している。

　また，23号は，沖縄本島から奄美諸島沿いに進み，大型で強い勢力を保ったまま高知県に上陸し，四国地方，近畿地方，東海地方を通過して関東地方で温帯低気圧となった。前線の影響もあり，大量の雨（四国地方と大分県で500mm超え，近畿北部，東海地方，甲信地方で300mmを超えた）により，兵庫県を流れる円山川，出石川と京都府を流れる由良川が氾濫して家屋の浸水や耕地の冠水などが多く発生した。

　この2004年に台風が集中して上陸した原因として，地球規模で気圧配置に変動を起こすエルニーニョ・ラニーニャ現象はこの時期前後には発生していなかったが，気圧配置を決める地球規模の大気循環の変動による太平洋高気圧の配置が例年と異なっていた点が考えられている。

　太平洋西部海域（主としてフィリピン東方海域）で発生した台風は，暖かい黒潮に沿って勢力を維持・拡大しながら北上して，日本列島に来襲する。発生域を吹く偏東風（貿易風）に流され夏の太平洋高気圧の西の縁を回り込むようにして北西に向かい，北緯25度付近（ほぼ沖縄の緯度）にある亜熱帯高圧帯の気圧

の尾根を越えると，上空の偏西風に流され速度を増して北東に向かう，というのが典型的なコースである（図-3.2.2参照）。したがって，台風の経路は，太平洋高気圧の位置と勢力，上空の気流の状態などに左右される。

台風の風と雨は台風の中心に向けて真っ直ぐにではなくて，かなり斜めの方向に反時計回り（左巻き）に吹き込むので，台風の雲は左巻きの渦巻き状である。偏西風の流れに乗ると，移動速度は秒速20m（時速72km）以上にも達し，台風進行の右側（通常北に進行するので東側）では，左巻きに吹き込む風の速度にこの移動速度が加わるので，その反対となる左側（西側）に比べて風がより強く吹くことになり危険である。

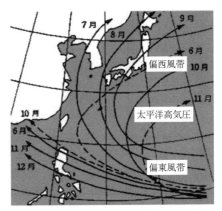

図-3.2.2　台風の月別の主な経路
出典：気象庁ホームページ (http://www.jma.go.jp/jma/kishou/know/typhoon/1-4.html)。

眼がはっきりしているような発達した段階の台風では，中心から100kmほど離れたところで風が最も強く吹く。台風の眼は遠心力が働いて風がそれ以上吹き込めない範囲となるため風が弱まるとなくなる。

3.3　高潮の発生メカニズムと最大潮位

3.3.1　高潮の発生メカニズム

高潮とは，気象的な原因により海面の高さ（潮位）が長時間にわたって平常よりも高く盛り上がる現象である。災害をもたらすような大きな高潮の大部分は，台風によって引き起こされるものであり，プレート境界で発生する海溝型地震により発生する津波とは発生原因を異にする。また，津波は10分程度の間隔で何度も繰り返す波であるのに対し，台風による高潮は小さな振動は加わ

第Ⅱ部　風水害

図-3.3.1　高潮の発生メカニズム

出典：気象庁ホームページ（https://www.data.jma.go.jp/gmd/kaiyou/db/tide/knowledge/tide/takashio.html）。

が，数時間続くほぼ1つの大きな波である。

　高潮の主な発生原因は，台風の中心域での低い気圧による海水の「吸い上げ（図-3.3.1のA部分）」と，強風による海岸への海水の「吹き寄せ（B部分）」である。さらに，天文潮が加わったものが実際の潮位になるので，満潮時には潮位は一層高くなることに留意する必要がある。ただし，干潮時でも強い台風であれば，大きな高潮が発生するので，警戒せねばならない。

　また，台風が接近・上陸している時は高潮の規模が大きくなる可能性が高い。北半球に位置しているわが国では，台風は反時計回りに強い風が吹き込み，進行方向の右側が強いので，南に開いた太平洋湾ではその東側で非常に強い南風が吹き寄せて高潮が発生する。すなわち，遠浅の海岸や奥深いV字状の湾など地形的に高潮被害が発生しやすい場所もある。

　なお，気象庁では，波浪注意報・警報の対象になる程度の高い波を「高波」としているが，数字としては定義していない。一方，風が吹いてその場所に発生する「風浪」，他の場所で発生した風浪が伝播，あるいは風が静まった後に残された「うねり」の両者を合わせて「波浪（風によって発生する周期が1～30秒程度の波）」としている。

3.3.2　最大潮位

　「吸い上げ量」は，気圧が1hPa下がると海面はほぼ1cm高くなるので，最低気圧が予想できれば，1,013hPa（1気圧）との差から算出できる。また，「吹き寄せ量」は，台風の最大風速の2乗にある定数（湾の形や深さなどに依存する

第3章 台風および高潮による災害の歴史

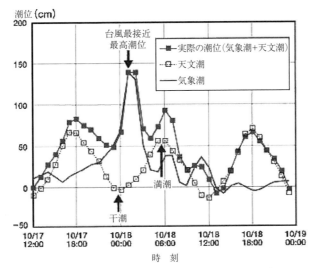

図-3.3.2 台風の通過と実際の潮位（1998年台風第10号）
出典：気象庁パンフレット「台風と熱帯低気圧の表現変更」(http://www.data.jma.go.jp/kaiyou/db/tide/knowledge/tide/takashio.html)。

値，通常0.15〜0.2）を乗じて求めることができる。

例えば，1934年に襲来して京阪神地方に大きな被害をもたらした室戸台風（死者2,702人，不明334人）では，最低気圧912hPaが記録されたので，「吸い上げ量」は約1m，最大風速50m/sと記録されているので，「吹き寄せ量」は5m程度と想定される。

通常，満潮と高潮が重なれば，潮位は一層上昇するので，大きな災害が発生しやすくなる。ただし，図-3.3.2は，1998年10月18日台風第10号が通過した際の大阪湾における潮位の変化を表している。干潮の直後の1時頃に台風が最接近して潮位が最も高くなった事例である。

したがって，台風が干潮時刻に来襲する場合でも高潮災害と無縁にはならず，高潮災害の防止のためには，台風や低気圧の接近時刻などの気象情報に留意し，早めの警戒が重要である。なお，既往の高潮による災害を次のページに示す（表-3.3.1）。

表-3.3.1 高潮被害（死者数）

発生年月	台風名 （ハリケーン・サイクロン）	主な被害場所	最大潮位	死者数	
1959.9	伊勢湾台風	名古屋	最大3.9m	約4,000	全国で5,040
1900.9	GALVESTON 1900	米国テキサス州	最大4.6m	約6,000	
1970.12	ボーラ・サイクロン	東パキスタン	最大10m	最大推定500,000	
2005.8	ハリケーン・カトリーナ	米国ルイジアナ州	最大4m以上	約1,300	

出典：筆者作成。

3.4 国内の被害事例

3.4.1 カスリーン台風

カスリーン台風は，1947（昭和22）年9月14～15日，当時，終戦後の占領下であった東京都，埼玉県，群馬県，栃木県などを初めて襲った大型台風である。紀伊半島沖から北東の方向に進み，16日に房総半島をかすめて太平洋沖に進んだ（図-3.4.1参照）。日本に接近した際，すでに衰えていたが，台風の影響で日本付近に停滞していた秋雨前線の活動が活発化し，関東地方ならびに東北地方では猛烈な雨となった典型的な雨台風であった。

利根川上流域では，9月13日からの3日間の総雨量が300mm以上を記録し，群馬県，栃木県では土石流や河川の氾濫が多発した。関東南部では利根川と荒川の堤防が決壊し，埼玉県東部から東京で多くの家屋が浸水した（表-3.4.1参照）。

カスリーン台風襲来時，利根川や渡良瀬川では，異常な水位上昇により延長1,300mにわたって越水，その越水した水により堤防が徐々に破壊されたため大規模な洪水となった。例えば，江戸時代から「ここが切れたら浅草の観音様の屋根まで水に浸かる」と言われた利根川右岸，東村堤防の決壊もその一例である（写真-3.4.1参照）。この氾濫流は，東京と埼玉の都県境である大場川の桜堤までも破堤させ，その後中川右岸も決壊，東京都葛飾区，江戸川区，足立区まで達した。

とくに，利根川流域の右岸埼玉県北埼玉郡東村新川通地先（現 加須市）にお

第3章　台風および高潮による災害の歴史

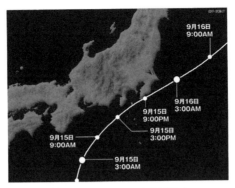

図-3.4.1　カスリーン台風経路図
出典：関東地方整備局ホームページ（http://www.ktr.mlit.go.jp/river/bousai/river_bousai00000007.html）。

表-3.4.1　関東地方都県別被害状況

都県名 被害状況	死亡者（人）	家屋の浸水（戸）	家屋の倒半壊（戸）	田畑の浸水（ha）
東京都	8	88,430	56	2,349
千葉県	4	917	6	2,010
埼玉県	86	78,944	3,234	66,524
群馬県	592	71,029	21,884	62,300
茨城県	58	18,198	284	19,204
栃木県	352	45,642	5,917	24,402
合計	1,100	303,160	31,381	176,789

出典：建設省関東地方建設局『利根川百年史　治水と利水』1987年より。

いては，延長が最大で350mにも及び堤防が決壊した。本川および支派川では合わせて24か所，約5.9kmの堤防が決壊した。その結果，写真-3.4.2，写真-3.4.3に示すように，旧栗橋町では甚大な被害が発生した。

なお，台風禍が発生した時は，連合国軍最高司令官総司令部（GHQ：General Headquarters）が日本を占領していた。

戦後，日本社会が大きく揺れ動いた頃，すなわち，1946（昭和21）年11月3日に日本国憲法が公布され，翌1947（昭和22）年5月3日に施行された時期に襲来した台風であった。台風名もGHQ気象観測隊によって「カスリーン」と

第Ⅱ部　風水害

写真-3.4.1　破堤箇所（利根川，渡良瀬川合流地点付近　×印）
出典：関東地方整備局ホームページ（http://www.ktr.mlit.go.jp/tonejo00189.html）。

写真-3.4.2　埼玉県久喜市(旧栗橋町)被害状況①　写真-3.4.3　埼玉県久喜市(旧栗橋町)被害状況②
出典：関東地方整備局（http://www.ktr.mlit.go.jp/yanba/yanba_kouzui01.html）。　出典：写真-3.4.2に同じ。

米国流に女性の名前が命名され，カスリーン台風襲来に対する占領国からの援助に関する記録も残されているので，日米相互の思いを知ることができる。

なお，この台風被害を教訓として，1949（昭和24）年に利根川など全国10水系を対象に「河川改訂改修計画」が策定され，多くのダム建設が計画されることになった。

3.4.2 伊勢湾台風

1959（昭和34）年9月21日マリアナ諸島の東海上で発生した台風第15号は，猛烈に発達したまま北上して26日18：00頃に和歌山県潮岬の西に上陸し，本州を縦断した後でいったんは日本海に抜け，東北地方北部を通って太平洋側に抜けた（図-3.4.2参照）。なお，九州から北海道にかけてのほぼ全域で20m/sを超える最大風速と30m/sを超える最大瞬間風速を観測し，最低海面気圧936hPaを記録した。伊勢湾台風と名付けられたこの台風の影響で，東海地方を中心に中国・四国地方から北海道までの広い範囲にわたって死者・行方不明5,098名を出す大災害となった（愛知，三重では4,651名）。

伊勢湾台風は，わが国観測史上最強・最大の上陸台風である室戸台風（1934年9月21日上陸，上陸時の気圧：911.6hPa，死者・行方不明：3,036名）に比べ，台風のエネルギーとしてはその半分程度であったが，大災害となった。

以下，その原因を「素因」「誘因」「被害を拡大させた原因」に分けて述べる。

1）素因

伊勢湾は一般的に高潮が発達しやすいと言われている水深の浅い湾であり，その奥に形成されている沖積平野に輪中で守られた集落や干拓によって陸地化された臨海部低平地が広がっているのが「濃尾平野」である。この地域に甚大

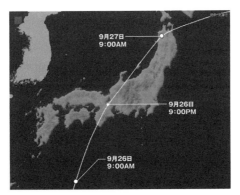

図-3.4.2　伊勢湾台風経路図
出典：中部地方整備局ホームページより作成。

な被害が発生した。伊勢湾台風禍は，この「素因」によってもたらされたものと言える。

2）誘因

上陸時の中心気圧こそ当時観測史上4番目の929.5hPaであったが，台風によって生じた高潮は伊勢湾の地理的条件も加わって，名古屋港では，観測史上最高の3.55mに達し，その時までの最高であった室戸台風襲来時の大阪における2.9mをはるかに上回った。さらに，満潮に近い潮汐が加わった結果，名古屋港でのそれまでの最高潮位を1m近く上回るT.P.＋3.89mに達した。これに，強風による高波が加わって被害をさらに大きくしたため，「堤防の決壊」や「住宅地への浸水」が現実のものとなった。このように，「未曾有の高潮の発生」と「臨海部低平地の堤防の決壊」が「誘因」となったものと考えられている。

3）被害を拡大させた原因

①高潮災害の危険地帯に対する自覚の欠如および警戒心の不足があった。

26日11：15，気象台から高潮警報が発令された。これは，名古屋港での潮位が最高位に達した時刻の約10時間前であった。

したがって，伊勢湾台風来襲の6年前，1953（昭和28）年の台風第13号によって大きな被害が発生した知多半島から三河湾の碧南，美浜，武豊，内海の市町村では発令が13：00～16：30と比較的早かったので，犠牲者は26名に留まった。

これに対し，6年前にはさほど被害がなかった伊勢湾奥部の市区町村，とくに長島町などの低平地における避難命令が出たのは，高潮警報発令後約8時間後の19：00と遅かった。発令された時には停電のために真暗闇で，暴風雨中での決死の避難となった。その結果，湾奥の飛島村，弥富町，木曾岬村，長島町の4町村だけで1,163名の犠牲者が出た。

なお，同じ三重県の楠町は，町民の水防意識が高く，水防を最重要施策の一つとしている町であった。すなわち，「気象台からの情報と自前の気象計測器による現況把握」「高潮災害発生の予想」「水防態勢と避難措置の協議」「町人口の1/4に近い2,500人の水防団・消防団の待機出動の指示，避難命令の発

令」「水防団による伝達・誘導」など迅速な対応が可能となり，犠牲者ゼロであった。このように，「過去の被災経験」と「その受け止め方の差」が避難行動に大きな影響を及ぼしたと考えられる。

②大量の輸入木材が名古屋港貯木場へ集積し，さらに市街地へ流出したこと。さらに，来襲が夜間であったことや停電となったこと。

③毎年のように1,000人を超える台風災害による犠牲者が続いた戦後の混乱期を脱し，社会がこれから成長期に転換するだろうという慢心があったこと。

伊勢湾台風による高潮被害を教訓に，高潮のエネルギーを港の外側で減少させ，港内や内陸部への影響を極力弱めるために，名古屋港の知多堤から鍋田堤までの全長約7.6km，高さ6.5mの高潮防波堤建設などの対策が実施された。

このような防災対策の進展を促すとともに，2年後の1961（昭和36）年11月に「災害対策基本法」（国民の生命，身体及び財産を災害から保護し，もって，社会の秩序の維持と公共の福祉の確保に資することを目的とする）が制定され，国や地方自治体の防災体制の基本を定めることとなった。伊勢湾台風の被害が高潮防災計画のひとつの基準となったのである。

3.4.3 その他，顕著な被害があった国内における台風

①1950（昭和25）年9月のジェーン台風

9月3日高知県室戸岬のすぐ東を通り，10：00頃徳島県日和佐町付近に上陸した。淡路島を通過し，12：00過ぎ神戸市垂水区付近に再上陸，速度を上げて北上し，13時半頃京都府舞鶴市付近から日本海に進んだ。

大阪湾で顕著な高潮が発生し，死者398名，行方不明者141名を数えた。

②1954（昭和29）年9月の洞爺丸台風

乗員乗客1,139名が死亡した洞爺丸を含め5隻が遭難した。これを契機に，青函トンネル事業が実現に向けて動き出した。

③1961（昭和36）年の第二室戸台風

室戸岬で最大瞬間風速84.5m/s以上を記録するなど，暴風と高潮による被

害が顕著で，死者194名，行方不明者8名を数えた。

④2004（平成16）年の台風第23号

由良川氾濫を含め，全国で被害が発生した（死者・行方不明約100名）。

3.5　海外の台風・高潮被害事例

3.5.1　2005年ハリケーン・カトリーナ

8月29日に米国ニューオリンズ付近に上陸したハリケーン・カトリーナ（メキシコ湾内：最低気圧902hPa，最大風速77m/s，上陸時：最低気圧920hPa，最大風速62m/s）はアラバマ州，ミシシッピ州，ルイジアナ州の沿岸部に高潮・高波による甚大な災害を発生させた（図-3.5.1参照）。被災した地区は，①ポンチャントレン湖の高潮による災害（17th Street Canal, London Av. Canal の破堤によるニューオリンズ市街の浸水災害），②アラバマ州からルイジアナ州にわたるメキシコ湾の高潮による災害（ニューオリンズ東部に位置する Inner Harbor Navigation Canal の越流・破堤による 9 th Ward 地区や港湾・工業地区の浸水災害）に二分化できる。

ただし，これらは，ボーン湖を含むメキシコ湾の高潮に起因するものであり，ニューオリンズ東側の地区やその南の沿岸地区およびアラバマ州からミシシッピ州にわたる100km に及ぶ長い海岸にも甚大な浸水災害を発生させている（図

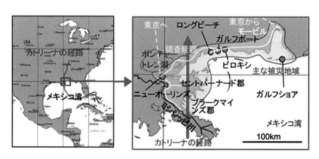

図-3.5.1　ハリケーン・カトリーナの経路
出典：国土交通省ホームページ（http://www.mlit.go.jp/kowan/kaiikiriyou/060301/04.pdf）。

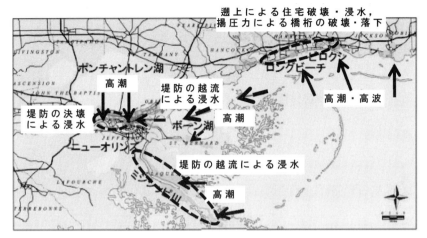

図-3.5.2　被災地詳細図

出典：国土交通省，港湾空港技術研究所（http://www.pari.go.jp/unit/kaisy/files/items/1581/File/katrina-rep20051101.pdf）一部加筆。

-3.5.2参照）。

日本では，主としてニューオリンズ市街や9th Ward 地区の浸水災害が知られているが，広範囲にわたる災害であることや被災のメカニズムについても留意する必要がある。

なお，ポンチャントレン湖の高潮による海面の上昇は3mから3.5mであり，アラバマ州からミシシッピ州にわたる海岸の高潮は3mから7mという調査報告もある。

①ニューオリンズの市街地と東側地区の浸水原因

ポンチャントレン湖の高潮は4m程度の運河堤防の天端近くまで達したが，堤防を越えてはおらず，ニューオリンズの市街地にある運河の水位が堤防の天端に達する前に水圧によって堤防が決壊したと考えられる。

また，ボーン湖はメキシコ湾につながっており，水位が海岸や水路の堤防の天端を超えており，非常に大きな災害となったと想定されている。

②アラバマ州からミシシッピ州の海岸における高潮・高波災害

ロングビーチから延長100km以上までは，3mから7mという大きな高潮とそれに伴う高波によって，海岸線から200～300m内陸まで建物が破壊され，約1,000mまで浸水した。

3.5.2　2003年台風0314号　韓国・馬山被害

2003（平成15）年9月12日深夜に台風0314号（アジア名：Maemi）が韓国に上陸し，死者・行方不明130名，被害総額約4兆8,000億ウォン（4,800億円）に上る災害が発生した。

台風通過時に強風と高潮による水害に見舞われた馬山市は，韓国南部の釜山市の西側に位置し，南方に湾口を持つ細長い入り江状湾の奥に開けた都市である。その馬山市にあるビル（地下1階が駐車場，地下2階が居酒屋，地下3階がカラオケ店）の地下2階で8人が亡くなった。地下3階にある電源室が浸水したため停電した。

馬山市には大きな漁港があり，埠頭岸壁の背後には店舗などの建物が建ち並ぶ。その中の一つの店舗（地下は駐車場）の地下へのスロープ（入口は海側）から海水が侵入した事例もあった（写真-3.5.1参照）。

また，埠頭岸壁から概ね500mの範囲に林立する高層マンションの地下駐車場にも浸水した（写真-3.5.2参照）。

写真-3.5.1　地下駐車場への入口
出典：国土交通省，港湾空港技術研究所（http://www.pari.go.jp/search-pdf/no1210.pdf）。

写真-3.5.2　地下駐車場への浸水跡
注：矢印の位置まで水位が達した。
出典：写真-3.5.1に同じ。

埠頭岸壁から500mを過ぎれば山に向かった斜面が始まり，地盤はしだいに高くなり，埠頭岸壁から700mほど離れたところに立地する建物ではほとんど浸水の被害はなかった。

第4章
土砂災害とその対策

4.1 土砂災害を概観する

　日本の総面積約38万 km^2 のうち，「山地」「丘陵地」を合わせると約7割となり，残りの狭い国土の中に，約1億3,000万人が生活しているわが国には，山紫水明と呼ばれている風光明媚な所が数多くある。すなわち，木々が生い茂り，自然を満喫できる風景がある。しかし，断層による破砕帯や火山噴気や温泉による変質，さらに風雨などによる岩盤の風化などが加わり，地形・地質の変化が発生すると斜面変動が起きやすい自然条件（素因）となる。

　土砂災害は，山や崖などの斜面を構成する岩石や土などが重力により下方に移動することによって生じる災害である。土砂災害を引き起こす斜面変動には，「土砂崩れ（斜面崩壊）」「土石流」「地すべり（地滑り）」などさまざまなタイプがあるが，これらは斜面を構成している物質（土・岩石・崩積土）の性質や，それが水をどの程度含んでいたか，また斜面勾配や植生など移動する経路の状況などによってその移動様式が変化する。

　土砂災害を引き起こすトリガー（誘因）としては，豪雨，長雨，地震，火山噴火，融雪，人為的改変などさまざまあるが，日本ではいずれの誘因も大きく作用している。しかし，地震など発生予測が難しい誘因もあり，また誘因ごとに不安定化のメカニズムも異なることから，土砂災害の発生予測は難しいのが現状である。

　わが国における住居地域は河川堆積物の平野部，または急傾斜な地域に隣接した山麓部に多く点在しており，古くから河川洪水や土砂災害に見舞われてきた。そのため，先人たちは被害事例から多くの知見を得て，対策を講じてきた。

科学技術が進歩してきた現在では,「現状」をモデル化して,数値解析の実施により対策効果を定量的に把握し,さらにはもっと費用対効果のある対策工法を編み出してきている。しかしそれにもかかわらず,土砂災害によって毎年のように多くの人命が失われてきているのが現状である。

本章では,まず斜面変動の区分や被災事例を紹介し,土砂災害対策の流れについて述べる。

4.2 土砂災害とは

4.2.1 土砂災害の種類

土砂災害のうち,我々にとって身近に発生しているのが斜面崩壊であり,斜面表層・深層の土砂や岩石が地中のある面を境にして滑り落ちる現象である。一般的に「地すべり」「崖崩れ」「土石流」に大別される。これらは,土砂災害の形態を表した言葉であり,崩壊の形態は表層崩壊,深層崩壊に大別される。

①地すべり(図-4.2.1参照)

地すべりは,比較的ゆるやかな斜面において,地中の滑りやすい層(粘土など)が地下水の変動などの影響で,ゆっくりと動き出す現象である。広い範囲にわたって起こる場合が多く,最初は遅い速度で変化するが,安定性を保つことができない「不安定状態」になれば一気に滑ることが多い。

②崖崩れ(図-4.2.2参照)

崖崩れは,降雨など地面にしみ込んだ水分によって地盤の抵抗力が弱くなり,斜面が突然崩

図-4.2.1 地すべりの模式図

図-4.2.2 崖崩れの模式図

図-4.2.3 土石流の模式図

出典:図-4.2.1〜図-4.2.3いずれも,国土交通省ホームページ「土砂災害」(http://www.ktr.mlit.go.jp/river/bousai/river_bousai)より。

れ落ちる急斜面で発生する災害である。突発的に起こり，速いスピードと強い破壊力を持つことが特徴である。岩石などの崩落を伴うこともあり，人命や財産が損なわれる場合が多い。

③土石流（図-4.2.3参照）

　土石流は，大雨により谷や斜面にたまった土砂が雨による水と一緒に一気に流出して発生する。谷筋を流れる河川や扇状地などで発生する場合が多い。速いスピードと強い破壊力によって，崖崩れと同様，人命や財産を奪う災害を引き起こす。

4.2.2 発生メカニズム

①地すべりの発生メカニズム

　「地すべり」は，斜面の一部あるいは全部が地下水の影響と重力によってゆっくりと斜面下方に移動する現象である。移動土塊量が大きいので，甚大な被害を及ぼす場合が多い。粘土等滑りやすい地層（図-4.2.1参照）を境として，一度動き出すとこれを完全に停止させることは非常に困難となり，地表面の一部か全部が滑り動く。

　わが国の地盤は，地質的に脆弱であり，さらに梅雨や台風などの豪雨を誘因として毎年各地で地すべりが発生している。

　なお，一般的にある仮想の点を中心にあたかも円弧を描くような滑り面が現

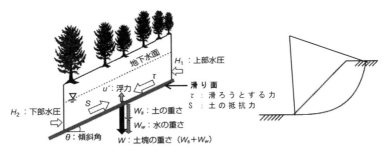

図-4.2.4　斜面における力の分布と円弧すべりの模式図

出典：社団法人地盤工学会『斜面の安定・変形解析入門―基礎から実例まで―』（入門シリーズ32）2006年．

図-4.2.5 トップリングによる岩石の崩落

出典：公益社団法人 日本地すべり学会 新潟支部「地すべりハンドブック」(http://www.landslide-niigata.org/handbook/01CARYGNJX.pdf)。

図-4.2.6 土石流の発生メカニズム

出典：国土交通省「土石流とその対策」(http://www.mlit.go.jp/mizukokudo/sabo/dosekiryuu_taisaku.html)。

れることから「円弧すべり」と呼ばれていることが多い（図-4.2.4参照）。

②崖崩れの発生メカニズム

一般に，「崖」は急傾斜地の斜面そのものや，大雨などで地面に水が浸み込んだり，地震の影響で急激に崩れ落ちてできた斜面を指す。崖が形成される原因は，「地形の傾斜」「表流水の存在」「地質構成」などの土地が持っている性質（素因）や引き金となる豪雨，融雪，地震など（誘因）が関係する。斜面の傾斜角度の緩い箇所では，誘因となる現象が生じても，崖は形成されない。したがって，崖が形成されるにはある程度以上の斜面の傾斜角が必要であるが，斜面の形状や構成する地質などの違いによって，異なるので定量的には決定できず，傾斜角度はある程度の幅を持たせて評価せざるをえない。

また，崖が崩れる速さは地すべりの0.01～10mm/dayと比較すれば，10mm/day以上の速度ときわめて早く，岩石や土塊の崩落を伴うこともあるので（図-4.2.5参照），発生してから避難することはできないこともある。

③土石流の発生メカニズム

土石流の中で最も多いのは，大雨によって山の斜面が崩壊した結果発生した土塊が砕けながら谷間に滑り落ち，増水した谷の水と混じりあって谷底を高速で流れ下る場合である（図-4.2.6参照）。岩塊（直径2～3m程度）や砂礫の集合

第4章　土砂災害とその対策

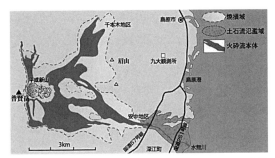

図-4.2.7　雲仙普賢岳噴火全期間の火砕流と土石流の流下範囲
出典：国土交通省九州地方整備局「雲仙普賢岳噴火災害概要」
(http://www.qsr.mlit.go.jp/unzen/outline/hunkasaigai.pdf)。

体が流れる原因は，岩や礫が衝突してお互いに発生する反発力である。谷底が急勾配であれば，この集合体の運動速度が大きくなるので激しくぶつかり合う結果，岩や礫の間にできるすき間に泥水が入り込むので，岩や礫は浮いたような状態になる。そして，全体があたかも流体の如く土石流に変わり，流れの速さは20～40km/hrになり一瞬のうちに人家や畑などを壊滅させてしまう。

一般に，土石流が発生しやすい場所は，崩れが起きやすい山地内で急勾配区間（傾斜角15度以上）が長く，谷底に土砂が厚く堆積している谷である。また，谷底の幅や勾配に変化の多い谷では，土石流はいったん減速するので，堆積層厚が増すので，土石流の規模がさらに大きくなる。1999（平成11）年6月の6・29豪雨による広島市・呉市の災害，2014（平成26）年8月に発生した豪雨による広島市の土砂災害（本章4.3.3項の2）を参照）などがある。

また，火山灰や火山礫などで作られている火山の谷では，一般に土石流発生の危険が大であり，特に，噴火によって新しく火山灰で覆われると，大量の雨によって表面流が生じやすくなるので，噴火後しばらくは土石流が頻繁に発生する場合が多い（図-4.2.7参照）。したがって，逃げ遅れた人々の命が奪われたり，復旧に長い時間と多額の費用がかかることが特徴として挙げられる。

2013（平成25）年10月に発生した台風26号による伊豆大島の土砂災害（本章4.3.3項の3）を参照），1991年6月に発生した雲仙普賢岳の噴火では，火砕流による被害のほか，土石流による被害も多かった。

4.3 国内の被災事例

4.3.1 地すべり
1）静岡県浜松市天竜区の地すべり

　2013（平成25）年3月22日，静岡県浜松市天竜区春野町杉「門島地区」で地すべりの変状が確認された。その後，4月19日に変状が増大していることが判明し，21日23：50に6世帯24名に避難勧告が出された。

　4月23日4：20〜6：30にかけて，幅80m，高さ90mの土砂崩壊が3回（計約5万m³）発生し，杉川の河道の約8割が埋塞した。その後も地すべりが断続的に続き，マスメディアが現地取材をしている中で，地すべりが発生した。すぐに，静岡県は国土交通省に対応要請をしたので，国は地すべり専門家の派遣および照明車，衛星通信車を配備した。同日9：30より，排水用の仮設流路の開削工事に着手し，長さ200m，幅20mの仮設水路が25日未明に通水された。しかし，25日22：13に5回目の崩落（崩壊土砂量約1万m³）が発生した。

　さらに，26日21：16に6回目の崩落（崩壊土砂量約1万m³）が発生した。29日には，国土交通省中部地方整備局が地上設置型合成開口レーダーによる地すべりの監視を開始し，安全対策を講じた（図-4.3.1参照）。なお，地すべり発生当時は新茶の収穫期であった。「地すべり防止区域」指定地域における災害であったが，住民から茶畑に亀裂が発生しているという通報により，直ちに現場確認，センサー（伸縮計）設置および24時間監視体制とするなど，初動対応が功を奏した。さらに，国土交通省，静岡県，浜松市の連携によって，大規模な地すべりにもかかわらず，人的・物的被害が無かったことは適切な処置が実施された結果であると考えられる。

2）亀の瀬地区の地すべり

　1958（昭和33）年3月31日に施行された「地すべり等防止法」に基づき，国土の保全のために「地すべり防止区域」として指定されていた地域は，全国で約8,000か所に上る。その一例として，奈良県の「亀の瀬地区の地すべり」に

第4章 土砂災害とその対策

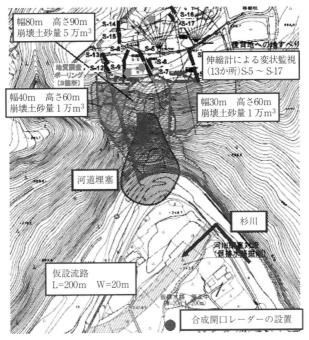

図-4.3.1 浜松市天竜区の地すべり状況

出典：国土交通省ホームページ（https://www.mlit.go.jp/river/sabo/jirei/h25dosha/130517_kadoshima1.pdf）。

ついて記述する。

　亀の瀬は，大阪府と奈良県の県境にあり，北側を生駒山地，南側を金剛山地にはさまれた谷あいにある。大和川の上流では156本の支川が合流し，亀の瀬から大阪へ流れる（図-4.3.2参照）。亀の瀬は，大和川の水が奈良から大阪へ流れるたったひとつの出口で，地すべりが発生しやすい地質であるので，昔から大きな災害が起きやすかった。写真-4.3.1は地すべり活動により大和川河床が隆起した様子，写真-4.3.2は国道25号線が約1.3m隆起し一時的に交通が途絶した様子である。

　図-4.3.3は，すべり面が大和川の河床下を通り対岸まで達しており，地すべりの長さ，幅，深度など日本で最大級であり，地すべりを誘発する地下水が溜

第Ⅱ部　風水害

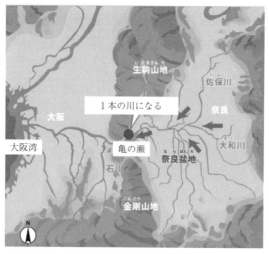

図-4.3.2　大和川と亀の瀬の関係
出典：国土交通省近畿地方整備局ホームページ（https://www.kkr.mlit.go.jp/river/sabou/kamenose.html）。

写真-4.3.1　亀の瀬地すべり（昭和6〜7年）
出典：図-4.3.2に同じ。

写真-4.3.2　亀の瀬地すべり（昭和42年）
出典：図-4.3.2に同じ。

まりやすい地盤形状となっている「亀の瀬地すべりの特徴」を表している。

　推定移動土塊量約1,500万m^3に及ぶ大規模な地すべり土塊を有し（表-4.3.1参照），降雨等で地下水位が上昇すると斜面が不安定となり地すべり発生の危険性が高まる。このような対策実施に課題が多い地域で，地すべり地内にある家屋，耕地，国道25号，JR関西本線（大和路線）等の地すべりによる直接的な

第 **4** 章　土砂災害とその対策

表-4.3.1　亀の瀬地すべりの概要

地すべりの長さ	約1,100m
地すべりの幅	約1,000m
地すべりの深度	最大70m
地すべりの傾斜	平均12°前後
推定移動土塊	約1,500万 m^3

出典：筆者作成。

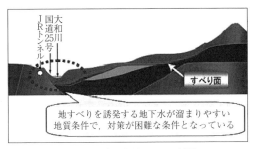

図-4.3.3　亀の瀬地すべりの特徴
出典：図-4.3.2に同じ。

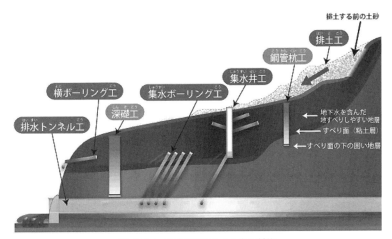

図-4.3.4　亀の瀬で行われた主な対策
出典：国土交通省近畿地方整備局ホームページ（https://www.kkr.mlit.go.jp/yamato/guide/landslide/study/effort01.html）。

被害の防止，および河道閉塞部の決壊による大阪府側（下流）の氾濫被害を防止すると共に，斜面の安定化を確保するための対策工が実施されている（図-4.3.4参照）。

　対策工としては，抑制工（地すべり運動を停止または緩和させる工事）と抑止工（杭などを移動土に直接打ち込み，抵抗力を利用して運動の一部または全部を止める工事）が行われていて，具体的には抑制工としては集水井工や集水ボーリング工が採用されている。抑止工としての深礎工（直径6.5m，深さ最大で約100m）や鋼

管杭工（すべり層以下の硬い地層まで鋼管を打ち込む，図-4.3.4参照）などのさまざまな対策とあわせて，安心・安全を守り続けるために24時間集中監視システムを導入している。

4.3.2 崖崩れ
1）玉川トンネル（越前海岸トンネル）

1989（平成元）年7月16日15:30頃福井県越前町玉川付近を走る国道305号線の玉川トンネル（越前海岸トンネル）付近で大規模な崩落があり，岩盤が鉄筋コンクリート製のロックシェッド（長さ：75m，高さ：4.7m）を突き破った結果，走行していたバス1台が押しつぶされた。この事故でバスの乗員乗客15名全員が犠牲となった。また，事故の様子はバスの後方を走っていた車により撮影されていたので，現在でもYouTubeの動画で見ることができる。

現場付近は海岸縁であり，崖が垂直近く切り立ち，落石や崖崩れの多い危険箇所で，1977（昭和52）年5月にも同じ場所で大規模な土砂崩れが起きている。なお，15日夜から16日朝にかけて付近は局地的な雨に見舞われており，地盤が緩んで大惨事につながったと考えられている。

事故に遭遇したバスは，滋賀県彦根市の青果商がチャーターしたもので，商店街の客を石川県小松市の粟津温泉へ招待した一泊旅行の帰りであった。

この事故後，事故調査委員会が設置され，斜面落石のメカニズムを数値解析（不連続変形法DDA：DISCONTINUOUS DEFORMATION ANALYSIS）によってシミュレーションできるように，精度向上が図られた。

また，落下エネルギーの推定を試み，どの程度の対策工を実施することが合理的であるのかを検討するようになった。

2）豊浜トンネル

豊浜トンネルは国道299号線の北海道後志管内の余市町と古平町を結ぶトンネルで，1996（平成8）年2月10日8:10頃，突然崩落した（写真-4.3.3参照）。

そもそも豊浜トンネルは，1963年に初代豊浜隧道として開通した。初代豊浜隧道は途中で大きく屈曲し，自然の海食洞の中を通り抜ける特異な構造であっ

たという。旧隧道はこのような構造上の危険性に加えて，幅が6mと狭く老朽化が進んだので，豊浜隧道をショートカットする2代目豊浜トンネルが1984年に建設された。しかし，その12年後の1996年に岩盤崩落事故が発生したことになる。

事故があった積丹半島は急な崖が日本海にせり出し，海と崖の間の狭い平地部分に国道が走る。海底火山の噴出物が，水で冷やされてできたもろい岩盤で，現場周辺は以前にも岩盤崩落が起きていたが，明細な調査記録はなく，研究蓄積が少ないという背景があった。

写真-4.3.3 豊浜トンネル崩落現場
出典：国土交通省北海道開発局ホームページ (http://www.hkd.mlit.go.jp/ky/ki/chousei/ud49g7000000hzc2-att/h210317_2_12.pdf)。

本崩落事故は古平町側の出口付近に高さ70m，幅50m，重さ約2万7,000トンもの巨大な岩盤が崩落し，路線バス1台と乗用車1台が巻き込まれたものである。

事故発生後には事故に巻き込まれた人を救出するため，坑口から救助隊が入り，目視ならびにファイバースコープなどを使用して内部調査を実施した。しかし，判明した事項は巨岩が路線バスおよび乗用車の上に崩落している状況のみで，乗客等に関しては把握できない状態であった。そこで，まず，巨岩の撤去を最優先とする救助方法となった。2月11日から2月14日にかけて4回の発破作業を行い，崩落した巨大な岩盤を崩した（この状況はテレビ中継され，多くの国民はかたずをのんで救出を願った）。

しかし，バスの乗客18名と運転手1名，乗用車の運転手1名計20名が亡くなるという残念な結果となった（バスは高さ約1m程度に押しつぶされていた）。

この岩盤崩落事故の原因究明を目的として，道路を管理する北海道開発庁は土木工学，建設，地質の専門家からなる「事故調査委員会」（委員長，芳村仁・北海道大学名誉教授）を設置した。

なお，不通になった国道が地元にとって重要な生活道路であり，調査委員会

の報告が出た後に「本格的復旧作業開始」という手順であったので，調査委員会の調査期間を初めから半年を目途とし，「トンネルのルート選定の是非」という道路行政にかかわる根本的な議論は行われなかった。

　最終報告では，「崩落の原因は，事故の時までに，①岩盤の内部に亀裂ができた，②地下水の浸透などで風化が進み，表層部に達した，③岩の自重や地下水圧の影響で亀裂が進んだ，④岩盤内部の水が凍ったり，解けたりして岩質が劣化した，最終的に2月10日の数日前からの冷え込みによる凍結が岩盤劣化をさらに進ませ，安定を失い崩壊した」と結論づけた。

　なお，当時の道路管理責任者の刑事責任は問われなかったが，犠牲者の遺族7人が「崩落の予兆があったのに，対策を取らなかったため，事故は人災として発生した」として国を相手取り，総額約6億4,000万円の損害賠償を求めた。「豊浜トンネル事故国家賠償請求訴訟」の判決が2001（平成13）年3月29日に札幌地裁で言い渡され，遺族の主張をほぼ認めて国に対して総額4億5,000万円の支払いを命じる判決賠償命令が下された。なお，「本件規模の岩盤崩落を実際に予見することができなかったか否かについては，にわかには決め難い」としている。

　日本国内でこのような事故が発生した場合，なかなか第三者機関による原因究明という段階には至っていない。

　一方，米国には，大統領直属の組織として大規模災害時の調整機能や関係機関をリードして対策を取る権限を持つ「連邦緊急事態管理庁（FEMA）」がある。

　大事故の教訓を後世に残し，2度と同じ過ちを起こさないように，「災害から何を学ぶか」という姿勢が重要と思われる。

4.3.3　土石流

　移動速度の非常に速い土砂流動のうち，「粗粒土の流動を土石流」と分類している場合もあるが，岩石や流木を含むことが多く，「山津波」とも呼ばれている。ただし，日本の法令（「土砂災害警戒区域等における土砂災害防止対策の推進に関する法律」第2条）では，「山腹が崩壊して生じた土石等又は渓流の土石等

が水と一体となって流下する自然現象」と定義されている。

以下，既往の被害事例を挙げる。

1）神戸における「昭和の三大水害」

神戸市は幕末に開港された神戸港を中心に発展してきた。そのルーツは平清盛による大輪田泊である。人々が多く住む表六甲は六甲山地が海に迫った東西に細長い地域である。その狭い所で急速に市街地化が進んだので，住宅地は六甲南麓の急傾斜地まで及ぶ。

六甲山地は山林の伐採や傾斜地の乱開発により明治中期までにはほとんど禿山同然となってしまった。六甲山地は風化すると真砂土となる花崗岩からなっているので，まとまった降雨により山崩れ，崖崩れを引き起こしやすく，下流の市街地はたびたび河川災害を被ってきた。

①阪神大水害

1938（昭和13）年7月3～5日にかけて，台風に刺激された梅雨前線は5日最大時間降雨強度60.8mm，24時間降水量270.4mmという集中豪雨をもたらし，死者が715名（うち，神戸市内では616名），被災家屋は約9万戸にも達する大水害が起きた。市街地に岩や倒れた木が混じった土石流が流れ込んだ結果，泥の海となった。

この災害を契機として六甲山系の土砂災害防止対策が急務となり，同年から「国の直轄砂防事業」が開始され（現 国土交通省近畿地方整備局・六甲砂防事務所の開設），河川改修事業が国や県により本格的に行われることとなった。

②昭和36年梅雨前線豪雨

1961（昭和36）年6月23日に熱帯低気圧が北上すると共に南海上にあった梅雨前線も活動を活発化しながら北上した。また，台風第6号が24日から本州南岸に停滞，26日には四国に接近した影響もあり，6月24～27日にかけて集中豪雨が発生し（27日，最大時間降雨強度44.7mm），神戸市では死者26名，被災家屋は約2万戸に及ぶ水害が起きた（全国では，死者302名，行方不明者55名）。

宅地造成現場や傾斜地での被害が大きく，山陽電鉄が約半月間不通になるなど，阪神大水害に次ぐ記録的な被害となった。これをきっかけに，同年に「宅

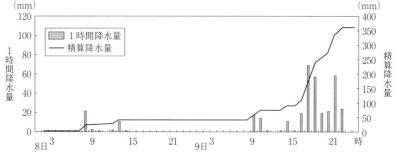

図-4.3.5 神戸海洋気象台の降雨量時系列図

出典：気象庁ホームページ（http://www.data.jma.go.jp/obd/stats/data/bosai/report/1967/19670708/19670708.html）。

地造成等規制法」が制定された。

③昭和42年7月豪雨

1967（昭和42）年7月，台風第7号から変わった熱帯低気圧から本州の南岸に停滞していた梅雨前線に暖湿気流が流れ込み，北からは冷たく乾いた空気が流れ込んだので，前線の活動が非常に活発となった。その結果，神戸でも最大時間降雨強度75mmとなる豪雨が降り（図-4.3.5参照），山地では土砂崩れや鉄砲水が多発し，人的被害（神戸市死者84名）や交通機関等の被害が発生した（全国では，死者数：351名，行方不明者：18名）。

1938（昭和13）年の阪神大水害と比較すると，24時間降雨量や最大1時間降雨強度は阪神大水害を上回ったが，被害は阪神大水害よりかなり小さく抑えることができた。これは1938年以降の河川改修や砂防・治山事業の効果が現れた結果と考えられている。

この水害は政令市による河川改修制度の創設（1970年）のきっかけとなった。

2）広島土砂災害

2014（平成26）年8月20日深夜，広島市で3時間に200mmを超える大雨となった。とくに，3：20から3：40に，局地的大雨（図-4.3.6参照）によって安佐北区可部，安佐南区八木・山本・緑井などの住宅地後背の山が崩れ，大規模な土石流が発生した（写真-4.3.4，写真-4.3.5参照）。

第 4 章　土砂災害とその対策

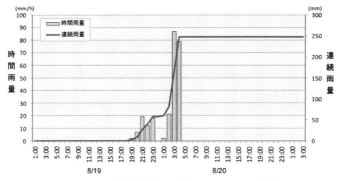

図-4.3.6　広島市安佐南区八木 5 丁目における降水量

出典：国土交通省ホームページ（http://www.mlit.go.jp/river/sabo/H26_hiroshima/141031_hiroshimadosekiryu.pdf）。

写真-4.3.4　広島市安佐南区八木地区被災状況①　写真-4.3.5　広島市安佐南区八木地区被災状況②
出典：図-4.3.6に同じ。　　　　　　　　　　　　　　出典：図-4.3.6に同じ。

　豊後水道上で蓄えられた大量の下層水蒸気が広島市付近に局所的に流入し，積乱雲を繰り返し発生させた。その結果，日本海上に停滞していた前線から南側約300kmに存在していた上空の湿潤域の南端である広島と山口の県境付近で 3 ～ 5 個程度の積乱雲が次々と発生して形成された積乱雲群（バックビルディング形成）が複数連なって線状降水帯を作り出した（図-4.3.7参照）。
　警察，消防，自衛隊により2,000～3,500人規模で捜索活動を実施したが，74名が犠牲となった。
　被災地の中に「広島県広島市安佐南区八木」という地名がある。この地名は

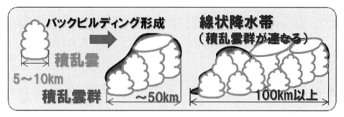

図-4.3.7　線状降水帯の形成メカニズムと構造の模式図
出典：気象庁ホームページ（http://www.mri-jma.go.jp/Topics/H26/260909/Press_140820hiroshima_heavyrainfall.pdf）。

以前「八木蛇落地悪谷」と呼ばれていたようである。その昔大蛇（「大雨」を「大蛇」にたとえて）が暴れて頻繁にこの町を滅ぼしていったのだと言い伝えられている。「蛇落地」と呼ばれ蛇が落ちてくるような水害が多かったようである。

広島地方は，1999（平成11）年に今回と同様の土砂災害を受けている。以下に原因を列挙する。

①真夜中の豪雨

8月20日未明の2:00～3:00に最大時間雨量87mmの局地的豪雨となった（8月19日4:00～8月20日4:00の24時間雨量が247mm）。

土石流が20日3:20頃から4:00頃にかけて発生していたことが分かっていたが，真夜中であったので逃げられなかったようである。

3:00時点での各地の降雨量の計測結果が出たのが，30分後の3:30であった。すなわち，3:30に30分前にどこにどのくらいの雨が降ったかというデータが得られただけで，30分後の4:00にはどの地点にどの程度の雨が降るかという予測結果が得られていなかった。先端の解析ツールを用いて，より早く，より正確な情報を発信するという努力が一人でも多くの人命を守ることになる。

なお，避難勧告の発令が遅れたことが原因で，多くの人命が失われたという報道がなされた（図-4.3.8）。しかし，発令前に「渓流の流水の急激な濁り」や「腐葉土のような酸っぱいにおい」などによって，土石流発生をいち早く予感し，周辺の人々に避難するように声掛けをすることによって自主避難ができて

第4章 土砂災害とその対策

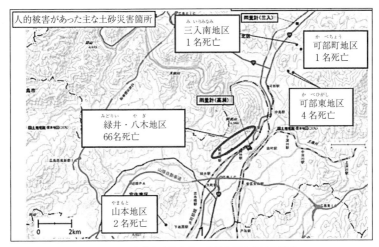

図-4.3.8 広島市安佐南区，安佐北区人的被害箇所
出典：図-4.3.6に同じ。

助かった地区もあった。
　②都市開発域の山地への拡大
　広島市内中心地へ通勤・通学する人たちの住宅地は，先の写真-4.3.4のように山裾の傾斜地域に立地する場合が多く，住宅地と山の斜面下（法尻）との距離が短くなる。その結果，土石流など土砂の移動現象は大きなエネルギーが減少せずに住宅地域へ流れ下ることになり，家が破壊されてしまう。
　③ハード対策の不足
　山麓部の住宅密集地に砂防堰堤などのハード対策がほとんどなされていなかった。広島県下には土石流発生の危険な渓流が約1万か所もあり，その対策には多額の費用を要するというのが現状である。結局，災害を防止し，被害を軽減する政策が実施されていなかったと言える。そのような状況のなかで安佐南区大町地区では，すでに砂防堰堤が整備されていたため土石流を捕捉することができ，人家への被害を防止することができた。
　全国で，既指定の土砂災害警戒区域は約48万9,000か所（2017〔平成29〕年4月30日現在，うち約33万3,000か所が土砂災害特別警戒区域）あり，全国どこでも被

害が発生する可能性がある。

　政府は激甚災害指定を閣議決定し，災害に対して適用すべき災害復旧事業等にかかる国庫補助の特別措置等を指定した。その結果，災害復旧国庫補助事業として，今後の災害発生防止対策のために多額の資金が投入された。しかし，住宅が密集していたので，道路は狭く砂防堰堤建設用の資機材搬入が十分にはできず，住宅密集地より山側に砂防堰堤を建設することが難しい地域が多かった。

　したがって，住宅地開発をする前に砂防堰堤を設置することによって住民の安全・安心を確保することが重要である。

3）東京都大島町における土砂災害

　2013（平成25）年10月10日，台風第26号がマリアナ諸島の近海で発生し，16日未明から朝にかけて強い勢力を維持したまま伊豆諸島や関東地方に接近した。その後速度を速めて関東の東海上を北東に進み，16日15：00に三陸沖で温帯低気圧に変わった。

　この台風の接近に伴い，伊豆諸島北部を中心に非常に激しい雨となった。とくに，大島（元町）では，時間降雨量が122.5mmの猛烈な雨が降り（24時間降水量824.0mm），10月の月降水量平年値（329.0mm）の約2.5倍の雨を観測した。この伊豆大島で大雨をもたらした要因としては，台風からの暖かく湿った空気と関東平野および房総半島から流出した冷気により形成された局地前線が大島付近に停滞し，それに沿って線状降水帯が形成されたことが挙げられる。

　東京都大島町ではこの台風第26号の豪雨に伴い，火山地域で発生した流木を伴う大規模な泥流により甚大な被害が発生した（図-4.3.9参照）。

　その結果，死者35名，行方不明者5名，住宅全半壊86棟という甚大な被害が発生した。

　この災害の特徴は，14世紀の噴火による溶岩に堆積していた火山灰を主体とする表層土が狭い範囲に崩壊し（崩壊の深さ：約1～2m），大量の泥流と流木を伴う多くの表層崩壊が発生したことである。なお，遷急線（緩斜面の下に急斜面が接続している場合の斜面の境界線）直下に表層崩壊が集中した（写真-4.3.6参照）。

第4章 土砂災害とその対策

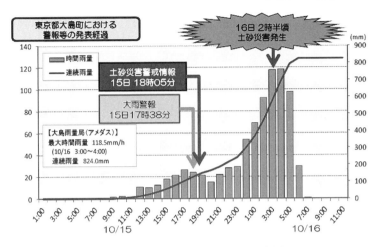

図-4.3.9 大島町における土砂災害の発生状況
出典：国土交通省ホームページ（https://www.mlit.go.jp/river/sabo/h25_typhoon26/izuooshimagaiyou131112.pdf）。

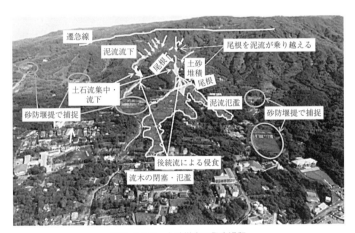

写真-4.3.6 土砂災害の発生過程
出典：図-4.3.9に同じ。

4.3.4 深層崩壊

崖崩れなどの斜面崩壊のうち，すべり面が表層崩壊よりも深部で発生し，表土層だけでなく深層の地盤まで崩壊土塊となる比較的規模の大きな崩壊現象を

241

「深層崩壊」と呼ぶ。すなわち，地すべり，崖崩れおよび土石流は土砂災害の形態を表すのに対し，深層崩壊は崩壊の形態を表している（図-4.3.10参照）。

以下，発生すると被害規模が大きい深層崩壊の既往被災事例として2011（平成23）年に発生の紀伊半島を中心とした被害を紹介する。なお，一般的に崖崩れや土石流は表層崩壊（厚さ0.5～2.0m程度の表層土が表層土と基盤層の境界に沿って滑落する比較的規模の小さな崩壊）によるものが多い。また，地すべりは深層崩壊に伴って発生する場合，動きが遅いものが多いが，紀伊半島の被害では，崩壊速度が速かったことが特徴である。

2011年8月末から9月初めにかけて，台風第12号は広い範囲に大雨をもたらし，8月30日17：00から9月6日までの期間降水量は奈良県吉野郡上北山村において，1,814.5mmを記録した（図-4.3.11参照）。台風第12号は大型で動きが遅く，台風周辺の湿った空気が紀伊山地南側斜面にたえず流れ込んだ。その結果，同じ地域で長時間にわたる記録的な大雨になり，この大量の雨に

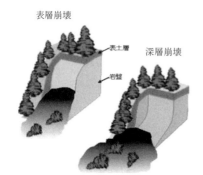

図-4.3.10　表層崩壊と深層崩壊の概念図
出典：国土交通省ホームページ（http://www.pwri.go.jp/jpn/about/pr/webmag/wm014/kenkyu.html#03）。

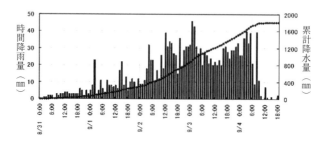

図-4.3.11　奈良県吉野郡上北山村における時間雨量および累計雨量（8/30～9/6）
出典：国土交通省ホームページ（http://www.nilim.go.jp/lab/bcg/siryou/tnn/tnn0728pdf/ks072806.pdf）。

よって，紀伊半島を中心に各地で甚大な土砂・河川災害が発生した。全国で人的被害が死者82名，行方不明者16名，物的被害が全壊379棟，半壊3,159棟，一部破損469棟，床上浸水5,500棟，床下浸水1万6,594棟等にのぼった。これらの被害は和歌山，奈良，三重の三県に集中し，とくに人的被害は約9割がこの三県で占められた。「深層崩壊」や「土砂ダム」が社会の高い関心を集めた（写真-4.3.7参照）。

写真-4.3.7　紀伊半島大水害時大塔町地区の河道閉塞状況
出典：国土交通省近畿地方整備局ホームページ
（http://www.kkr.mlit.go.jp/plan/saigairaiburari/2011_t12/2011_t12_0065h.html）。

国土交通省および各学会の調査報告結果では，
①砂岩頁岩互層からなる流れ盤構造の北西落ち斜面で崩壊が発生していた。
②3,000か所以上の崩壊と約1億m^3以上の崩壊土砂が生じた。
と推定した。

今回の災害の特徴として，
①土砂災害，河川氾濫が多数発生し，家屋が崩壊土砂に巻き込まれた。
②河川の増水による流出などによって，多くの尊い人命が失われた。
③大規模崩壊に伴う河道閉塞が17か所で発生した。

また，災害発生後の降雨に対して，河道閉塞による堰き止め湖の越流・決壊が懸念され，住民避難や安全監視など，周辺地域への影響が長期化する事態となったことが特筆される。

一方，崩壊調査数の76％で深層崩壊発生前の斜面に崩壊跡が見られ，以前に生じた10haを越える大規模な崩壊跡地形と良い整合性があることは分かった。崩壊跡地形は大峰山系を取り囲むように散在し，今回発生した大規模崩壊は過去の崩壊跡の一部や崩壊跡境界付近で生じたものであり，過去には本災害規模以上の崩壊が生じていた可能性があることを示唆している。

したがって，これらの知見を対策に活かすことが重要である。

4.4 土砂災害対策

土砂災害を防止・軽減する手法としては，ハード対策とソフト対策がある。

4.4.1 ハード対策

土砂災害対策のハード対策として，砂防工事，地すべり防止工事，急傾斜地崩壊防止工事などがある。より合理的な対策を決定するために，これらの工事計画立案前に，基礎調査を実施する必要がある。その調査は予備調査，概査，および精査に区分することができ，一般的には順に進める場合が多い（図-4.4.1参照）。

予備調査は文献，地形図，航空写真等の資料を用いた調査で，広域における土砂災害の予測，あるいは概況を把握するために行う。

概査は，土砂災害の緊急性を判断し，また精査を効率よく行うために，精査に先立って実施する。実態調査（地形測量や簡単な地表変動状況調査）を行う場合もある。

精査は，推定された土砂災害の発生メカニズムを確認し，より精度の高い機構解析を行うために実施するものである。

図-4.4.1　土砂災害防止に関する調査の流れ

出典：筆者作成。

これらの基礎調査の結果を踏まえて，災害の素因と誘因を十分把握し，費用対効果を吟味した対策工を計画立案し，実施することが重要である。

1）地すべり対策

4.3.1項に取り上げた「亀の瀬地区の地すべり」は大規模対策の一例であるが，ここでは，一般的な対策について述べる。

「地すべり」は，地すべりの元となる要因自身を低減あるいは除去することを目的とする「抑制工」と，地すべりを構造物で防ぐことにより安定化を図ることを目的とする「抑止工」に大別できる（図-4.4.2，図-4.4.3参照）。

「地すべり」は，斜面の一部あるいは全部が地下水の影響と重力によってゆっくりと斜面下方に移動する現象である。これは，傾斜した地盤は斜面傾斜の方向に絶えず引っ張られているからである。これに対して，地盤はそれに抵抗する力を働かせて，斜面の変形や移動を抑えようとする。

したがって，「地すべり」は抵抗力の小さい脆弱な地域で発生する場合が多い。このような，斜面変動が起きやすいという「素因」を有する地域を地盤調査でゾーニングした後，その地域に一番適応した対策工を立案することが重要である。移動土塊量が大きいことにも留意すべきである。

この斜面の変形や移動には，地下水が大きく影響している。すなわち，土塊を斜面に垂直に押し付ける力（垂直応力）が大きければ滑りに抵抗する摩擦力が大きくなるが，地中に水が浸透して土の粒子の間の隙間が水で満たされ飽和状態になると，浮力が発生して垂直応力がその分差し引かれ，摩擦抵抗が減少する。浸透した雨水による表土層の飽和が，崩壊発生の最大の原因である。

土砂災害を引き起こすトリガー（誘因）は，「大雨」と「地震動」である場合が多い。とくに，地下水位の影響が大きいので，図-4.4.2のような地下水位低下工法（例えば，集水ボーリングや深礎など）を併用することも重要である。

なお，大雨による崩壊の場合，斜面の傾斜角が25度よりも小さければ，ほとんど崩れないという経験知も取り入れるべきである。

2）崩壊対策

崩壊は被災事例で挙げたように突然発生する場合が多い。周辺に道路等があ

第Ⅱ部　風水害

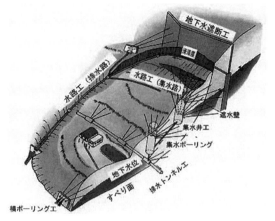

図-4.4.2　抑制工の模式図
出典：国土交通省ホームページ（http://www.mlit.go.jp/mizukokudo/sabo/jisuberi_taisaku.html）。

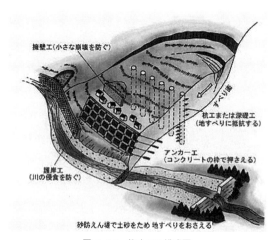

図-4.4.3　抑止工の模式図
出典：図-4.4.2に同じ。

れば，交通の早期開放を最重要の目標として緊急・応急対策を立案せねばならない。工事の安全性と工費を検討項目として工法選定を行うことが重要である。
　そこで，崩壊の発生源となっている「不安定岩塊の除去」や「斜面下端にお

246

ける防護対策（待受け）」を実施する場合が多い．

　斜面上部の不安定岩塊対策における除去工法の選定は，経済性だけではなく，周辺岩盤への影響が小さく，かつ準備期間を含めて工事期間が短縮可能である工法を採用すべきである．除去対象が大きい場合は，静的破砕剤などを使用した「破砕除去」の採用も考えられる．

　対象岩塊のオーバーハング部や著しく不安定な浮き石等の緊急除去が必要な範囲に限定し，除去後はロープネット工で予防するなど安全性確保が重要である．なお，崖錐堆積物掘削には，安全性を考慮して無人化施工も検討項目とすべきである．

　次に，恒久対策工法としては，除去後の岩盤斜面に対して，ロープネット工のワイヤーロープ間より抜け落ちる50cm径未満の落石の検討が重要である．そこで，4.3.2項で述べたような落石シミュレーション解析（DDA）によって，落石対策設計を十分実施しておくことが重要である．

　さらに，斜面下端部に落石防護擁壁工などを採用し，万全を期すべきである．

3）土石流対策

　一般的に「土石流対策」として，土砂や流木が下流の住居地域などに流出することを防ぐために，「堰堤」が採用されている場合が多い．

　写真-4.4.1は，4.3.3項の被害事例として記載した2014年8月に広島で土石流が発生した際，対策施設の効果があった事例である．

　広島市安佐南区大町に設置されていた「砂防堰堤」は，土砂および流木を捕捉し，下流地区への被害を未然に防止した．

　今後，対象となる地域の地形・地質を十分に調査した結果を踏まえて，効果が実証されている「砂防堰堤」（例えば，図-4.4.4参照）の形状・寸法を決定・立案し，詳細設計を実施することが重要である．さらに，工事費や施工上の安全性も加味して，さらに形状・寸法の見直しを行い，より合理的な構造物を具現化して，住民の安全・安心な暮らしが実現できるように努めなければならない．

第Ⅱ部　風水害

安佐南区大町地区
写真-4.4.1　土石流対策施設効果事例
出典：国土交通省ホームページ（http://www.mlit.go.jp/river/sabo/jirei/h26dosha/H26koukajirei.pdf）。

図-4.4.4　透過型砂防堰堤
出典：国土交通省ホームページ（http://www.cgr.mlit.go.jp/ootagawa/sand/west/page3/index04.html）。

4.4.2　ソフト対策

　まず，ソフト対策の一つである「法律」から述べる。

　1999（平成11）年6月に広島市，呉市を中心として土砂災害が発生し，死者24名を出す被害となった（この豪雨で，7.3.2項で後述する福岡豪雨災害も発生している）。この災害を契機に，「土砂災害警戒区域等における土砂災害防止対策の推進に関する法律」（通称：土砂災害防止法）が，2000（平成12）年5月に公布された。

　第1条に「この法律は，土砂災害から国民の生命及び身体を保護するため，土砂災害が発生するおそれがある土地の区域を明らかにし，当該区域における警戒避難体制の整備を図るとともに，著しい土砂災害が発生するおそれがある土地の区域において一定の開発行為を制限し，建築物の構造の規制に関する所要の措置を定めるほか，土砂災害の急迫した危険がある場合において避難に資

する情報を提供すること等により，土砂災害の防止のための対策の推進を図り，もって公共の福祉の確保に資することを目的とする」と記載されている。

すなわち，土砂災害防止法では，地すべり，急傾斜地の崩壊，土石流が発生した場合に住民等の生命や身体に危害が生じる恐れがあると認められる区域を「土砂災害警戒区域（イエローゾーン）」と呼び，警戒避難体制整備を図ることを目的としている。

さらに，それらの区域の中でも，建築物に損壊が生じ，生命に著しい危害が生じる恐れがあると認められる区域を「土砂災害特別警戒区域（レッドゾーン）」と定義付け，都道府県知事が指定し，人家等を建てる際には一定の制限を加えること等により土砂災害から国民の生命・身体を守ろうとするものである。

しかし，2013年10月の伊豆大島の土砂災害（4.3.3項の3）参照）では死者・行方不明者40名，2014年8月の広島の土砂災害（4.3.3項の2）参照）で死者74名という甚大な被害が発生した。残念ながら，いずれの被災地でも大半の地域で「土砂災害警戒区域」「土砂災害特別警戒区域」の指定がなされていなかった。多くの住民は土砂災害に対して危険な区域内に住んでいると認識しておらず，このため強い雨が降ったにもかかわらず，避難が遅れてしまったと思われる。

全国には土砂災害に対して危険な区域が約52万5,000か所あるが，土砂災害警戒区域，特別警戒区域の指定の基となる基礎調査が済んでいるのが約39万区域，うち指定済は土砂災害警戒区域数35万6,380，土砂災害特別警戒区域数20万6,193である（2014年8月末現在）。

基礎調査に多額の費用を費やして調査済になっており，大きな災害が発生しているにもかかわらず，なぜ指定が進まないのか。

それは，指定する際に住民説明会を実施して，住民の了解を得てから指定するというプロセスを取るため時間がかかること，指定すればその地域のイメージダウンにもなるとの反発もあることなどが理由として考えられる。

4.3.3項で述べた2014年8月の広島市の土砂災害の被害を鑑み，土砂災害か

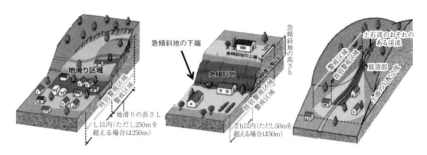

図-4.4.5　改正土砂災害防止法における地すべり，急傾斜地の崩壊，土石流の警戒地域指定概念図
出典：国土交通省ホームページ（http://www.mlit.go.jp/river/sabo/sinpoupdf/gaiyou.pdf）。

ら国民の生命および身体を保護するため，都道府県による基礎調査の結果の公表を義務付けると共に，土砂災害警戒区域における警戒避難体制を整備する等の措置を講ずるために，政府は15年前に同じ広島で発生した土砂災害を契機に制定された「土砂災害防止法」の改正に踏み切った。

　この法改正は，土砂災害に対する警戒避難体制を強化することを主な目的とした。改正点は以下の4点である（図-4.4.5参照）。
　①都道府県に対し，土砂災害警戒区域，特別警戒区域の指定のもととなる基礎調査結果公表の義務付けを目指した基礎調査制度の拡充（表-4.4.1参照）
　基礎調査が適正に行われていない場合，国土交通大臣は講ずべき措置の内容を示して是正の要求ができるものとしている。
　②土砂災害警戒区域における警戒避難体制の整備
　市町村防災会議は，土砂災害警戒区域の指定があれば，市町村地域防災計画で当該区域ごとに，避難場所及び避難経路に関する事項等を定める。
　③土砂災害警戒情報の提供の義務付け
　都道府県知事は，避難勧告等の判断に資するため，土砂災害警戒情報を関係のある市町村の長に通知し，一般に周知させるため必要な措置を講じなければならない。
　④土砂災害に係る避難勧告等の解除に関する助言
　市町村長は土砂災害に係る避難勧告等を解除しようとする場合，国土交通大

第4章　土砂災害とその対策

表-4.4.1　基礎調査結果の発表後の区域指定の指標

土砂災害警戒区域（通称：イエローゾーン）
地滑り ①地滑り区域（地滑りしている区域または地滑りするおそれのある区域） ②地滑り区域下端から，地滑り地塊の長さに相当する距離（250mを超える場合は250m）の範囲内の区域
急傾斜地の崩壊 ①傾斜度が30度以上で高さが5m以上の区域 ②急傾斜地の上端から水平距離が10m以内の区域 ③急傾斜地の下端から急傾斜地の高さの2倍（50mを超える場合は50m）以内の区域
土石流 土石流の発生のおそれのある渓流において，扇頂部から下流で勾配が2度以上の区域
土砂災害特別警戒区域（通称：レッドゾーン）
急傾斜地の崩壊等に伴う土石等の移動等により建築物に作用する力の大きさが，通常の建築物が土石等の移動に対して住民の生命または身体に著しい危害が生ずるおそれのある損壊を生ずることなく耐えることのできる力の大きさを上回る区域。

出典：図-4.4.5に同じ。

臣等に対し，助言を求めることができることとする．国土交通大臣は，もし求められた場合，必要な助言をするものとされている．

また，過去の土砂災害等の記録をもとに「土砂災害警戒情報の発表基準線」を設定し，実際に降っている雨量を集計して実況を把握すると共に，1時間後，2時間後の予測をして，どのタイミングで土砂災害警戒情報を発表すべきであるかという検討も重要であると思われる．

第5章
河川氾濫とその対策

5.1 河川氾濫とは

　大雨の水が河川に集まってきて流量を増し，人工の堤防や自然の河岸を越え，あるいはそれを決壊させて，河川水が河道外（堤内地）に溢れ出るという洪水が「外水氾濫」である。日本で最も頻繁に起こる災害で，昔から種々の対策が積み重ねられている。

　雨があまり強くない間は，雨水は地中に浸透して地下水となる。しかし，雨量が増し，浸透する量を上回ると地表に水面が出現し，傾斜があるとその方向に流れ出す。この地表面流は河道に流入して河川流量を増大させ，洪水時の流量の主要部分になる可能性がある。その結果，本川の堤防が切れ，河川水が河道外（堤内地）に溢れ出る。

　洪水の規模を表す最重要の水文量は，「最大流量」または「最高水位」である。あまり大きくない河川では，大雨時の最大流量は，流出率，降雨強度および流域面積を掛け合わせて求められる。この「流出率」は，河のある地点の上流域（集水域）に降った雨のどれだけの割合がその地点に流れ出してくるかを示す値で，地中への浸透や地表面における貯留の量が多いほど，流出率は小さくなる。日本の山地河川での流出率は0.75〜0.85程度であるが，地中への浸透，貯留量が多い平地小河川では0.45〜0.75程度である。

　なお，降った大雨の総量が同じであっても，それが集中して河川に流れ出し，最大流量（あるいは最高水位）を大きくすることがなければ，洪水の氾濫が生じないか，あるいは洪水の規模が小さくて済む。

　本章では，まず河川氾濫の原因である破堤の発生メカニズムおよび過去の氾

濫事例を紹介する。次に，ハード対策とソフト対策に分けて，河川氾濫の対策について述べる。

なお，河川流量や河川水位の時間経過を考慮した場合，ピークをどれくらい抑えて，なだらかにするかが洪水防御の基本であることを認識しておかなければならない。

5.2 河川氾濫の発生メカニズム

一般的な河川堤防の断面は図-5.2.1のように表される。

堤防の側面を「法面(のりめん)」と言い，川の反対側（平野側）を，堤防で囲まれる内側であるということで，「堤内地」と呼んでいる。なお，堤防の幅は高さの約2～3倍になっている。

堤防決壊のメカニズムは，「河川水の越水による堤防決壊」「河川水の浸透による堤防決壊」「河川水による浸食・洗掘による堤防決壊」と大別できる。また，これらのメカニズムが複合的な要因となって堤防決壊する場合もある。

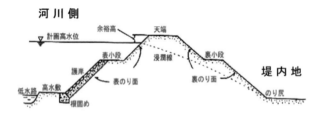

図-5.2.1　河川堤防一般断面図
出典：国土交通省，関東地方整備局ホームページ（http://www.ktr.mlit.go.jp/river/bousai/index00000040.html）。

1）河川水の越水による堤防決壊（図-5.2.2参照）

・河川水が堤防を越流する。
・越流水により土でできた川裏（河道と反対側）の法尻が洗掘される。
・堤防の裏法尻や裏法が洗掘され，最終的に堤防決壊に至る。

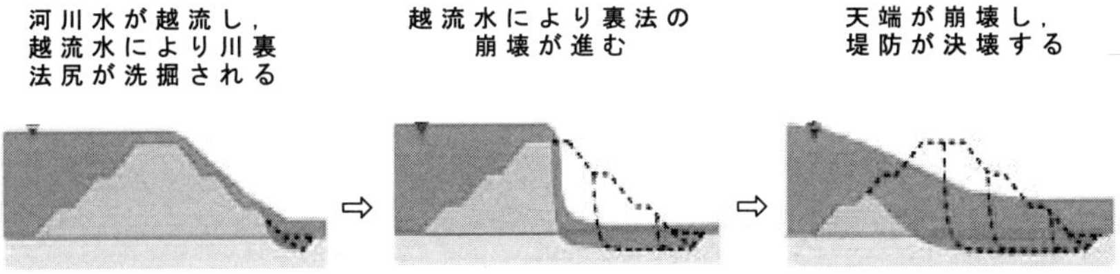

第5章 河川氾濫とその対策

図-5.2.2 越水による堤防決壊のイメージ図

出典：図-5.2.1に同じ。

2) 河川水の浸透による堤防決壊

①パイピング破壊（図-5.2.3参照）

・高い河川水位により地盤内に水が浸み込み、川裏側まで水の圧力がかかることにより、川裏側の地盤から土砂が流失し、水みちができる。

・土砂の流失が続き、水みちが拡大して、堤防が落ち込み、最終的に堤防決壊に至る。

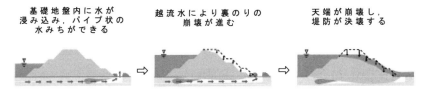

図-5.2.3 パイピング破壊によるイメージ図

出典：図-5.2.1に同じ。

②浸透破壊（図-5.2.4参照）

・降雨や高い河川水位により水が浸透し、堤防内の水位が上昇する。

・堤防内の高い水位により、土の強さ（せん断強度）が低下し、川裏側の法面がすべり、最終的に堤防決壊に至る。

第Ⅱ部　風水害

図-5.2.4　浸透破壊によるイメージ図

出典：図-5.2.1に同じ。

3）河川水の浸食・洗掘による堤防決壊（図-5.2.5参照）

・河川水により堤防の河川側が浸食・洗掘される。
・河川水による浸食・洗掘が続き，最終的に堤防決壊に至る。

図-5.2.5　浸食・洗掘による堤防決壊のイメージ図

出典：図-5.2.1に同じ。

5.3　河川氾濫被害事例

5.3.1　多摩川水害

　1974（昭和49）年，台風第16号は8月25日に本州南洋上で発生，9月1日18：00頃，高知県須崎市付近に上陸し，前日から各地に激しい雨を降らせ，四国，中国地方，紀伊半島から関東地方にかけて17都県が集中豪雨に見舞われ，各地で鉄砲水やがけ崩れが発生した。

　とくに，多摩川上流部で300〜500mmという大雨が降り急激に増水し，上流の小河内ダムで調整のため多量の水を放水したので，警戒水位を越え危険な状況となった。1日19：00頃には，狛江市猪方地先にある水量を調節する宿河原堰を乗り越え，堰の左岸の取り付け部分の護岸が崩壊し始め，濁流が横向きに

流れを変えて迂回流となり，本堤防が浸食された結果，20：00には完全に決壊した。夜半から本堤防裏にある住宅の流失が始まり，翌々日の3日まで続いた（沿岸の住宅19棟が流失，写真-5.3.1参照）。翌4日には，被害拡大を防止するために，建設省（現国土交通省）が堰堤の爆破を実施して出口を開いたので，迂回流をふさぎ止める作業が進み，6日早朝ようやく決壊部分をふさぐことができた。

写真-5.3.1　流失する家屋
出典：国土交通省 関東地方整備局ホームページ
（http://www.ktr.mlit.go.jp/ktr_content/content/000099119.pdf）。

　被災後，国の補償範囲は流された宅地の整地と，堰堤爆破の際のガラス戸の破損のみであった。家を失った住民たちは，流失家屋に対する補償がされなかったので，河川管理上に欠陥があったとして損害賠償を求めて多摩川を管理する国を提訴した（『多摩川水害訴訟』）。そして，1992（平成4）年12月，東京高等裁判所で審理の結果，住民側の勝訴となった。

　なお，水害から3年後，1977年6月から被害者家族をモデルにしたテレビドラマ「岸辺のアルバム」が放映され，家が流失する実況シーンが再現された。

5.3.2 平成27年9月関東・東北豪雨災害

　鬼怒川流域（図-5.3.1参照）内の人口は約55万人，流域の土地利用は，山地等が約79％，水田，畑等の農地が約18％，宅地等の市街地が約3％となっている。この鬼怒川が2015（平成27）年9月に氾濫し，大きな水害が発生した。

　関東地方では，台風第18号によって刺激された秋雨前線により降り始めた降雨に加え，その後に台風から変わった温帯低気圧と台風第17号の双方から暖かく湿った風が吹き込み，「線状降水帯」と呼ばれる積乱雲が帯状に次々と発生する状況を招き，長時間にわたって強い雨が降り続いた（図-5.3.2参照）。

　鬼怒川では，五十里雨量観測所（栃木県日光市）において，72時間降水量

第Ⅱ部　風水害

図-5.3.1　位置図
出典：国土交通省関東地方整備局ホームページ
（http://www.ktr.mlit.go.jp/ktr_content/content/000643703.pdf）。

627mmを記録したほか，各観測所で既往最多雨量を記録し，全川にわたり急激に水位が上昇した（図-5.3.3参照）。

水海道水位観測所（茨城県常総市）では，2015年9月10日11：00から16：00の5時間にわたり計画高水位を超過し，観測記録史上第1位の水位を記録した。この出水により，鬼怒川左岸21.0km付近（茨城県常総市三坂町地先）の堤防決壊のほか，溢

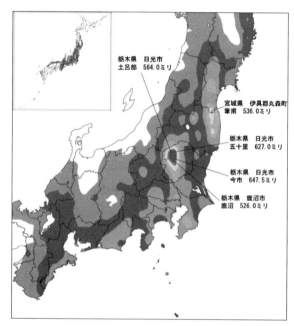

図-5.3.2　期間内の総降水量分布図（9月7日～9月11日）
出典：気象庁ホームページ（http://www.data.jma.go.jp/obd/stats/data/bosai/report/2015/20150907/jyun_sokuji20150907-11.pdf）。

第5章 河川氾濫とその対策

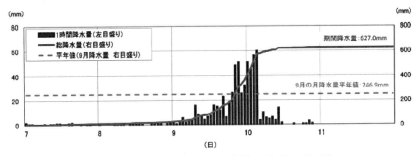

図-5.3.3 期間内降雨量（栃木県日光市）（9月7日～9月11日）

出典：図-5.3.2に同じ。

写真-5.3.2 鬼怒川で発生した堤防決壊とそれに伴う浸水状況

出典：国土交通省関東地方整備局（http://www.ktr.mlit.go.jp/ktr_content/content/000643703.pdf）一部加筆。

水や漏水等が発生，氾濫により多くの家屋浸水被害等が発生すると共に，避難の遅れによる多数の孤立者が発生するなど甚大な被害となった。

堤防の決壊幅は，左岸21.0km付近の上下流約200mに達した（写真-5.3.2参照）。

また，決壊後調査により決壊区間上流端部の堤防断面は，沖積層の砂質土（As1）を被覆するように粘性土（Bc）が分布していることが確認された。

一方，下流端部の堤防断面は，粘性土（Bc）を主体とする土で構成されてお

り，上流端部と下流端部で地質構成は異なっていたことが判明した。

また，決壊後の9月12日に撮影された決壊区間の航空写真や9月11日および19日に実施された測量からは，大きな落掘が形成されたことが確認された。

堤防が決壊する原因には，大きく分けて「越水」「浸透」「浸食」の3種類があるが，鬼怒川の堤防決壊の主要因は，流下能力不足による越水である。「10年に1回」の洪水を流せない箇所として，堤防のかさ上げに向けて用地取得を進めているところであった。このように，治水上の弱点が全国にはまだたくさんあることを，改めて浮き彫りにした。

9月10日の関東・東北豪雨で鬼怒川の堤防が決壊したことを受け，国土交通省関東地方整備局は有識者による調査委員会（委員長：安田進・東京電機大学理工学部教授）を設置し，決壊原因の究明や復旧工法の検討などを進めた。

決壊した茨城県常総市の左岸21.0km地点付近では，9月10日の11：46頃，すでに越水が始まっていたことが確認されている。また，決壊箇所では，川裏の法尻部で越水による洗掘の跡が残っていたことも踏まえて，調査委員会は，左岸21.0km付近の堤防の決壊原因を以下のとおり特定した。

①鬼怒川流域における記録的な大雨により，鬼怒川の水位が大きく上昇し，決壊区間において水位が計画高水位を超過し堤防高をも上回り，越水が発生した。

②越水により川裏側で洗掘が生じ，川裏法尻の洗掘が進行・拡大し，堤体の一部を構成する緩い砂質土（As1）が流水によって崩れ，小規模な崩壊が継続して発生し，決壊に至ったと考えられる。

③越水前の浸透によるパイピングについては，堤体の一部を構成し堤内地側に連続する緩い砂質土（As1）を被覆する粘性土（BcおよびT）の層厚によっては発生した恐れがあるため，決壊の主要因ではないものの，決壊を助長した可能性は否定できない。

④浸透による法すべりや川表の浸食が決壊原因となった可能性は小さいと考えられる。

すなわち，この洗掘が進行して堤防の決壊に至った可能性が高いと結論付け

第5章 河川氾濫とその対策

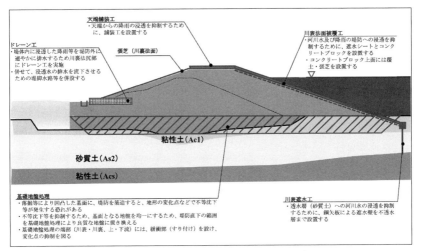

図-5.3.4 本復旧工法（案）横断模式図

出典：図-5.3.1に同じ。

た。

ただし，決壊の主要因は越水であるが，「パイピング」が決壊を助長した可能性もあると指摘している。

これらの結論を踏まえて，図-5.3.4のような本復旧工法で対応した。

5.4 河川氾濫の対策

2015年9月の関東・東北豪雨では，防災施設（堤防のかさ上げなど河道整備など）のハード対策には限界があり，「想定し得る最大規模」の大雨には，避難などのソフト対策で対処するしかないという結論が定着しかけている。

しかし，自治体の境界を越えた広域避難をいかに実現するかなど，課題は山積していると思われる。

鬼怒川の氾濫の事例を挙げると，鬼怒川下流部を管轄する国交省の下館河川事務所では，複数の決壊箇所を設定し，それぞれの浸水シミュレーションを実施し，今回の決壊箇所の1 kmほど上流で決壊した場合の結果も出ている。

同事務所は，鬼怒川で越水や決壊が起こる前に，これらのシミュレーション結果を常総市に提供し，万一の場合に活用するよう呼びかけていたが，指示や勧告が後手に回ってしまったのが現実である。

　一般市民側にも課題があると思われる。気象庁でも，9月7日から9日にかけて，防災にかかわる情報や災害への留意点等を記載した台風第18号に関する情報を11回にわたり発表し，大雨や暴風，高波の予想される地方に対しては，警戒を呼び掛けていた。

　9月10日1:25に記者会見を実施し，記録的な大雨に関する全般気象情報を発表して「大雨特別警報が発表されました。これまでに経験したことのないような大雨となっています」などと最大級の警戒を呼び掛けていた。それにもかかわらず，避難せずに救助を待った多数の住民が存在したのが事実であった。

　そこで，堤防が決壊した現場周辺では，消防と警察，自衛隊，それに海上保安庁などによって，ヘリコプターやボートを使って各地で孤立している人たちの救助が行われた。

　また，宮城県や茨城県など合わせて7か所で堤防が決壊し，24か所で川の水が溢れた。

　国の管理する1級河川は堤防が壊れると大きな被害につながるので，都府県が管理する2級河川などよりも厳しい基準で整備や管理が行われている。しかし，最近，1級河川の堤防の決壊がたびたび起きるようになった。

　2004（平成16）年の台風第23号襲来の際も，兵庫県の円山川が決壊し，豊岡市では8,000棟以上の住宅が浸水している。

　今回の鬼怒川も1級河川であり，国が直接管理していた区間の堤防が幅200mにわたって決壊した。また，1級河川の鳴瀬川の支流である渋井川は，宮城県大崎市で，幅20mにわたって決壊している。

　さらに，今回の大雨では，栃木県日光市今市で24時間降雨量が541mm，五十里で551mmに達している。

　土砂災害を対象とする場合，1時間降雨量を基準に議論する場合が多いが，上流部の広い範囲で降った大雨を集めて流れる河川では，堤防決壊という災害

表-5.4.1 指定河川洪水予報の標題

洪水予報の標題 （種類）	発表基準	市町村・住民に求める行動の段階
○○川氾濫発生情報 （洪水警報）	氾濫の発生（レベル5） （氾濫水の予報）	氾濫水への警戒を求める段階
○○川氾濫危険情報 （洪水警報）	氾濫危険水位（レベル4）に到達	いつ氾濫してもおかしくない状態 避難等の氾濫発生に対する対応を求める段階
○○川氾濫警戒情報 （洪水警報）	一定時間後に氾濫危険水位（レベル4）に到達が見込まれる場合，あるいは避難判断水位（レベル3）に到達し，さらに水位の上昇が見込まれる場合	避難準備などの氾濫発生に対する警戒を求める段階
○○川氾濫注意情報 （洪水注意報）	氾濫注意水位（レベル2）に到達し，さらに水位の上昇が見込まれる場合	氾濫の発生に対する注意を求める段階

出典：気象庁ホームページ（http://www.jma.go.jp/jma/kishou/know/bosai/flood.html）。

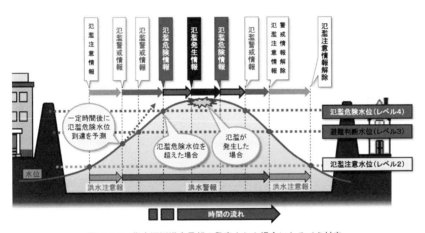

図-5.4.1 指定河川洪水予報の発表された場合にとるべき対応
出典：表-5.4.1に同じ。

を対象とする場合には，24時間降雨量というスパンで判断すべきかもしれない。

　大雨特別警報が発表されるような状況下で避難するには，降水量が増えることで河川の水位が上がり，堤防を越えたり，決壊したりするという「河川洪水被害の特徴」を十分把握することが重要である。

そこで，全国の主な河川に関して，気象庁と河川の管理者が共同で発表している「洪水予報」（河川の水位が上昇するに従って「氾濫注意情報」「氾濫警戒情報」「氾濫危険情報」「氾濫発生情報」の4段階）に注目することが重要である（表-5.4.1, 図-5.4.1参照）。

自治体は「氾濫危険情報」を避難指示や勧告を発表する目安にしているが，高齢者や身体の不自由な人は「氾濫警戒情報」で避難を始める必要がある。

第6章
内水氾濫水害事例とその対策

6.1 我々にとって身近な水害

　戦後の高度経済成長期，とくに昭和40年代の後半から下水道施設の整備速度が急激に早まった。その結果，1時間あたりの降雨量が50mm程度でも，我々は快適な都市空間における生活を享受できている。

　しかし，第Ⅱ部第2章でも述べた地球温暖化による「地球規模の異常気象」と人口の都市集中による「ヒートアイランド現象による豪雨」の影響が大きくなっている。さらに，地表面がコンクリートやアスファルトで覆われているので，雨水が地中に吸収されず，都市域における浸水被害が顕在化している。この場合，排水用の水路や小河川は水位を増して真っ先に溢れ出す。このようにして起こる洪水を内水氾濫と呼び，第Ⅱ部第5章の外水氾濫とは区別している。

　ただし，ある平野を流れる主要河川である「本川」の水を「外水」とし，その堤防の内側の平野側における水を「内水」と呼んでいる。すなわち，どこを本川とするかによって，内水の範囲が変わる。平野内に水源をもつ比較的大きな排水河川が溢れ出す場合，台地・丘陵内の小河川が谷底低地内に氾濫する場合も内水氾濫に含める場合が多い。

　洪水被害（外水氾濫，内水氾濫）の被害額では，内水氾濫は全国では約半分であるが，東京都では80％を占める（図-6.1.1参照）。これは，人口の首都圏集中傾向が顕著となった結果，1993～2002年の10年間のデータでは都市域に住宅が大量に建設されたため，需要量が下水道施設の処理能力以上となったものと予測される。したがって，比較的堤防の整備が進んだ都市部では，内水氾濫が新たな課題となっている。

第Ⅱ部　風水害

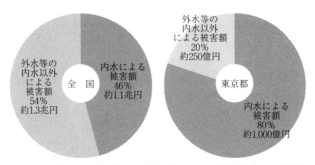

図-6.1.1　外水・内水氾濫による被害額における全国と東京都の被害額比較（1993〜2002年）
出典：国土交通省ホームページ（http://www.mlit.go.jp/river/pamphlet_jirei/bousai/saigai/kiroku/suigai/suigai_3-3-2.html）。

そこで本章では，下水道施設の歴史から最近の防災としての浸水対策について述べる。

6.2　下水道施設の歴史

強い雨が降ると，平坦地では雨水ははけきらずに地面にたまる。そのために，日本列島では今までどのような対策を行ってきたのか，以下に顧みる。

弥生時代には，稲作技術の渡来などにより大きな集落が形成され，防御，用水，排水等を兼ねた水路が造られるようになった。これが，下水道の初めての概念のようである。

古墳時代になると，掘立柱形式の建物に屋根から落ちる水を受ける雨落溝が存在し，雨水排水に役立ったようである。藤原京の時代に入ると，大規模な排水施設が存在した。藤原京では道路側溝が発達しており，その総延長は約200kmにも及ぶものであった。

次に造営された平城京は藤原京以上の大規模な都市となり，きちんと計画された道路側溝網が存在していたようである。

さらに，安土桃山時代には，大坂城築城に伴う町づくりの一環として「太閤

表-6.2.1　明治時代の下水道事業

都市名	年	事　項
東京都	明治5年〜8年	銀座火災後洋風の溝渠を築造
	〃 17年〜18年	神田で煉瓦または陶管による汚水管を築造
	〃 41年	下水道基本計画作成，計画人口300万人，排水面積5,670haで現在の東京の下水道の基礎となる。
	大正2年	工事着手（第一期下水道改良事業）
横浜市	明治14年	わが国初の下水道建設
大阪市	明治27年	19年と23年のコレラ流行に端を発して着手，32年には旧市街のほとんどを完成させた。
	〃 42年	前述の施設は応急的なものであったため，39年に再調査を始め，42年に着手，大正12年に完成させた。これが現在の大阪市の下水道の基礎をなすものである。
仙台市	明治32年	着手
広島市	〃 41年	〃
名古屋市	〃 41年	〃

出典：国土交通省ホームページ（http://www.mlit.go.jp/crd/sewerage/rekishi/02.html）。

下水」と呼ばれる背割下水が現れ，その一部は現在でも使用されている。

　このように町づくりとともに主として「雨水の排水」を目的とした下水道整備は全国各地で行われていたが，近代的下水道は明治時代に入ってからようやく登場することとなる（表-6.2.1参照）。

　明治時代に入ると，雨水による浸水問題や汚水による環境不衛生が引き起こす伝染病の問題，さらには居住条件の劣化を防ぐために，施策として下水道がわが国に導入され，1900（明治33）年に下水道法が制定された。この法律では，土地を清潔に保つことを目的とし，事業は市町村公営で，新設には主務大臣の認可を要することとされ，その後の下水道行政に大きな影響を与えた。

　明治大正時代では，下水排除のみを目的とした下水道整備はなかなか進まなかったが，昭和に入ると失業対策のために30数都市が下水道事業に着手した。1940（昭和15）年には約50都市に達し，下水道による排水面積は2万6,393ha，排水人口は506万人となった。

　昭和の時代は，明治大正時代に下水道事業に着手した都市が続々と処理場を

第Ⅱ部　風水害

表-6.2.2　下水処理場供用開始年表

年	都市名	処理場名	処理方法
1922（大正11）年	東　京	三河島	標準散水ろ床法
1930（昭和5）年	名古屋	堀　留	散気式活性汚泥法
	〃	熱　田	散気式活性汚泥法
1933（昭和8）年	〃	露　橋	簡易処理
1934（昭和9）年	京　都	吉祥院	散気式活性汚泥法
1935（昭和10）年	豊　橋	野　田	機械式活性汚泥法
1936（昭和11）年	名古屋	露　橋	散気式活性汚泥法
1937（昭和12）年	岐　阜	中　部	散気式活性汚泥法
	東　京	芝　浦	機械式活性汚泥法
1938（昭和13）年	京　都	鳥　羽	散気式活性汚泥法
1940（昭和15）年	大　阪	津　守	散気式活性汚泥法
	〃	海老江	散気式活性汚泥法

出典：国土交通省ホームページ（http://www.mlit.go.jp/crd/sewerage/rekishi/02.html）。

供用開始した時代でもあった。1913（大正2）年英国で開発された活性汚泥法が17年後にわが国で採用されていることは，注目すべき事項である（表-6.2.2参照）。

　戦後，1946（昭和21）年から公共事業は戦災復興事業を中心に進められたが，1948（昭和23）年度からは公共下水道に対する国の財政補助も戦前と同様に行われるようになり，再び下水道建設に取りかかる時代となった。

　日本国内の産業活動の活発化，人口の都市集中が進み，水需要の拡大に伴い，国の政策として水資源の確保が急務となったが，下水道は国の重点事業とならなかった。しかし，昭和30年代には河川汚濁が始まり，全国主要都市内の河川から都市近郊の河川にまで急速に広がったことにより，対策には急を要した。

　そこで，旧下水道法の抜本的改正によって，1958（昭和33）年に公布された新たな下水道法では「下水道の整備を図り，もつて都市の健全な発達及び公衆衛生の向上に寄与」することを目的として合流式下水道を前提とした都市内の浸水防除，都市内環境整備に重点が置かれることとなった。

　また，同年に「公共用水域の水質の保全に関する法律」（通称：水質保全法）

と「工場排水等の規制に関する法律」(通称：工場排水法)の2法も制定されたが，排水基準の設定，違反者に対する措置などの規定は不十分であった。しかしながら，「水質保全法」において，各自治体は工場排水と家庭下水の両方により汚濁している河川を対象として都市河川汚濁防止計画を定め，所定期日までに下水道処理場を建設し良好な処理水を放流することを求める規定が設けられた。これは，下水道にとって画期的なことであり，各自治体は「都市環境の整備」および「河川の水質保全」にも対応することが求められることとなった。

なお，1960(昭和35)年の下水道法の改正に際し，「公共用水域の水質の保全に資する」という一項がその目的に加えられ，ほぼ今日の下水道法の体系ができ上がった。その結果，「都市環境の改善に向けての下水道の整備拡充体制」が整えられた。

一方，1967(昭和42)年に「公害対策基本法」が制定され，環境基準が定められるようになり，1970(昭和45)年には公共用水域および地下水の水質の汚濁の防止，国民の健康保護や生活環境の保全を図ること，さらに工場や事業場からの排出汚水・廃液による被害者の保護を図ることを目的とする「水質汚濁防止法」が成立した。その結果，人の健康に係る被害が生じた場合に事業者の損害賠償の責任が問われることとなった。

公共用水域の水質の保全に資するという目的として，「水質汚濁防止法」が成立し，水質汚濁に関する排水基準の設定や下水道が特定事業場として取扱われることになった。

その後も，下水道を取り巻く状況の変化に対応すべく，下水道法の改正が行われている。

以上のように，「雨水対策」から始まり，「汚水対策」も含めて下水道設備の整備が進められてきた。さらに，工業化の進展により，「水質汚濁防止対策」のための「水質保全」を目的とするように変わっていった。

図-6.2.1に近年までの下水道の役割の変遷を示す。

第Ⅱ部 風水害

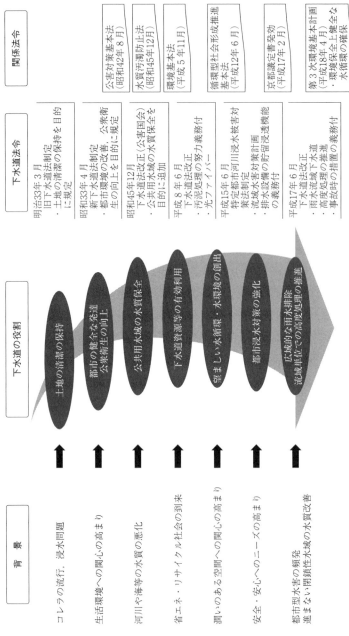

図-6.2.1 下水道の役割の変遷

出典：国土交通省ホームページ (http://www.mlit.go.jp/crd/sewerage/rekishi/03.html)。

6.3　内水氾濫発生のメカニズム

　雨が降り始めると，降った雨は地中へ浸透する。地盤の浅層部が飽和した状態になれば，雨は地表面を流れ出す。ただし，雨が地表面を流れ出すまでの時間は地盤の浅層部の飽和度によって変わる。

　集中豪雨の場合，地中へ浸透する雨の量よりも地表面を流れる雨の方が多いので，通常の降雨状態と比較して，洪水が発生するまでの時間が短くなる。

　また，新興住宅地区と呼ばれている都市域では，森林や農地であった所が宅地用に開発され，地表面がアスファルトやコンクリートで覆われている場合が多い。この場合，雨水の地中への浸透量が少なくなるので，降った雨の大半が短時間で下水道を通って川に流入する。前節6.2で述べたように，明治以降，とくに高度経済成長期以降には下水道が整備されてきたため，時間降雨量が50mm以下であれば住民に快適な住空間を提供してきたが，下水道に流入する量が許容量以上になると逆に下水道から都市域に流れ出る「内水氾濫」が起きる可能性が高い。

　下水道や下水処理施設のポンプが雨水を十分処理できる場合でも，最終的に雨水を吐き出す先の河川の水位が高ければ，内水氾濫が発生する場合がある。

　さらに，最近では，台風あるいは前線単独による豪雨に加えて，台風が前線を刺激してもたらす豪雨も増えている。都市域の河川で流域面積が小さな所では，雨域の範囲が限定的であっても，1～2時間まとまった雨が降ると，下水道で雨水を処理しきれないだけでなく，河川の水が溢れることも多々見られるようになっている。

　道路の整備状況によって災害がもたらされる場合もある。道路面の舗装は横断面を考えると通常，中央部が若干高く両端部が低くなって，道路表面を流れる雨水が両側に設置されている溝に流入して排水される設計となっている。しかし，道路の維持管理状態が悪いと枯葉やゴミで側溝が詰まり，道路面の雨水は十分に排水されず，冠水する懸念がある。

第Ⅱ部　風水害

また，一般道が鉄道や道路と地上で平面交差していると交通渋滞が発生し，「開かずの踏切」などという社会問題になることも多い。これを避ける対策として，一方を高架またはアンダーパスとして立体交差させる方法をとっている。道路を掘り下げて立体交差としている場合，道路面を雨水が流れるようになると，地表面からスロープになっているアンダーパスに雨水がたまる（写真-6.3.1）。そこに人が乗っている車両があれば，災害発生となる。

一般に，時間雨量50mm以上の雨は，滝のように降る「非常に激しい雨」，時間雨量80mm以上の雨は，息苦しくなるような圧迫感を与える「猛烈な雨」と表現される。時間雨量50mm以上で，車の運転などが危険となる。このような場合，交通渋滞となってアンダーパス内に滞留してしまう可能性が高いので，とくに留意する必要がある。

さらに都市内の浸水被害の発生メカニズムとして，下水管路についても述べておかなければならない。下水道管路は許容流量以上の雨水が流れ込むと満水状態となり，本来管路内を流れるはずの雨水・汚水が逆流して居住空間内に流れ込むことになる。また，管路内の流量増加により

写真-6.3.1　アンダーパス冠水事例
出典：国土交通省ホームページ（http://www.mlit.go.jp/river/shinngikai_blog/kouzuihazardmap/dai01kai/dai01kai_siryou2.pdf）。

写真-6.3.2　マンホールから下水が噴出している状況
出典：田蔵隆。

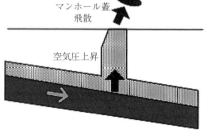

図-6.3.1　マンホール蓋の飛散現象
出典：国土交通省ホームページ（http://www.mlit.go.jp/common/000125907.pdf）。

管路内の空気圧が上昇してマンホールの蓋が外れ，管路内の下水が地表面に噴き出す現象もしばしば見受けられる（写真-6.3.2，図-6.3.1参照）。

6.4　内水氾濫事例

6.4.1　鹿児島8.6水害

1993（平成5）年8月6日，前夜から降り続いていた雨は未明から激しさを増し，午後になると一段と雨脚は強くなり，「100年に1度の豪雨」と称されるような想像を絶する記録的な豪雨となって，鹿児島市内とその周辺部に甚大な被害をもたらした。また，鹿児島市では，6日17：00～19：00の2時間で109mmという局地的集中豪雨も記録し，北部地域から郡山町にかけては降り始めてからの総雨量は350mmを超えた。

このため，鹿児島市内を流れる甲突川，新川，稲荷川の3河川が氾濫して，天文館や西駅周辺等の広い範囲で浸水した。とくに，草牟田付近では国道が2m以上も冠水し，道路は濁流の流れる川と化した。また，1845～49年に甲突川にかけられ，市民に親しまれてきた五石橋の内，新上橋と武之橋が流失し，県内最古の石橋といわれてきた実方太鼓橋も流失した。

残った3石橋を河川改修に併せて移転復元を行い，保存することとなった。西田橋については，「西田橋解体復元調査委員会」が設立され，検討結果を踏まえ，50億円（用地補償20億円，橋梁10億円，資料館10億円，公園10億円）が予算化され，高麗橋・玉江橋については，49億円（用地補償21億円，橋梁20億円，公園地8億円）が予算化された。

また，鹿児島市小山田では国道3号線が大きく陥没し，随所で崖崩れも発生した。鹿児島市竜ヶ水地区では国道10号沿いの崖が4kmの区間で22か所にわたり崩壊し，通行車両1,200台やJRの列車乗客，地域住民など約3,000名が完全に孤立した。とくに，日豊本線の竜ヶ水駅では，停車中であった上下線の普通列車3両の乗客合わせて約2,500名が取り残されたため，乗務員の指示で避難している最中に土石流が襲い，残念ながら乗客3名が死亡した。これら孤立

第Ⅱ部　風水害

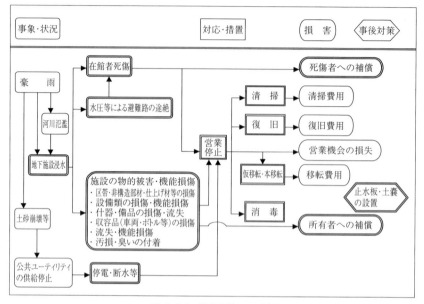

図-6.4.1　災害連鎖フロー図

出典：後藤恵之輔・戸田圭一・中山学「地下空間に関わる浸水被害事例とその対策」地下空間シンポジウム『地下空間シンポジウム論文・報告集』第5巻，土木学会地下空間研究委員会，2000年．

した人々は，海上からの救出活動で救助されたが，この豪雨により一夜のうちに死者・行方不明が49名となった。なお，救助の様子が全国にテレビで放映された。

　鹿児島市内では，地下駐車場（ホテル，アリーナ）が水没し，収容していた車両も被災した。また，繁華街である「天文館」にも，氾濫水が流入した。地下飲食店では，ドアが水圧で開かない事態が発生した。被災した加盟店は約520店舗であった。うち，冠水などの直接被害を受けて営業不能になった店舗は約400店（天文館地区の約1/3）に上るが，構造体や什器・備品などの物的被害以上に，汚損・臭いの付着，衛生面の問題が大きかった。また，しばらくは，ガスの発生などにより施設内に入って清掃することができなくなり，作業員と資材不足の影響も大きく，営業不能となったほとんどの店舗が1か月以上休業した。なかには約半年間休業した店舗もあったようである。約2割が閉店に追い

込まれる状態となった。賃貸しの店舗では，賃貸し側で費用をかけて清掃したものの新たな賃借り人が見つからない場合が多いなど，利益面で大きな損害に波及している。

いかに災害の影響が拡大して行くかに着目した災害連鎖フロー図が図-6.4.1である。今後の対策立案のために，これを活用してほしい。

6.4.2 アンダーパスへの浸水

2008（平成20）年8月16日18：00，栃木県鹿沼市の市道で軽乗用車が冠水中のアンダーパスに入り運転中の女性が死亡した。

現場は東北自動車道鹿沼インターチェンジ付近の市道で，同自動車道の下をくぐった部分であった。豪雨により，最大約2mの深さで冠水していたので，1時間後に現場付近で警察署員が交通規制中，水が引いて現れた車を見つけたようである。

栃木県警は「本人と目撃者から110番通報があったが，出動していなかった」ことを明らかにした。原因は，通信司令課員が同じような水没事故があった約1.5km離れた別の現場と勘違いしたことであるとしている。

また，出動要請の119番通報が多く，地元鹿沼市消防本部も連絡を受けながら出動できなかった。

県警の発表によれば，同日18：19に目撃者から，18：21に女性本人から「車内に閉じこめられている。ドアが開かない」と110番通報があったという。

なお，当日は別の水没事故に関して，17：58〜18：04に計5件の110番通報を受電していた。

亡くなった女性の母親の「最後は『お母さん，さよなら』でした。あの絶叫は一生忘れられない」という言葉を聞くと，「都市域における水防災の重要性」を再認識する必要があると痛感する。

栃木県は事故後，県管理のアンダーパス全30か所の側壁に，冠水時の水位を示した線を記すこと，1か所であった自動遮断機の設置を増設するなどの対策を講じた。

一般道からアンダーパスへ入る場合，雨天の湿潤路面では停止するまでに必要な距離は空走距離を含めて約33.6mと予測されているので，自分が走っている速度と比較して，どの程度余裕があるのか，常に意識しておくことが必要である。アンダーパス内における追突事故が渋滞の原因となり，車両が水没することが発生しないように留意すべきである。

また，もし水に浸かったら，慌てずに側面のドアガラスを割るなどして脱出する方法を実行することが重要である。しかし，窓を割ることが危険な場合や，割ることができない場合には，

①ドアのロックを解除する
②胸から首のあたりまで浸水するのを「冷静に」待つ
③大きく息を吸い込みドアを開け脱出する

なども重要な方法である。

なお，2008（平成20）年9月26日付で，国土交通省 道路局 道路交通管理課長らから都道府県および政令市の道路担当部局長宛てに「道路冠水による事故の防止について」として，右の内容の通知が出されている。

この通知は，上記のような道路のアンダーパス部が冠水して車両が水没する事故を踏まえて，「短時間の豪雨によりアンダーパス部に雨水が急激に集中して冠水した事故を防ぎ，安全な道路交通の確保を目的として，今後多発すると予測される異常豪雨へ的確に対処していく必要性」から都道府県・政令市に対するものである。

第6章　内水氾濫水害事例とその対策

道路冠水による事故の防止について

平成20年9月26日

　本年8月及び9月の集中豪雨により，栃木県鹿沼市及び広島県広島市において，道路のアンダーパス部が冠水し，車両が水没する事故が発生しました。

　いずれも短時間の豪雨によりアンダーパス部に雨水が急激に集中して冠水したものであり，安全な道路交通を確保するため，今後，近年多発する異常豪雨へ的確に対処していく必要があります。

　このため，貴管理道路（地方道路公社が管理する道路を含む。）について，
　　①気象情報の収集及び初動体制の確立
　　②必要に応じ，警報システムなど施設の設置
　　③地方整備局等の道路管理者や所轄の警察及び消防との連携強化
などにより，豪雨時の通行止めなど適切な道路管理が図られますようお願いします。

　また，豪雨時に必要な措置を迅速かつ適切に行う観点から，アンダーパス部等前後に比して局部的に急低下している区間に関する情報について，あらかじめ，関係道路管理者間や所轄の警察及び消防等の関係機関との間で共有することが重要ですので，貴管理の道路等における当該区間についての把握をお願いします。当該区間についての情報は地方整備局等でとりまとめて，これらの機関で共有することを予定しています。

　あわせて，都道府県におかれましては，貴管内の道路管理者（政令市を除く。）への本内容の周知につきましてもお願い申し上げます。

(後略)

第7章
都市型水害事例とその対策

7.1 都市圏で発生する水害

　大都市への人口集中が進み，地方の過疎化に拍車がかかり，首都圏をはじめとする三大都市圏への人口流入が顕著になっている。その結果，都市部で生活している多くの人々は，快適で文化的な生活を享受している。しかし，近年，地球規模で進む気候の極端化とヒートアイランド現象に伴って，東京都などの大都市でも記録的な豪雨による被害が発生している。

　一方，豪雨に対して都市を守るためのインフラとして「下水道と都市河川」が整備されてきた。しかし，設計強度である50mm/hrを超える強い雨に対してまで有効ではない。気候変動の影響にヒートアイランド現象も関係して，最近では，都市部を中心に局地的に非常に激しい雨が降る。第Ⅱ部第2章で述べたように，このうち狭い範囲で短時間に降る猛烈な雨は「ゲリラ豪雨」とも呼ばれており，予測が大変難しい。激しい集中豪雨によって，都市河川流域では瞬く間に氾濫がひき起こされる。氾濫水は道路を水路のように流下し，さらに地下空間にも流入する（写真-7.1.1参照）。

　また，地上の混雑を緩和するために，地下道路，地下鉄，地下街等の地下空間の有効利用がなされている。これは1980年代後半頃から始まったバブル期に，地価高騰のために残された唯一の空間である地下空間を利用するという発想により国会で議員提案を提出する動きから始まったが，バブル崩壊で一時期下火になった。約10年後に再燃し，三大都市圏（首都圏，近畿圏，中部圏）の一部区域を指定した「大深度地下の公共的使用に関する特別措置法」（通称：大深度法）が2001（平成13）年に施行され，法制化された。

「地中深い範囲には私権が及ばず，公共のもの」とした「大深度法」は，より安価に地下開発しようという発想に基づいている。

「大深度地下」とは，地下40m以上，もしくは高層ビルの基礎杭の支持地盤上面からさらに10mの深さを示す（図-7.1.1参照）。

この法律の適用第1号は，神戸市水道局の大容量送水管整備事業のうち奥平野工区（深さ40.0～58.5m，延べ268.5m）である。送水管敷設トンネル工事用の立坑を結ぶと公共道路直下のみの占用では大きく迂回するルートとなるので，一部私有地の地下を使用することにより，直線的なルートとなることで延長を短縮でき，合わせて工期の短縮，工事費の縮減を図ることができた。また，計画・施工されている「リニア新幹線」や大阪府寝屋川北部地下河川（後述，図-7.5.1参

写真-7.1.1　福岡市営地下鉄博多駅（平成15年7月）
出典：国土交通省ホームページ（http://www.qsr.mlit.go.jp/bousai/index_c19.html）。

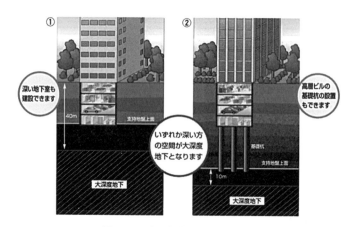

図-7.1.1　大深度地下利用の概念図
出典：国土交通省ホームページ，パンフレット「新たな都市づくり空間　大深度地下」p.4より
（http://www.mlit.go.jp/common/001187587.pdf）。

照）でも適用が計られている。

　一方，近年，地下空間内が浸水するという事象が頻発して，死者が出るという痛ましい事故も発生している。

　したがって，大都市で浸水が発生した場合に最も注意しなければならないのが「地下空間」である。浸水が深刻化すれば人命に関わる事態にまで至る可能性が潜在しているからである。

　第Ⅱ部の第5章，第6章で述べた「外水氾濫」や「内水氾濫」も相まって都市内に浸水被害が発生する被害を「都市型水害」と呼んでいる。

　現在，どのようにすれば地下浸水を防ぐことができるのか，少なくとも被害を最小限に抑えることができるのかという研究の中で，予測解析や実験的アプローチも行われている。

　そこで本章では，災害発生メカニズム，被害事例および最近の防災としての浸水対策について述べる。

7.2　都市型水害発生メカニズム

　全国で1時間に50mm以上の豪雨が発生した回数は，1975（昭和50）年以降増加傾向にある（図-7.2.1参照）。これは，地球温暖化が要因と考えられている。

　豪雨がもたらす水害として，まず，我々が住んでいる地域より上流に降った降水量が原因で急激に河川の水位が急上昇し，場合によっては溢れてしまうことがある。このような「外水氾濫」により，浸水被害が発生する可能性がある。

　一方，都市部では，短時間でも激しい雨が降れば，雨水を下水道で処理しきれずに氾濫が生じる。このような氾濫は「内水氾濫」とよばれ，とくに都市部の低平地でよく起こる。

　豪雨災害は大きく「集中豪雨」と「局地的大雨」に大別される。両者は一見似ているが，雨の降り方に違いがある。第2章でとりあげたとおり，気象庁では，雨の強さと降り方の目安として，1時間あたりの降雨量ごとに雨の強さや人の感じ方，影響，災害発生状況などを表にまとめている（第Ⅱ部・表-2.5.1参照）。

第Ⅱ部　風水害

「都市型水害」とは，都市化によって生まれる「雨水流出量の増大」による水害であり，雨水の急増に都市の排水処理能力が間に合わず，結果として低地での氾濫被害が増大してしまい，道路や鉄道の冠水，交通機能の遮断，繁華街などの浸水被害が相次いで起こる現象である。

これは，都市開発が進んで地表面がアスファルト化されるにつれて，地面に雨水などが吸収されにくくなってきたことが「災害発生の素因」であろう。

また，道路整備に伴って側溝が造られ，住宅に雨どいが設置されたことで，雨水が地面に到達する時間が飛躍的に短縮され，結果的に地面が雨水を吸収するよりも，大量の雨が地表に流れてしまうことも素因に含まれる。

一方，第Ⅱ部第2章で述べた「大雨の発生」や，「ヒートアイランド現象」は「誘因」となろう。すなわち，「ヒートアイランド現象」に伴う都市の温暖化が，このような豪雨発生に関係している可能性が高い。なお，「ヒートアイランド現象」とは，都心とその郊外との気温を比べた場合，都心に近いほど平均気温が高くなる現象である。

その原因は主に，①「人工排熱の増大」と②「都市の構造的特徴」の2つであると考えられている。

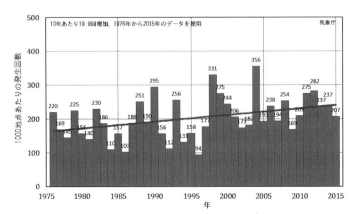

図-7.2.1　1時間降水量50mm以上の年間発生回数の変化

出典：気象庁ホームページ（http://www.jma.go.jp/jma/kishou/info/heavyraintrend.html）。

①人工排熱の増大：都市域には，人口が集中しており，工場や事業所，住宅などから排出される熱量は膨大である。その結果，都心部の気温が上昇している。

②都市の構造的特徴：コンクリート建造物からの放熱，太陽からの反射熱さらにアスファルトで舗装されている道路面の放熱などによって都市の高温化が引き起こされる。また，ビルの密集化によって日射の吸収や反射がビルの壁面間で繰り返し行われ蓄熱され，熱がこもった状態になっている。暖かく湿った空気が上昇気流で上空に押し上げられ，積乱雲が発生して豪雨を引き起こす。

さらに，海からの風が高層ビル群にぶつかると上昇気流が発生し，この上昇気流がヒートアイランド現象下にある都心の暖かく湿った空気を上空へと運んでいくので，上空に大きな積乱雲を発達させることになり，局地的に大雨が多発する可能性ができる。このように高層ビル群が上昇気流を発達させる現象は，山の斜面にぶつかった風が上昇していくのと同じで，高層ビルに風がぶつかると水平方向への風の強さが弱まり，上昇する風の流れが発生し，その風下に大雨を降らせる雲を発達させる可能性があると考えられている。

その結果，完備された下水道施設では処理しきれない雨水が都市域へ大量に溜り，地表面から輻輳化した地下空間内に流入して，災害が発生する可能性が危惧される。

7.3　国内の都市型水害被害事例

7.3.1　長崎豪雨災害

1982（昭和57）年7月23日から25日にかけて低気圧が相次いで西日本を通過し，梅雨前線の活動が活発となった。この大雨を気象庁は「昭和57年7月豪雨」と命名した。とくに長崎県では23日夜に時間降雨量が187mm，日降水量448mmの豪雨となった。死者・行方不明者299名を数え，長崎県内だけでも被害総額約3,153億円の大災害となった。なお，災害の特性として，主に郊外で発生した「土砂災害」と長崎市中心部の「河川災害」に区分できる。

【土砂災害】
- 長崎は斜面地に形成されているので，県内で4,457か所の土砂災害が同時多発的に発生した。したがって，公的機関の救助には限界があり，孤立集落が生じる可能性があるので，住民による自助・共助を重視したソフト面の対応が重要であることが明らかになった。
- ただし，1957（昭和32）年の諫早水害後に築造された砂防堰堤により，水害対策の有効性が認識されている。

【河川災害】
- 23日16:50，長崎海洋気象台より大雨洪水警報が発表され，20:00，県警は中島川，浦上川の下流域市街地に避難勧告発令を決定した。
- 同日22:00，長崎市は避難勧告発令を決定し，長崎市消防局は全署員および全消防団員を招集した。しかし，電話回線はパンク状態となり，救援・救助は困難を極めた。
- なお，21:00のテレビ，ラジオは県警の避難勧告を報道したが，実際に避難の呼びかけを受けた人の避難率は27.3％にすぎないなど，住民の危機に対する意識にも問題があると思われる。また，出水により乗車中に被災し12名が命を落とし，自動車の被害台数は，約2万台を数えた。
- 上・下水道，電力，ガス等のライフラインの寸断が各地で発生した。また，病院，ホテル，デパートなどでは地下室への浸水により，電気設備，空調設備，医療機器などが冠水し，重要機能がマヒした。
- 被災した中島川に架かる眼鏡橋の復旧も含めて，豪雨災害を踏まえた都市づくりには，地域代表も参加して「防災と文化財保存」の重要性が議論された。

7.3.2 福岡水害

1999（平成11）年6月28日に梅雨前線の活動により，福岡県北部を中心に激しい雨が降り，とくに29日8:00〜9:00にかけて1時間に77mmという豪雨を観測した。10:00頃に降雨は一時沈静化したが，上流の大宰府市付近での降雨が下流に流れ，近くの博多湾からの満潮による海水が御笠川を逆流して，博多駅

第7章 都市型水害事例とその対策

近くでは一気に河川水位が上昇した結果，河川から水が溢れ出した（図-7.3.1参照）。この氾濫水や道路側溝・下水道で排水できなかった雨水が，盆地構造となって周囲より2～3m地盤が低いJR博多駅付近に向かって流れ出した（表-7.3.1参照）。その結果，ビルやホテル，店舗等が集中する博多駅周辺では1mほど冠水し，駅周辺地区の地下施設の浸水面積は約5万m²となるなど甚大な被害となった（写真-7.3.1，写真-7.3.2，図-7.3.2）。

御笠川からは約400m離れた博多区博多駅東2丁目のオフィス街にあるビルでは，地下1階が水没し，飲食店の従業員1人が逃げ遅れて死亡するという痛ましい事故も発生した。このビルには道路と同じ高さの壁面に地下駐車場用の通気口が4か所開いており，その通気口から濁水が流れ落ち，地下駐車場への

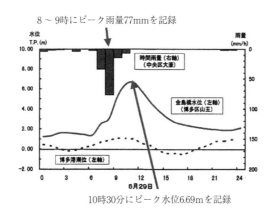

図-7.3.1　6月29日の雨量・水位状況
（福岡市金島橋における観測結果）

出典：楠田哲也「1999.6.29福岡豪雨」JSCE Vol.84, Nov. 1999
（https://www.jsce.or.jp/journal/thismonth/ar991104.pdf）。

表-7.3.1　福岡市の主な浸水状況（御笠川流域）

人的被害	浸水戸数（戸）					浸水面積(ha)
	種別	軒下浸水	床上浸水	床下浸水	計	
死者1名	家屋	7	305	735	1,047	約280
	事務所	23	627	573	1,223	

出典：福岡県河川課調べ，1999（平成11）年7月30日現在。

第Ⅱ部　風水害

写真-7.3.1　地下鉄博多駅15番入口

写真-7.3.2　博多区博多駅東2丁目付近

出典：写真-7.3.1，写真-7.3.2いずれも国土交通省九州地方整備局ホームページ（http://www.qsr.mlit.go.jp/bousai/index_c17.html）。

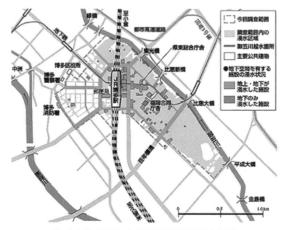

図-7.3.2　豪雨による博多駅周辺の浸水状況

出典：国土交通省ホームページ「［検証］1999年の災害 大都市の無防備な地下空間を襲った集中豪雨」（http://www.mlit.go.jp/river/pamphlet_jirei/bousai/saigai/1999/html/e_tizu.htm）。

出入り口からも流入して地下はほとんど満水状態となった（図-7.3.3参照）。

現地調査した際，当該ビルの管理室の人と亡くなった人は，「毎年1回は浸水しているが，小雨になったので今日は大丈夫ですね」という会話をしたという話を聞き，情報さえ伝わっていたらと残念な思いをした。

なお，駐車場への流入防止用止水板や換気口からの流入防止用壁を設置し，対策を講じている（写真-7.3.3～写真-7.3.6参照）。

第7章　都市型水害事例とその対策

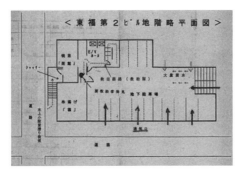

図-7.3.3　死者が発生した地階平面図
出典：筆者作成。

写真-7.3.3　駐車場へ流入したアプローチ部

写真-7.3.4　駐車場への流入防止用の止水板

写真-7.3.5　駐車場の自然換気口

写真-7.3.6　駐車場への流入防止用壁

写真提供：写真-7.3.3〜写真-7.3.6いずれも，筆者撮影。

7.3.3　東海豪雨

2000（平成12）年9月，本州上で停滞していた秋雨前線に向かって，マリアナ諸島近海で発生した台風第14号の暖かく湿った空気が流入した結果，東海地

第Ⅱ部　風水害

方の一部地域で継続的に積乱雲が発生・発達し，11日に愛知県，三重県，岐阜県を含む東海地方で，一般的に「東海豪雨」と呼ばれる記録的な降雨が発生した（図-7.3.4参照）。

東海市で観測された1時間あたりの降水量は114mm，名古屋市でも93mm，従来の最高値の約2倍にあたる総雨量567mmもの降水量を観測した。この東海豪雨は，とりわけ愛知県に目立った損害を与えており，県全体で家屋浸水は約6万2,000世帯に及ぶという大規模な集中豪雨であった。また，大都市である名古屋市内で浸水したが（写真-7.3.7参照），特徴的な被害は地下空間の浸水であった。とくに，河川の氾濫により地下鉄駅に大量の水が流入し，線路が冠水する被害に見舞われ，地下鉄運行の完全復旧は13日午後となった。建設省（現 国土交通省）発表の試算値では，東海豪雨による被害総額は約8,500億円ともされている。

名古屋駅を通る地下鉄桜通線で被災当時，1日平均約1万3,000人が利用していた野並駅では，地表面からの氾濫水は止水板によって地下鉄構内への流入を防ぐことはできた（写真-7.3.8，写真-7.3.9参照）。しかし，近くを流れる郷下

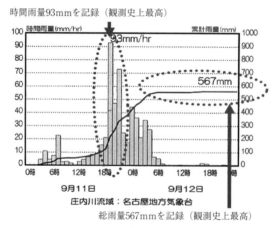

図-7.3.4　時間雨量および総雨量の水位

出典：国土交通省ホームページ「災害列島2000　都市型水害を考える」(http://www.mlit.go.jp/river/pamphlet_jirei/bousai/saigai/2000/home.html)。

第7章 都市型水害事例とその対策

写真-7.3.7 新川の破堤箇所（名古屋市西区 この数時間後，漏水が見つかった）
写真提供：筆者撮影。

写真-7.3.8 地表レベルに設置された止水板（高さ40cm）
写真提供：筆者撮影。

写真-7.3.9 地表レベルに設置された止水板（高さ40cm）内側
写真提供：筆者撮影。

川から溢れた氾濫水が止水板のない駐輪場の出入り口から流入し，地下駐輪場やコンコースを通って，階段やエスカレータから1面2線のホームへ流れ込み，線路が冠水したと予想される。コンコースでは，流入水が約20cmたまった。

また，名古屋市では，東海豪雨による浸水被害を受けて対策を進めていた2008（平成20）年8月にも，1時間あたり80mm超の集中豪雨に見舞われ，ビルの半地下にあるコンビニエンスストアでは道路に溢れた水が外階段から直接流れ込むという被害も発生していた。

そこで名古屋市は，原則1時間あたり60mmの降雨に対応できる施設整備を実施するために「緊急雨水整備事業」による雨に強い街づくりを目指すことに

なった。これは，「河川整備」と「下水道整備」を両輪とし，過去最大の降水量（東海豪雨程度）に見舞われても，床上浸水を概ね防止できるような施設整備である。

7.4　海外の都市型水害被害事例

7.4.1　ハリケーン・サンディによる被害

　2012年10月22日，カリブ海で発生した熱帯低気圧「サンディ」は，その後ハリケーンに発達し，キューバやジャマイカなどのカリブ海諸国に被害をもたらした。さらに10月29日夜に強い温帯低気圧に変わった後，米国東部沿岸を北上して瞬間最大風速約32m/s以上の風速が観測されるほどの強風を伴い，ニューヨークをかすめニュージャージー州に上陸した。しかし，移動速度が遅かったことも影響し，倒壊した家屋や木の下敷きや増水した川に流されるなど，アメリカ・カナダにおいて132名，カリブ地域を含めると199名が犠牲になった。

　とくに，世界経済の中心であるニューヨーク市では，地下を走っている道路・地下鉄のトンネルが浸水し，広域の停電が続いたので都市機能を失ったばかりでなく，証券取引所・債券市場などが取引停止に追い込まれた。すなわち，ニューヨークのインフラの脆弱さを浮き彫りにしたと言える。

　被害総額は保険損失を含めて500億ドルと評価する会社も出ている。なお，ニューヨーク市は被害額190億ドルとし，ニューヨーク州では420億ドル（うち，減災対策費100億ドル），ニュージャージー州では370億ドル（うち，減災対策費76億ドル）と公表されている。

　米国は国土が広いのでハード対策に「ある程度の抑止力」は期待するが，被害が顕在化することを前提とした「被害を最小化する」対策も実施している。

　今回の災害時には，ハード・ソフト対策の総力を挙げて「守るべき都市機能」を有していたが，「この時期に」「ハリケーンに直撃される」という事態はまさに「想定外」の出来事であり，高潮による被害が顕在化する事態となった。しかし，ハリケーン来襲前から発災後にかけて「被害を最小化する」対策とし

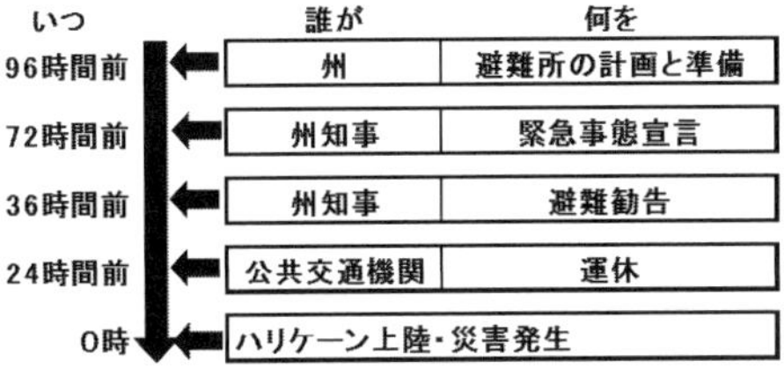

いつ	誰が	何を
96時間前	州	避難所の計画と準備
72時間前	州知事	緊急事態宣言
36時間前	州知事	避難勧告
24時間前	公共交通機関	運休
0時	ハリケーン上陸・災害発生	

図-7.4.1　ニュージャージー州における「タイムライン」
出典：国土交通省ホームページ（http://www.mlit.go.jp/river/kokusai/disaster/america/america_hurricane_201307.pdf）。

て決められていた「タイムライン」をフル稼働し，被害を最小限に抑えることができたと評価できる（図-7.4.1参照）。具体的には「自治体の首長による緊急事態宣言」「FEMAや工兵隊に代表される専門機関の対応体制確立」「早めの国民への避難情報等の発信」「発災前の交通機関の運転とりやめ」「既存のビルを避難所とする等の都市の実態に応じた対応」等である。

すなわち，米国においては，各機関が「過去の災害における対応の経験を知見として組織的に蓄積し，科学的なデータに基づいた対応のための戦略を構築する力」を保有していたと評価できる。

この被害を踏まえわが国では，「被害が出ることを前提とした対応体制を実現するための備えの充実」という観点から，以下の5点に取り組むべきであろう。

①さまざまな災害への適用
②将来に活かす検証体制の強化
③先を見越した対応
④都市圏の住民の生命と経済基盤の防御
⑤機関連携と専門技術の活用体制

具体的には，経験のないさまざまな自然災害への「備え」，三大都市圏（東京都・名古屋市・大阪市）の大規模水害に対する再評価および科学的かつ専門的な視点でリスク評価を行うことが喫緊の課題と思われる。

7.4.2 韓国における地下浸水被害

2001年7月中旬から下旬，集中豪雨が複数回韓国を襲った。ソウルを中心に死者・行方不明66名，浸水家屋9万戸以上もの大災害が発生した。この水災害では，半地下住宅に閉じ込められて死亡した人が多かったこと，地下鉄への浸水被害が大きかったことが特徴である。ソウル市では7月14日〜15日のピーク時における時間降雨量は99.5mmを記録した。

洪水により街路灯への電気供給装置が水没し，漏電が発生した。ソウル市内の街路灯の約54％は，漏電遮断機が設置されていなかったことで災害が拡大したと思われる。

また，ソウル市内は，防衛も考慮して地下鉄網が発達しているが，1，2，3，7号線の5駅で浸水し，約3日間37駅で電車の運行が中断された。とくに，7号線の「高速ターミナル駅」では，近くを流れる川が氾濫したため，氾濫水がホームまで流入し，電車の運行が不能となった。さらに，市内中心部の東大門では，約4,800棟の住宅が浸水した。このうち約95％以上が半地下または地下構造となっていたため，閉じこめられて11名が死亡した。

7.5　都市型水害の対策

1）ハード対策

基本的には，外水氾濫や内水氾濫が発生しないようにすることが重要である。そのために，河川改修や地下河川の建設も計画されている。すでに，東京都，横浜市，大阪府・市などで建設が開始されており（図-7.5.1，写真-7.5.1参照），最終的には海へ放流する計画であるが，すべて完成しておらず建設中であるので，調節池や一時貯留管として使用されている（写真-7.5.2参照）。

不特定多数が利用する地下街などの地下空間に徒歩で入る場合には，階段やエレベータおよび接続ビル出入口を利用する（写真-7.5.3参照）。地下空間に地上から車両で入る場合には，地下駐車場の出入口であるアプローチを利用する（写真-7.5.4参照）。いずれも水が地下空間に流入する「幅」に対しては，留意

第7章 都市型水害事例とその対策

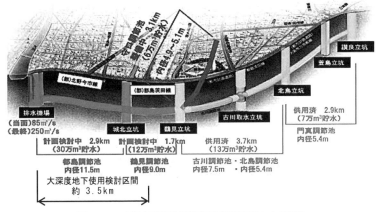

図-7.5.1　大阪府寝屋川北部地下河川の現状および計画
出典：国土交通省近畿地方整備局ホームページ（http://www.kkr.mlit.go.jp/kensei/country/daisindo/qgl8vl0000001o42-att/data02.pdf）。

写真-7.5.1　すでに供用を開始した神田川調節池
出典：東京都ホームページ（http://www.metro.tokyo.jp/tosei/hodohappyo/press/2017/03/09/docume）。

写真-7.5.2　貯留施設として供用の地下河川の内部と掘削機（φ6410mm）
出典：大阪府ホームページ（http://www.pref.osaka.lg.jp/ne/kouji/hokubu.html）。

しなければならない。

　そこで，地表面からの流入を防止するために，地下への入口に30cm程度の段差を設けている場合が多い（図-7.5.2参照）。しかし，エレベータが設置されていない場合，車いすの人など移動困難者にとっては障害となることも多く，バリアフリーの観点からも，解決せねばならない課題として挙げられる。

　また，出入り口に止水板や土のうを設置することによって地下浸水防止を

293

エレベータ　　　　　　　階段　　　　　　　接続ビル出入口

写真-7.5.3　出入口の種類

写真提供：国土交通省水管理・国土保全局 河川環境課水防企画室（http://www.mlit.go.jp/common/001142793.pdf）。

 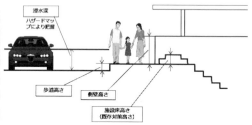

写真-7.5.4　地下駐車場の出入り口　　図-7.5.2　浸水深と出入り口等の高さによる検討イメージ

写真提供：写真-7.5.3に同じ。　　　出典：国土交通省ホームページ（https://www.mlit.go.jp/common/001142793.pdf）。

図っている場合も多く見受けられるが，地下管理者が常駐勤務していることはないのではないかと推測される。したがって，勤務者数と出入り口数を比較すると地下空間内への急激な浸水に対応できる状況とは言い難いと思われる。

　7.3.3項で述べた東海豪雨の際，名古屋市営地下鉄鶴舞線塩釜口駅では，駅員が止水板（長さ3m，幅20cm，厚さ34mm）を倉庫から担いで出入り口まで運んだが，間に合わなかったという。

　名古屋の地下鉄駅（先の写真-7.3.8，写真-7.3.9）のように，平常時には通路で非常時には水平から垂直に方向を修正するだけで止水板の役割をなすような装置があらかじめ設置されている箇所も多い。今後，より多くの出入り口で完備されることが期待される。

　また関西地方の事例では，土のう袋の保管場所が流入箇所から遠く離れており，土のう袋を収納したケースの重量が約500kg/個であることから少人数で

第7章　都市型水害事例とその対策

換気口等

換気口浸水防止機
（下から鋼板を設置する）

写真-7.5.5　換気口浸水対策

写真提供：写真-7.5.3に同じ。

運搬するのはかなり難しいと思われるものがあった。まだまだ，土のうによる止水に依存しているのが現状であろう。経済的なハードルをいかに超えるかが喫緊の課題でもある。

なお，雨水が地下鉄などの換気口のグレーチングから地下に流入することを防ぐために，グレーチングの下に開閉式の鋼板が設置されている写真-7.5.5のような浸水防止機の設置事例が増えてきている。

2）ソフト対策

①タイムラインとBCP

7.4節で記載したように，2012年10月米国東部に「ハリケーン・サンディ」が襲来した時には，「タイムライン」によって被害の最小化が図られた。

都市型水害から人々を守ることは国・自治体の責務である。わが国でも，自然の驚異がますます大きくなっている現在，「タイムライン」によって都市域の安全・安心を守ることが重要であろう。

以下がその実行すべき政策である。

➤日本の水害の特徴を踏まえたタイムラインの構築を急ぐこと

水害の要因が台風単独のことは少なく，先行した前線や遠くの台風が前線を刺激して大雨をもたらす場合が多い。また，浸水被害は河川の氾濫によって発生する。したがって，台風だけでなく，さまざまな現象が判断材料になるので，総合的な考察結果に基づくタイムラインの運用が必須である。

➤ 専門組織(気象台,河川管理者)と自治体の連携・情報共有を進めること

　自治体は,災害によるリスク評価を専門機関と共に検討し,きめ細かい災害対策の構築を図るべきである。

➤ 制度面を整備すること

　災害に関する「法律」や「制度」を再構築することも重要であろう。

　以上が水害に対する公的機関におけるソフト対策である。

　一方で,例えば,2004(平成16)年10月に発生した新潟県中越地震では,自動車部品製作工場が被災したため,大手自動車会社のほとんどの生産ラインが止まったという状況が話題となった。この事例で明確なように,私企業が被災することで大きな社会的影響が生じる場合がある。一私企業であっても,社会への貢献度が高ければ,企業側もその責任を果たすべく対策をとらねばならないだろう。

　具体的には,「地震」に対するBCP(Business Continuity Plan：事業継続計画)を立案している民間企業は多いように思われるが,都市域を集中豪雨が襲い,大規模な浸水に見舞われた事例は少ないので,「都市型水害発生時のBCP」はまだ少ないと思われる。

　7.3.2項で記載した1999年6月の福岡水害発生時に,博多駅前のホテルでは道路面に溢れた雨水が車両出入口(アプローチ部)から流入し,地下3階の機械室が水没した。その結果,18日間の休業に追い込まれたという。

　今後,民間企業においても,とくに浸水想定区域に立地している等の場合,大規模水害に対応したBCP策定を推進することが重要となると思われる。その際,とくに以下の項目に重点を置いて立案することが求められる。

➤ 優先度の高い業務の継続性の確保

　大規模水害時に想定される被害事象や業務停止による影響を検討し,災害時であっても優先的に継続を必要とする重要業務をあらかじめ選定する。

　また,目標復旧レベルや目標復旧時間を定め,業務継続を確実に行うための体制整備,実施方法および手順等を事前に検討する。

➤業務継続力向上のための対策

データ等のバックアップ対策の強化を図り，重要データや書類等を上層階等へ搬送する体制作りにより被災を回避する。

また，電力等のライフライン途絶時の代替手段を確保すると共に，浸水防止対策等も検討しておく。

なお，国および地方公共団体は，企業による防災意識を高め，対策の促進を図るため，既往水害の状況や地域の浸水危険性，浸水時の被害影響等に関する情報提供に努めることが重要である。

②避難訓練，防災教育

ソフト対策としては，一般的にはハザードマップの整備などが提案されているが，避難訓練，防災教育を実施することもまた有効であると考える。

戸田・井上らは，京都市域での事例として豪雨により鴨川が氾濫した場合，とくに御池地下街や地下鉄駅に雨水がどのように流入するか，さらにどのような災害となるかを明らかにするために，1/30の水理模型実験を実施した（戸田ら，2004）。その実験結果と浸水解析結果との整合性を検証して，階段部からの流入によって，地上階への避難が困難になる可能性を指摘している。また馬場らは，高低差3mの実物大の階段模型（幅1m，蹴上げ高さ0.15m，全20段）を用いた避難実験を約100名を対象に実施し，地上の氾濫水深が30cmのときに階段に水が流入してくる状況が成人の避難の限界であったという結論を得ている（馬場ら，2011）。

また，石垣らは，実物大のドア模型を使用した避難実験では，一般男性が浸水時にドアを開けて避難できる水深条件は0.4m程度であるという結果が出た（石垣ら，2006）。

さらに，馬場らは水没した自動車の挙動把握を目的とした避難実験を，水槽とセダンタイプの4ドア普通自動車（長さ4.4m，幅1.6m）で構成されている装置を作成して，20代前半の男性約50人を対象に実施している（馬場ら，2009）。その結果，道路面からの水深が60cmを超えると，より浅い状況に比べて避難

に要する時間は長くなり，脱出成功率が急激に低減する結果となっている。

災害時，市民の安全確保（少なくとも，人命を守る）と都市機能の確保が重要であり，そのためには，自助，共助と公助（水害に強いまちづくり）のレベルアップが重要である。

したがって，上記のような体験型の避難実験を一般の人々が体験することで浸水時の危険性を実感できる貴重な避難訓練となり，子供だけではなく一般の社会人に対する防災教育にもつながると思われる。

また，濱口らは大阪市，武田らは名古屋市の市街地を対象とした浸水解析を実施して，避難困難度の評価を試み，雨量の変化や浸水開始からの継時変化が都市域および地下空間における危険性に与える影響が大きいことを示唆している（濱口ら，2016，武田ら，2015）。

関根らも東京を対象として浸水解析を実施して，豪雨による大都市域の浸水予測を行い，地下空間からの利用者の避難誘導の重要性を指摘している（関根ら，2013）。

長い間，都市の大規模な浸水被害が発生していなければ，「起こらないと勝手に思い込む確証バイアス」がますます高ずるようになると思われる。したがって，戸田・石垣らが実施している写真-7.5.6のような都市域を対象とした通水タイプのミニチュア模型を用いて「都市域に潜在する危険性」を認識してもらうための水防災教育を多くの人々を対象に実践することも有効であろう（例えば，戸田ら，2017）。

写真-7.5.6　都市域を対象としたミニチュア模型
写真提供：筆者撮影。

第8章
風水害対策の今後の展望

8.1 風水害対策の現状と方向性

　近年，全国各地で洪水等の水災害が頻発・激甚化している。2015（平成27）年9月の関東・東北豪雨，2016（平成28）年8月に北海道・東北地方を襲った台風第10号等の一連の台風では，住民の逃げ遅れや家屋の浸水により甚大な被害が発生した。

　ソフト対策で一番有効であるとされている「避難」を実行するにはそのトリガーとなる「情報」が必要である。避難勧告等は災害対策基本法において，市町村長に対し発令する権限が付与されている。しかし，この避難勧告等には強制力はなく，あくまでも災害時においては「自助」が基本である。

　最近，都市部を中心に局地的に非常に激しい雨が降ることがある。このうち，狭い範囲で短時間に降る猛烈な雨は「ゲリラ豪雨」とも呼ばれており，予測が大変難しく，激しい集中豪雨によって，都市河川流域では瞬く間に氾濫がひき起こされる。氾濫水は道路を水路のように流下し，さらに地下空間にも流入するかもしれない。また，氾濫には至らずとも，河川の急な水位上昇による思わぬ事故も発生する。

　このような事故を誘発する局地的かつ短時間の大雨を，現在の技術で正確に予測することは困難であること等を踏まえると，市町村長が避難勧告等の発令の基準をできる限り適切に設定したとしても，結果的に避難勧告等の発令が間に合わない場合や，発令から現象の発生までに時間的余裕がない事態も想定しておくことが必要となってきている。

　地球規模の異常気象もあり，自然災害を生む外力が大きくなっている現在，

最大クラスの外力に対しては「施設では守りきれない」との危機感を共有し，それぞれが備え，また協働して災害に立ち向かう社会を構築していくことが重要である。その際，ある程度の被害が発生しても，「少なくとも命を守り，社会経済に対して壊滅的な被害が発生しない」ことを目標とすべきである。

したがって，どのような事態においても命を守るためには，避難勧告等の発令を待つのではなく，住民自らが，周囲で生じている状況や，行政機関等から提供される降雨や河川水位等の時系列の状況・情報等から判断して，主体的に避難することが不可欠である。このような状況・情報をもとに主体的に避難するためには，事前にハザードマップを確認して，自分が住んでいる場所や地形等を踏まえた災害リスクを十分認識し，災害ごとの適切な避難行動をとれるようにしておくことが重要である。

住民の避難力向上とともに，法制度の整備も図られている。以下の節では，風水害対策として施行されている「水防法」「下水道法」および地下街等における浸水防止用設備整備の「ガイドライン」の概要を記載する。

8.2 水防法

全国各地で発生している洪水等からの「逃げ遅れゼロ」と「社会経済被害の最小化」を実現するため，多様な関係者の連携体制の構築と既存資源の最大活用を図る「水防法等の一部を改正する法律案」が，2017（平成29）年2月10日に閣議決定された。

その概要は，以下の通りである。
① 「逃げ遅れゼロ」実現のための多様な関係者の連携体制の構築
・地方公共団体や河川管理者，水防管理者等の多様な関係者の連携体制を構築するため，大規模氾濫減災協議会制度を創設。
2016年12月現在，大規模氾濫減災協議会の設置率：約37％（134/367協議会）
→2021年までに100％を目指す
・地域の中小河川における住民等の避難を確保するため，市町村長が可能な

限り浸水実績等を把握し，これを水害リスク情報として住民等に周知する制度を創設。
・洪水や土砂災害のリスクが高い区域に存する要配慮者利用施設について，その管理者等による避難確保計画の作成および避難訓練の実施を義務化。
2016年3月現在，避難確保計画の作成・避難訓練の実施率：約2％
（716/31,208施設）
　　→2021年までに100％を目指す
② 「社会経済被害の最小化」のための既存資源の最大活用
　・高度な技術等を要するダム再開発事業や災害復旧事業等を，国土交通大臣または独立行政法人水資源機構が都道府県知事等に代わって行う制度を創設。
　・民間事業者による水防活動の円滑化を図るため，水防活動を委託された民間事業者が，緊急時に他人の土地を通過すること等を可能に。
　・輪中堤防等の洪水氾濫による浸水の拡大を抑制する土地を保全する制度を創設。

なお，1949（昭和24）年に洪水や高潮等の水害を警戒・防御し，被害を軽減することを目的として「水防法」が施行された。その後，日本で発生する水害の実情に対応し，法律の改正が進められている（表-8.2.1参照）。

2001（平成13）年の改正では「洪水予報河川の拡充」等が行われ，災害軽減と危機管理を達成する具体法としての位置付けがより強化された。

また，2005（平成17）年の改正では「中小河川の流域についても避難先等を示した洪水災害予測地図（洪水ハザードマップ）」の作成が義務付けられ，的確な判断・行動を実現するための防災情報の充実が図られた。

2013（平成25）年，「事業者等による自主的な水防活動の促進」等が盛り込まれ，多様な主体による水防への参画を促し，地域の水防力向上を強化する方針を示した。

2015年1月に水害・土砂災害等に関連する今後の防災・減災対策の方向性を

第Ⅱ部　風水害

表-8.2.1　主な水防法改正の歴史

施行年	背景	水防法に加えられた主な取り組み
2001年	2000年東海豪雨	洪水予報河川の拡充
		洪水予報河川について浸水想定区域を指定
		円滑かつ迅速な避難の確保を図るための措置
2005年	2004年台風集中上陸による各地の豪雨	浸水想定区域の対象を中小河川に拡大
		高齢者等が利用する施設への洪水予報等の伝達
		洪水ハザードマップ作成の義務化
2013年	頻発する水害，地域の防災力の弱体化	河川管理者による水防活動への協力
		事業者等による自主的な水防活動の促進
2015年	洪水・雨水出水・高潮による各地での浸水被害	洪水浸水想定区域の前提条件変更
		雨水出水および高潮浸水想定区域の公表
		家屋倒壊等氾濫想定区域の公表

出典：例えば，国土交通省ホームページ「水防法等の一部を改正する法律」(http://www.mlit.go.jp/river/shishin_guideline/pdf/suigaikikensei_guideline.pdf) などより作成。

表-8.2.2　改正された各浸水想定区域の設定

浸水想定区域	改正前の設定	改正後の設定
洪水浸水想定区域	計画の基本となる降雨（計画降雨）	①計画降雨 ②想定しうる最大規模の降雨（想定最大規模降雨）
雨水出水浸水想定区域	（策定されていない）	想定最大規模降雨による雨水出水
高潮浸水想定区域	（策定されていない）	想定しうる最大規模の高潮（想定最大規模高潮）

出典：例えば，国土交通省ホームページ「水防法等の一部を改正する法律」(http://www.mlit.go.jp/river/shishin_guideline/pdf/manual_kouzuishinsui_1507.pdf) などより作成。

「新たなステージに対応した防災・減災のあり方」として取りまとめた。この中では，洪水等における最悪の事態を想定し，最大クラスの洪水等に対して「少なくとも命を守り，社会経済に壊滅的な被害が発生しない」ことを目標としている。そのために，ハード面・ソフト面の対策を連携して進め，社会全体で対応することとしている。そして2015年5月，今後の激甚な浸水被害への対応を図るために水防法が一部改正された。

近年，洪水のほか雨水出水および高潮による浸水被害が多発しており，円滑

かつ迅速な避難等のための措置を講じる必要があったので，洪水浸水想定区域に加えて，雨水出水および高潮にかかわる浸水想定区域（「雨水出水浸水想定区域」「高潮浸水想定区域」）を設けた（表-8.2.2参照）。

この2つの浸水想定区域の前提にはそれぞれ「想定最大規模降雨による雨水出水」「想定しうる最大規模の高潮（以下「想定最大規模高潮」）」が用いられており，洪水浸水想定区域と同様に，想定最大規模が前提となっている。

ここで，「想定最大規模降雨」とは，現状の科学的な知見や研究成果を踏まえ，利用可能な水理・水文観測，気象観測等の結果を用い，現時点においてある程度の確からしさをもって想定しうる最大規模の降雨のことである。

具体的には，降雨量・降雨波形（降雨量の時間分布や空間分布）によって表される。降雨量に関して，改正前は100～200年に1回程度の雨（1級河川の場合）で計算されていたが，今回の改正によって1,000年（あるいはそれ以上）に1回程度の雨で計算されることとなった。

なお，この想定最大規模降雨の設定によって，洪水浸水想定区域はこれまでよりも広域になると考えられている。

地下街等の避難確保・浸水防止に係る制度の拡充の概要を図-8.2.1に示す。

また，7.5節のソフト面の対策で記載したように，改正される「水防法」に企業がどのように取り組むかが，今後の水防災のあり方にとって重要な課題である。したがって，企業における浸水想定区域図の活用方法に注目したい。

水防法改正が「最悪の事態を想定し，最大クラスの洪水等に対して『少なくとも命を守り，社会経済に壊滅的な被害が発生しない』ことを目標としている」ので，浸水想定区域図の更新は，発生しうる激甚な水害への対応を図るために実施されたものである。

すなわち，ここで想定されるような最大クラスの浸水は発生する可能性は低いものの，発生した際には甚大な被害を及ぼす恐れがある災害である。このような災害に対しては，堤防等のハード面の対策だけでは十分に備えられない場合もあり，避難計画等のソフト面での対策が重要となる。

企業においても，これを踏まえた上で，ハード面・ソフト面の両面から防災

第Ⅱ部　風水害

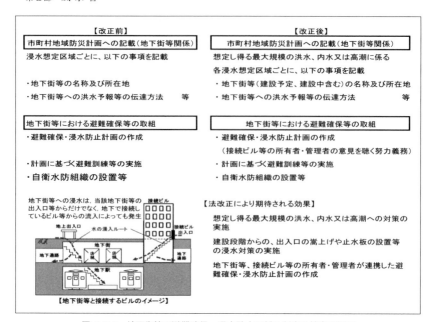

図-8.2.1　地下街等の避難確保・浸水防止に係る制度の拡充の概要
出典：国土交通省ホームページ「水防法等の一部を改正する法律」(http://www.mlit.go.jp/river/suibou/pdf/suibouhou_gaiyou.pdf)。

対策を検討する必要がある。企業における自然災害リスクマネジメントで最も優先すべき事項は「人命安全の確保」であるが，同時に，事業継続や財産の毀損防止等も検討しておくことが求められるのである。

8.3　下水道法

　先の第Ⅱ部6.2節に記載したように，1958(昭和33)年に公布された「下水道法」の目的は，その後の改正を経て現在では「流域別下水道整備総合計画の策定に関する事項並びに公共下水道，流域下水道及び都市下水路の設置その他の管理の基準等を定めて，下水道の整備を図り，もつて都市の健全な発達及び公衆衛生の向上に寄与し，あわせて公共用水域の水質の保全に資すること」と，より拡充されている。

近年，想定を上回る浸水被害が多発している。今後，地球温暖化に伴う気候変動によって，大雨による降雨量の増加が予測され，水害の激甚化が想定されている。それにより下水道法は，2015（平成27）年5月に主な5点が改正された。

①ストック活用

下水道における雨水管渠整備も順調に進捗し，全国における総延長は約11万km（合流5万km，分流6万km）となり，それに伴い都市浸水対策率も2012（平成24）年度末では55％まで達していることが「新下水道ビジョン」に示されている。これだけのストックがある一方で，浸水被害が解消されていない箇所が残る原因の一つとして，「既存ストックの活用が十分ではないこと」が挙げられる。将来的にゲリラ豪雨のような大規模かつ集中的な降雨が増えることが予想されるので，既存ストックを最大限に活用して，はじめて次の段階の議論に進むことができる。

「ストックを活用した都市浸水対策機能向上検討委員会」において，「ストックを活用した都市浸水対策機能向上のための新たな基本的考え方」がまとめられた。その内容は，シミュレーションを使用して管渠の能力をより正確に評価すること，ハード対策整備の上に適切なソフト対策も加えて相乗効果を狙うことなどである。

管渠内を流下する下水の正確な挙動と地上浸水との関係には不明な点が多かったので，今後は管渠内の水位を常時観測し，その記録を蓄積して浸水被害が生じた箇所の水位情報などの分析に役立てることとしている。このように，まずは管渠内水位を精度良く，詳細に計測するという「水位観測主義」を提案している。

②水位周知下水道

近年，ゲリラ豪雨により地下街に雨水が流入することで浸水被害が生じているが，地下空間では地上部の状況をより早く，正確に把握することが困難であるので，避難行動が遅れる可能性が大である。そこで水位計で管渠内水位を計測し，水位情報を早めに水防管理者に通知することで住民の避難を促す「水位周知下水道」という制度を構築している。

まず，大規模地下街のある20都市の約80か所程度について，今後5年間で優先的に水位計を設置して水位を測るよう要請している。

各地方自治体では，水面が変動する非定常非満管状態の暗渠区間において水位を正確に測るための技術的ノウハウが十分に蓄積されていないので，苫小牧市，市川市，厚木市において国主導でフィージビリティスタディ（FS：実行可能性調査）を実施している。低コストで効率的な水位計の設置方法，水理学上最適な設置位置決定などを試行錯誤しながら技術的検討を行っている段階である。

③水位観測主義の進展のために

管渠内水位の計測を推進し，水位計設置のノウハウや水位データを蓄積すれば，将来的に強力な雨水データベースが構築可能である。管渠内の状況を詳細に把握すれば，先進的な管渠設計手法や雨水管理技術を生み出すことが可能かもしれない。この成果を海外，とくに毎年どこかで洪水の被害が発生しているアジア圏へ技術移転することによって，わが国の国際貢献度が上がることが期待できる。

④シミュレーション技術向上の必要性

従来の管渠設計方法は，合理式（洪水到達時間以上の時間にわたって一定降雨強度の雨が流域全体に一様に降り続く場合を想定して導かれた式）を用いてピーク時の流量を計算し，最大流量を流すことができるように管路網を整備していた。しかし，実際の降雨は時間的にも場所的にも変化するので，合理式が前提とする条件を逸脱する場合が出てくる。例えば，宅地開発によって土地利用の状況が変化することがあるほか，近年では雨の降り方も異なってきている。こうした環境変化の中で，入力条件の精査を行うこと，さらに効果的な対策のためには最大流量だけではなく，継時変化を把握することも必要である。

水位計の測定値などを基にしたキャリブレーションによって，より高精度な予測が可能となり，どれだけの雨がどこに降れば，水位がどう変化して，どこで浸水が発生するのかということが正確に予測できるようになれば，ボトルネックなどが生じている箇所に対しての適切な対策が可能となる。

⑤行政のリーダーシップと連携強化

　今後は大都市以外の市区町村においても着実に浸水対策を進めることが必要である。その場合，都道府県がリーダーシップを発揮することが重要である。

　地震災害と異なって，浸水被害は気象衛星による情報を用いて予測しやすく，発生しやすい箇所を想定しやすいので，災害となる前に体制を構築しやすい。さらに，さまざまな知見や知識を蓄積すると，行政側におけるナレッジマネジメントに対して役立つと思われる。

8.4　地下街ガイドライン

　地上の浸水とは異なり，地下空間が浸水すると避難経路は限定される。地下空間内では，外界の状況を把握しにくく状況判断が遅れ，浸水が開始してからの時間の猶予が少ない，地下に多い電気設備等が浸水し機能停止する可能性が高い，といったリスク特性を有している。また，一度浸水すれば地下空間の広範囲に及び，地下鉄の停止などの甚大な被害につながることがある。このため，地下街等においては日頃から浸水対策に取り組むことが重要である。

　2016（平成28）年8月には，国土交通省水管理・国土保全局河川環境課水防企画室から「地下街等における浸水防止用設備整備のガイドライン」が出された（図-8.4.1参照）。地下街のほか，地下鉄の駅やデパートの地下売り場など，従業員以外の不特定多数の者が利用する地下空間において，浸水の防止または避難時間の確保に有効な浸水防止用設備を現地に適用するための指針を示すものであり，各地下街等における浸水対策の推進に資することを目的としている。水防法では，地下街等の所有者または管理者に対し，避難の確保および浸水の防止のための措置に関する計画の作成等を義務付けている。避難確保・浸水防止計画は，地下街等利用者の洪水時等の円滑かつ迅速な避難の確保および洪水，内水，高潮の浸水の防止を図ることを目的に作成されているものである。

　地下街等の管理者等は，作成した避難確保・浸水防止計画に基づき，浸水によって避難困難になる前に地下街等利用者が避難完了できるよう，必要に応じ

第Ⅱ部　風水害

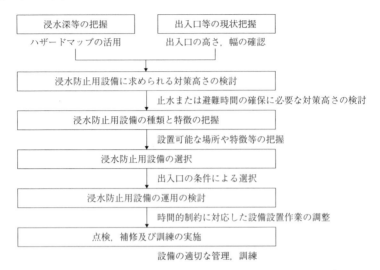

図-8.4.1　地下街等における浸水防止用設備整備のガイドラインの構成
出典：国土交通省ホームページ（http://www.mlit.go.jp/common/001142793.pdf）。

て浸水防止用設備を整備して浸水を防止するか，または越水して浸水するまでの時間を遅延させる必要がある。

　後者の場合，浸水を許容しつつ避難時間の確保に必要な対策の検討が必要となる。すなわち，浸水深が側壁の高さを越えるなどで改修等の対策が困難な場合は，浸水を許容しつつ避難時間の確保を重視した検討を行う。この場合，浸水防止用設備は，浸水を許容しつつ浸水する時間を遅延させ，避難時間を確保する役割を果たすことになる。

　地下街等における浸水時の避難の誘導において，一時的に大量の降雨が生じ下水道等で雨水を排除できないことによる雨水出水に対応するためには，「安全な避難の確認」が必要となる。

　図-8.4.2に安全な避難の確認イメージを示す。これに従い，「避難行動に要する時間（出口を通過するまでに要する時間）」が「浸水によって避難困難になる時間（避難上支障がある高さまで浸水する時間）」を超えないことを検証する必要がある。

第8章 風水害対策の今後の展望

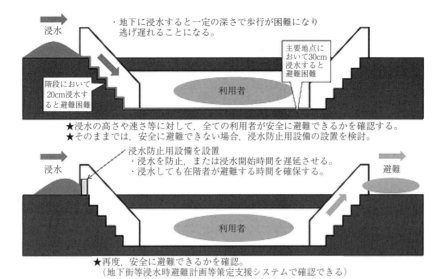

図-8.4.2 安全な避難の確認イメージ

出典：図-8.4.1に同じ。

次に，避難が必要となる洪水（外水氾濫），内水氾濫および高潮の際の警戒体制，非常体制の判断基準を表-8.4.1に示す。

このうち，非常体制における留意点は以下の通りである。まず，気象情報，河川水位情報，下水道水位情報，高潮水位情報，自治体等の避難勧告等ならびに雨量や道路冠水等の状況（経験則を含む）を踏まえ，必要であれば浸水防止用設備の設置を実施する。

その際，浸水防止用設備を設置した出入口が閉鎖状態になれば，避難は浸水防止用設備を設置していない出入口からとなるので，避難すべき方向を事前に検討しておかねばならない。そしてまた，浸水防止用設備を設置した出入口が閉鎖状態であることを明示することによって，空間内の滞留者がパニックになることを防ぐことも重要である。

さらに，外部から人が新たに地下空間内に入ることを抑止すると共に，地下街等の在階者が誤った避難ルートを用いないように掲示等を徹底する。

第Ⅱ部 風水害

表-8.4.1 警戒体制,非常体制の判断基準

	浸水対策に使用する資器材の準備 (警戒体制)	避難誘導指示・実施, 浸水防止対策指示・実施 (非常体制)
洪水の場合 (洪水到達時間が長い場合)	・避難準備情報の発令 ・洪水警報発表 ・○○川氾濫危険情報発表	・避難勧告または避難指示の発令 ・○○川氾濫発生情報発表
洪水の場合 (洪水到達時間が短い場合)	・避難準備情報 ・洪水警報発表 ・○○川氾濫危険情報発表	・避難勧告または避難指示の発令 ・○○川氾濫危険情報発表
内水の場合	・大雨警報発表 ・○分間雨量が△mmを超過	・○分間雨量が□mmを超過 ・ポンプ場が排水不能 ・内水氾濫危険情報発表 ・浸水の前兆を確認
高潮の場合	・避難準備情報の発令 ・高潮警報発表 (当該地下街等の地上部において,想定される浸水深が小さく,浸水継続時間が短い場合)	・避難勧告または避難指示の発令 ・暴雨警報および高潮警報発表 (当該地下街等の地上部において,想定される浸水深が大きく,浸水継続時間が長い場合) ・高潮特別警報発表 ・高潮氾濫危険情報発表

出典:図-8.4.1に同じ。

　非常体制ではこのように「避難誘導指示・実施」,「浸水防止対策指示・実施」の徹底を図り,浸水防止と避難のどちらを先にするかについて事前に十分に打ち合わせを行っておく必要がある。非常体制に備えて,避難開始のタイミングと浸水防止用設備設置のタイミングは,避難ルートを勘案してあらかじめ決定しておかなければならないのである。

あとがき

　筆者は，高度経済成長期の1973（昭和48）年に社会に出て，インフラ整備の一環として進められていた都市内高速道路，立体交差および共同溝等の建設工事である都市土木に従事し，その後設計業務（とくに，構造物の耐震設計）に携わってきた。

　在阪の本社勤務の時に1995（平成7）年1月17日の兵庫県南部地震に遭遇した。今でこそ，法律的に残業時間を制限する時代となっているが，当時総合建設業（ゼネコン）に在籍していた技術屋は，何とか一日も早く復旧させねばという思いで，歯を食いしばって頑張ったと感じている。今風に言うならば，「社会貢献」と言うべきかもしれない。しかし，当時は無我夢中というのが本音であった。

　当日はちょうど，東京へ出張するために朝6時に家を出ようと準備している時に震度7の「震災の帯」の飛び地である宝塚で被災した。家屋に被害があったが，幸い家族には怪我はなかった。もし，6時起床という通常通りの生活パターンであったらと思うとぞっとする。これも，1985年8月に他界した父が見守ってくれていたからと何度思ったことか。

　大阪国際空港着陸の際のアプローチ航路の真下に自宅があったので飛行機の爆音には慣れてはいたが，あの地鳴りの後の揺れには，地震工学を生業としている技術屋としてではなく，一人の人間として「もうこの世の終わりか」と覚悟し，収まらない揺れに「もう勘弁して」と思った。たかだか約10秒あまりの地震動ではあったが，あたかも昨日のようによみがえる。

　その後，当時勤務していた会社の上司の計らいもあり，阪神高速道路3号神戸線（とくに，神P1～神P123の間）やJR神戸線（正確には，東海道本線）六甲道駅などの緊急・応急対応および復旧対応や神戸市の東灘処理場復旧・改築工事に従事することができた。これらの経験は，のちの独立行政法人防災科学技術研究所　兵庫耐震工学研究センター（当時）における研究生活においても，大

いに役立ったと実感している。

　地震工学を生業にしているので，将来発生する可能性が大である注目すべき地震としては，「首都直下地震」「南海トラフ巨大地震」にどうしても目が向いてしまう。関西に居住しているので，南海トラフ巨大地震に対しては，2011（平成23）年の東北地方太平洋沖地震以降，とくに注目度が増している。

　一度に破壊した場合（1707年の宝永地震），数十時間の時間差で発生した場合（1854年の安政地震——安政東海地震，安政南海地震）および数時間間隔で発生した場合（1944年の昭和東南海地震，1946年の昭和南海地震）など破壊形態が3分類されて，既往地震として記録されている。

　安政東海地震の震源域の東側で，1944年の昭和東南海地震では破壊されなかった領域が空白域であり，駿河湾地震の切迫性があるという見解から1978（昭和53）年6月に「大規模地震対策特別措置法」が成立し，「地震予知推進本部」が設置された。

　この背景には「地震予知」が可能であるという考え方があった。具体的には，地震発生の2～3日前に前兆をとらえて内閣総理大臣が「警戒宣言」を発表し，これを受けて被害が予想される「強化地域」では地震が起こる前に住民を避難させ，交通機関を止めるなど厳しい規制をかけて被害を防ぐというシナリオが想定されていた。

　しかし，1995年の兵庫県南部地震が突然発生し，地震予知に疑問が投じられ，「地震防災対策特別措置法」が成立し，科学技術庁（現 文部科学省）内に地震調査研究推進本部が設置された。これによって，地震が発生する「時期」「場所」「規模」を決定論的に予測する地震予知から，将来の地震発生を確率論的に評価する地震予測へと推移した。

　とくに，活断層や海溝型地震の地震発生確率の長期評価や確率論的地震動予測地図の公表を行った。国民は「今後30年以内の発生確率」を以前よりも強く意識したかもしれない。

　さらに，2011年に東北地方太平洋沖地震が発生し，事前に明快な前兆現象をとらえられなかったこと，想定を超えるマグニチュード9.0の地震になって甚

大な被害を出したので，南海トラフ地震対策についての再検討が行われた。

　かつての地震予知研究では，限界に達して大きく跳ね返る前にプレートがくっついた部分がすべり始めるので，その動きをとらえて地震を予知して警戒宣言を出そうと考えていた。しかし，研究が進んだ結果，すべり始めても途中で止まって地震が起きない場合もあることが分かってきた。したがって，「プレート境界面のすべり」に対する認識が変わり，「地震予知前提の防災」を見直し，異常な現象を捉えると，「南海トラフ地震に関連する情報」（臨時）を発表することになった。

　もし，「地震予知」ができないのであれば，新たな防災体制を構築せねばならない。前触れ無く地震が起こることを前提に，「建物の耐震化」や「津波からの避難対策」などを積極的に実施する必要がある。

　とくに，2016年の熊本地震のように巨大地震が複数回襲来することを想定すれば，少なくとも人命を助けるという防災の観点からは，1回目襲来後の「耐力評価」を確実に実施して構造物の壊滅的破壊を防がねばならない。したがって，短時間内で「定量的」に把握することが重要であり，既存の非破壊検査を計画しておくために「調査グループ」と「構造解析グループ」について，地震発生前に綿密に計画立案しておくことがポイントになると思われる。

　少子・高齢化のみならず，人口減少社会もすでに到来している一方で，戦後の高度経済成長期に築造された公共構造物は間もなく寿命の時期を迎える。経済的余裕がないわが国の状況を踏まえて，構造物の長寿命化が図られようとしているが，十分な耐震化が実現しているとは言い難い。このような状況下で，巨大地震が襲来すれば，どのような状況となるのだろうか。

　また近年は，豪雨災害が頻発している。同じ場所に積乱雲が次々に発生する「線状降水帯」により長時間の豪雨となり，大規模かつ広範囲の土砂災害や浸水被害が発生している。今までとは異なり，1時間以上にわたる長く激しい豪雨が発生する頻度が増えている。その原因のひとつは海水温の上昇により，大気中に水蒸気がどんどん供給されて積乱雲ができることである。さらに都市部では，暑い夏に空調設備の排熱などで空気中の水蒸気の供給過多による「ヒー

トアイランド現象」等の影響で「ゲリラ豪雨」が発生すると考えられている。

　地震で地盤が緩んだ地域に豪雨が発生すると，土砂災害，建物被害，浸水災害などが発生する可能性が高くなる。豪雨による土砂災害の際，山から流された木が凶器となり，建物にぶつかれば大きな被害となる。東日本大震災では，海溝型地震による激しい揺れの後に広範な地域を大津波が襲い，さらに福島県の原発事故が重なって大きな災害となった。「弱り目にたたり目」とでもいうべき事態，これが「複合災害」である。2011年以降，確実に「想定外」を想定する必要があるという状況になってきている。このように，「巨大地震による災害」と「風水害」を組み合わせて，最悪のシナリオを考慮して対策を立てておくことが重要な時代になってきている。

　都市部の複合災害で注意したいのは，浸水被害である。1959（昭和34）年の伊勢湾台風による高潮被害が思い出されるが，現在では地震後弱くなった堤防が決壊して発生する「外水氾濫」と下水が処理能力を超えて逆流する「内水氾濫」が同時に起こる可能性がある。その場合，短時間のうちに浸水して都市機能が失われ，地下街や地下鉄，ビルの地下などの機械室が水没すると電源も入らない事態となる可能性がある。とりわけ，南海トラフ巨大地震では，大阪湾に流入した津波が対岸への衝突・反動を繰り返すのでなかなか収まらないことが予測できるので，さらに危険性が増す。

　その一方，近年は高い精度の予報が可能な時代になった。事業仕分けの際「世界第2位では駄目ですか？」で一躍有名になった「スーパーコンピュータ京」（現在は世界8位のスピードであるが，使い勝手はNo.1と言われている）を使って，「地震」や「風水害」に対して以前よりも精度の高い都市域全体の災害予測が可能となっている。

　科学は日々進歩している。しかし，都市生活者には常に，最新の気象情報を自身で得る心づもりが重要である。自分が今いる地域で雨がやんでも，上流で降った雨が時間をおいて流れてきて河川が氾濫する場合があり，さらに，海に近い下流域なら大潮時は危険性が増す。災害時に自分の身を守るために必要なことは，想像力である。この災害を察知する力を，私は「知恵」と呼びたい。

あとがき

　77人の死者が出た広島の土砂災害（2014年8月）では，早く異変に気付いた人のお蔭で人的被害を間一髪で免れた地区があった。異常に気付く感性と普段の近所づきあいも重要である。

　最近，同じような災害が多発している。災害がどのような条件で発生したかを記憶し，似た条件の場所に自分がいたならば危険性があると認識すべきである。普段の生活内で「知識」を得て，人を助けるという「意識」を持てば「共助」にもつながる。風水害は予測することでその被害の規模を抑えることができるであろう。「歴史に学ぶ」姿勢が求められている時代，一人ひとりの防災意識の向上こそが最大の防災・減災対策になることを信じている。

　第Ⅰ部「地震」では，社外における活動，とくに，土木学会，地盤工学会，関西ライフライン研究会などで多くの先生方，自治体職員の方々，民間企業の方々にお教え頂き，考え，多くの知見を得ることができた。

　とくに，土岐憲三先生（立命館大学教授，京都大学名誉教授），足立紀尚先生（京都大学名誉教授），高田至郎先生（神戸大学名誉教授），大西有三先生（京都大学名誉教授），佐藤忠信先生（京都大学名誉教授），故田村武先生（元京都大学教授），澤田純男先生（京都大学教授）には，貴重なご示唆を頂戴した。佐藤先生には，本書の構成や内容についてご意見を頂いた。厚く御礼申し上げます。

　第Ⅱ部「風水害」では，とくに土木学会地下空間研究委員会防災小委員会における活動を通じて，戸田圭一先生（京都大学大学院教授），石垣泰輔先生（関西大学環境都市工学部教授），尾崎平先生（関西大学環境都市工学部准教授），武田誠先生（中部大学工学部教授）には，貴重な知見や研究資料を頂戴した。感謝申し上げます。

　また，神戸学院大学現代社会学部神原文子学部長はじめ，担当教職員の方々には，このような機会を頂戴したことにつき，御礼申し上げます。

2018年12月

著　者　中山　学

引用・参考文献

- 石垣泰輔・戸田圭一・馬場康之・井上和也・中川一（2006）「実物大模型を用いた地下空間からの避難に関する実験的検討」『土木学会水工学論文集』第50巻，土木学会水工学委員会，pp.583-588。
- 井上和也・戸田圭一・中井勉・竹村典久・大八木亮（2003）「地下空間への浸水過程について」『京都大学防災研究所年報』第46号B，pp.263-273。
- 佐々恭二（2007）「地すべりダイナミクスの発展」『京都大学防災研究所年報』第50号A，pp.93-109。
- 関根正人・竹順哉（2013）「大規模地下空間を抱える東京都心部を対象とした内水氾濫ならびに地下浸水の数値解析」『土木学会論文集B1（水工学）』Vol.69, No.4，pp.1567-1572。
- 武田誠・島田嘉樹・川池健司（2015）「庄内川の想定破堤氾濫による地下空間への流入水量の検討」『第20回地下空間シンポジウム論文・報告集』pp.155-164。
- 戸田圭一・井上和也・大八木亮・中井勉・竹村典久（2004）「複雑な地下空間の浸水実験」『土木学会水工学論文集』第48巻，pp.583-588。
- 戸田圭一・石垣泰輔・安田誠宏・馬場康之・中島隆介（2017）「ジオラマタイプのミニチュア模型を用いた水防災教育の実践」『京都大学防災研究所年報』第60号B，pp.692-700。
- 伯野元彦・四俵正俊・原司（1969）「計算機により制御された，はりの動的破壊実験」『土木学会論文報告集』No.171, pp.1-9。
- 馬場康之・石垣泰輔・戸田圭一・中川一（2009）「水没した自動車からの避難に関する体験実験」『地下空間シンポジウム論文・報告集』第14巻，土木学会地下空間研究委員会，pp.159-164。
- 馬場康之・石垣康之・戸田圭一・中川一（2011）「実物大模型を用いた地下空間からの避難困難度に関する実験的研究」『土木学会論文集F2』Vol.67, No.1，pp.12-27。
- 濱口舜・石垣康之・戸田圭一・中川一（2016）「記録的水災害に対する大規模地下空間の浸水脆弱性に関する検討」『土木学会論文B1（水工学）』Vol.72, No.4，pp.1363-1368。
- 松田時彦（1975）「活断層から発生する地震の規模と周期について」公益財団法人日本地震学会『地震　第2輯』28巻3号，pp.269-283。

〈ホームページ〉
- 気象庁 (https://www.jma.go.jp/jma/index.html)
- 経済産業省 資源エネルギー庁 (http://www.enecho.meti.go.jp/)
- 国土交通省 (http://www.mlit.go.jp/)
- 国立研究開発法人 防災科学技術研究所 兵庫耐震工学研究センター (http://www.bosai.go.jp/hyogo/)
- 地震調査研究推進本部（推本） (https://www.jishin.go.jp/)
- 総務省 消防庁 (http://www.fdma.go.jp/)
- 東京電力 (http://www.tepco.co.jp/index-j.html)
- 内閣府 (http://www.cao.go.jp/)
- 内閣府 中央防災会議 (http://www.bousai.go.jp/kaigirep/chuobou/)
- 復興庁 (http://www.reconstruction.go.jp/)

索　引

あ行

アセットマネジメント　167
雨の強さと降り方の目安　201
安政東海地震　125, 140
安政南海地震　125, 140
アンダーパスへの浸水　275
異常気象　193
伊勢湾台風　215
応答スペクトル　20
大型震動台実験装置　102
主な海溝型地震の評価結果　70

か行

海溝型地震　8
ガイドライン　300
各種土木構造物の示方書　114
鹿児島8.6水害　273
霞堤　180
カスリーン台風　182, 212
河川洪水予報　263
河川氾濫（外水氾濫）　253
河川氾濫の発生メカニズム　254
亀の瀬地区の地すべり　228
がれき処理　96
韓国における地下浸水被害　292
帰宅困難者　96
鬼怒川堤防決壊　259
逆断層型　6
共振現象　18
局地的大雨　199
巨大震動台（E-ディフェンス）　104
記録的短時間大雨情報　183
緊急地震速報　13
慶長地震　124
慶長伏見地震　139
警報　14

下水道施設　266
下水道　雑司ヶ谷幹線再構築工事事故　190
下水道法　300
原子力発電所事故　84
建築構造物の耐震設計基準の変遷　109
元禄関東地震　124
降水ナウキャスト　203
鋼板巻立て工法　168
神戸における「昭和の三大水害」　235

さ行

地震観測網　100
地震調査研究推進本部　117
静岡県浜松市天竜区の地すべり　228
地すべり（地滑り）　223
事前防災としての住宅の耐震化　161
社会基盤の維持管理　157
集中豪雨（ゲリラ豪雨）　185, 199
首都直下地震対策専門調査会　128
昭和東南海地震　141
昭和南海地震　141
震源　5
震源域　5
震源断層　5
信玄堤　179
深層崩壊　241
水防法　300
スロースリップ　151
正断層型　6
性能設計　170
線状降水帯　257

た行

大正関東地震　25
耐震設計法の高度化　108
大深度地下　280
台風　205

高潮　209
多摩川水害　256
玉川トンネル（越前海岸トンネル）　232
段蔵　178
断層パラメータ　8
長周期地震動　16
津波　71
低頻度巨大地震　151
テレコネクション　197
東海豪雨　287
東海地震対策専門調査会　143
東京都大島町における土砂災害　240
東京湾北部地震　130
東南海，南海地震等に関する専門調査会　143
東北地方太平洋沖地震　21
（東北地方太平洋沖地震）火災　79
（東北地方太平洋沖地震）地盤災害　77
東北地方太平洋沖地震による津波被害から学ぶべき点　120
道路橋示方書の変遷　114
都賀川水難事故　187
特別警報　14
都市型水害の対策　292
都市型水害発生メカニズム　281
都市直下型地震　25
土砂崩れ（斜面崩壊）　223
土砂災害警戒区域　251
土砂災害対策　244
土砂災害特別警戒区域　251
都心南部直下地震　134
土石流　223
豊浜トンネル　232

な　行

内水氾濫　271
内陸型地震　6
長崎豪雨災害　283
2005年ハリケーン・カトリーナ　218
2003年台風0314号　韓国・馬山被害　220

2003年中央防災会議　128
2013年中央防災会議　133
粘り強い海岸堤防　169
濃尾地震　26

は　行

ハリケーン・サンディによる被害　290
阪神高速被災度判定の基本方針　52
ヒートアイランド現象　282
兵庫県南部地震　21
（兵庫県南部地震）火災による被害　60
兵庫県南部地震から学ぶべき点　118
（兵庫県南部地震）地盤災害　54
兵庫県南部地震震度7の帯　30
（兵庫県南部地震）対象地域の建物の被災状況　38
（兵庫県南部地震）土木構造物の被害　42
兵庫県南部地震による土木構造物の直接被害額　35
（兵庫県南部地震）ライフラインの被害　62
広島土砂災害　236
福井地震　27
福岡水害　284
平成27年9月関東・東北豪雨災害　257
偏西風の「蛇行」　197
宝永地震　124

ま　行

水との闘い　177
宮城県沖地震　28

や　行

横ずれ断層型　6
予報　14

欧　文

GPS波浪計システムの概要　72
Mw　31

〈著者紹介〉

中山 学（なかやま・まなぶ）
1948年　京都市に生まれる
1972年　北海道大学工学部土木工学科卒業
同　年　株式会社奥村組入社後，東京支店土木部，外国部（海外研修生），本社土木部，関西支社
2001年　神戸大学大学院自然科学研究科博士後期課程 地球環境科学専攻修了，博士（工学）
2007年　独立行政法人防災科学技術研究所 兵庫耐震工学研究センターを経て，
2012年　神戸学院大学経営学部准教授
現　在　神戸学院大学現代社会学部社会防災学科准教授
著　書　『ニューフロンティア地下空間』土木学会編（共著），技報堂出版，1990年。
　　　　『〔地下空間と人間〕③　地下空間の環境アセスメントと環境設計』（共著），土木学会，1995年。

　　　　　　　　　神戸学院大学現代社会研究叢書②
　　　　　　　　　都市域の脆弱性に挑む
　　　　　　　　──より安全・安心な都市空間を目指して──

2019年2月10日　初版第1刷発行　　　　〈検印省略〉

定価はカバーに表示しています

著　者　　中　山　　　学
発 行 者　　杉　田　啓　三
印 刷 者　　藤　森　英　夫
発 行 所　　株式会社　ミネルヴァ書房
607-8494 京都市山科区日ノ岡堤谷町1
電話代表　(075)581-5191
振替口座　01020-0-8076

©中山 学，2019　　　　　亜細亜印刷・新生製本

ISBN978-4-623-08313-8
Printed in Japan

神戸学院大学現代社会研究叢書 1
住民主権型減災のまちづくり
——阪神・淡路大震災に学び，南海トラフ地震に備える
中山久憲 著

A 5 判・298頁
本体　6,000円

検証・防災と復興 1
大震災復興過程の政策比較分析
——関東，阪神・淡路，東日本三大震災の検証
五百旗頭真 監修／御厨　貴 編著

A 5 判・280頁
本体　4,500円

検証・防災と復興 2
防災をめぐる国際協力のあり方
——グローバル・スタンダードと現場との間で
五百旗頭真 監修／片山　裕 編著

A 5 判・280頁
本体　4,500円

検証・防災と復興 3
災害に立ち向かう自治体間連携
——東日本大震災にみる協力的ガバナンスの実態
五百旗頭真 監修／大西　裕 編著

A 5 判・256頁
本体　4,500円

震災復興学
——阪神・淡路20年の歩みと東日本大震災の教訓
神戸大学震災復興支援プラットフォーム 編

A 5 判・308頁
本体　3,000円

災害に立ち向かう人づくり
——減災社会構築と被災地復興の礎
室崎益輝／冨永良喜／兵庫県立大学大学院減災復興政策研究科 編

A 5 判・300頁
本体　3,500円

東日本大震災　復興 5 年目の検証
——復興の実態と防災・減災・縮災の展望
関西大学社会安全学部 編

A 5 判・380頁
本体　3,800円

社会安全学入門
——理論・政策・実践
関西大学社会安全学部 編

A 5 判・304頁
本体　2,800円

――――― ミネルヴァ書房 ―――――
http://www.minervashobo.co.jp/